Rechtsprobleme der nichtehelichen Lebensgemeinschaft in Deutschland sowie in Polen

Europäische Hochschulschriften

European University Studies

Publications Universitaires Européennes

Reihe II **Rechtswissenschaft**

Series II Law

Série II Droit

Band/Volume **5449**

Wioleta Woronowicz

Rechtsprobleme der nichtehelichen Lebensgemeinschaft in Deutschland sowie in Polen

Ein Rechtsvergleich

PL ACADEMIC RESEARCH

Bibliografische Information der Deutschen Nationalbibliothek
Die Deutsche Nationalbibliothek verzeichnet diese Publikation in der Deutschen Nationalbibliografie; detaillierte bibliografische Daten sind im Internet über http://dnb.d-nb.de abrufbar.

Zugl.: Halle-Wittenberg, Univ., Diss., 2012

3
ISSN 0531-7312
ISBN 978-3-631-64084-5

Internationaler Verlag der Wissenschaften
Frankfurt am Main 2013

PL Academic Research ist ein Imprint der Peter Lang GmbH

www.peterlang.de

Meinen lieben Eltern

Danuta und Jan Woronowicz

–

Moim kochanym rodzicom

Danucie i Janowi Woronowicz

Vorwort

Die vorliegende Arbeit ist im Wintersemester 2012/13 vom Fachbereich Rechtswissenschaften der Martin-Luther-Universität Halle (Saale) als Dissertation angenommen worden.

Mein aufrichtiger Dank gilt meinem Doktorvater, Herrn PD Dr. Ralf Frassek, der die Arbeit thematisch angeregt und mit großem Engagement über viele Jahre hinweg geduldig betreut und gefördert hat, sowie Herrn Prof. Dr. Heiner Lück für die Erstellung des Zweitgutachtens und darüber hinausgehende inhaltliche Anregungen.

Dank schulde ich zudem auch all denen, die mir durch viele Diskussionen inhaltliche Anregungen gaben und auch denjenigen, die mir bei der Korrektur des Manuskripts und der Drucklegung zur Seite gestanden haben. Hierbei sind insbesondere zu erwähnen die Herren Dr. Markus Bender, Prof. Dr. Gerhard Menk, Rechtsanwalt Jan Chojnowski, Moheeb El-Shabti und Frau Marion Olivier, die meine Gedanken stets kritisch begleiteten, mich damit zum inhaltlichen Weiterdenken anregten und die Arbeit somit bereicherten.

Ich bedanke mich hiermit aber auch bei jenen Menschen, die mir während der Jahre der Ausarbeitung stets Zuspruch gaben und mir somit eine sehr angenehme Zeit neben der Arbeit an dem vorliegenden Werk bereiteten. Besonders denke ich dabei an meine Freunde aus dem Holzwurm, denen ich mich für die vielen schönen Jahre in deren Mitte zu Dank verpflichtet fühle.

Nicht zuletzt möchte ich aber auch meinen lieben Eltern, Danuta und Jan Woronowicz, danken, die mir selbstlos ein meinen Wünschen und Vorstellungen entsprechendes Studium ermöglichten und mich auch bei der Entstehung dieser Arbeit nach allen Kräften unterstützten. Ihnen ist diese Arbeit gewidmet.

Marburg, im Januar 2013 *Wioleta Woronowicz*

Przedmowa

Niniejsza praca została przyjęta do dysertacji w semestrze zimowym 2012/13 na Wydziale Prawa na Uniwersytecie Marcina Lutra w Halle (Saale).

Składam gorące podziękowania promotorowi pracy, panu PD dr Ralfowi Frasskowi, za opiekę naukową, życzliwość i poświęcony mi czas oraz panu Profesorowi dr Heinerowi Lückowi za cenne wskazówki i okazaną pomoc.

Słowa podziękowania składam panu dr Markusowi Benderowi, Profesorowi dr Gerhardowi Menkowi, adwokatowi Janu Chojnowskiemu, Mocheebowi El-Shabti i Marion Olivier za profesjonalne i cenne uwagi merytoryczne udzielone mi w trakcie pisania niniejszej rozprawy.

Dziękuję także wszystkim moim znajomym z Holzwurm, na których zawsze mogłam liczyć, za dobre rady, otuchę i nieustanną motywację.

Wreszcie dziękuję najbliższym, mojej wspaniałej Rodzinie, bez której wsparcia i miłości nic nie byłoby możliwe. W tym największe i szczególne podziękowania należą się moim rodzicom Danucie i Janowi Woronowicz, za troskę i wsparcie podczas wszystkich tych lat nauki, bez których nie byłabym tym, kim teraz jestem. Dziękuję. Im też dedykuję tę książkę – owoc moich wieloletnich zmagań i poszukiwań.

Marburg, Styczeń 2013 *Wioleta Woronowicz*

Inhaltsverzeichnis

Abkürzungsverzeichnis 15

Kapitel 1 – Einführung, historischer Abriss, Forschungsstand und Gang der rechtlichen Untersuchung 21

I. Einführung 21

II. Die Erscheinungsformen der nichteheliche Lebensgemeinschaft im historischen Kontext 23

1. Die römische Tradition 24
2. Die Haltung der Kirche in der Spätantike 32
3. Das Recht in den germanisch-romanischen Nachfolgereichen nach dem Ende Westroms im Frühmittelalter 33
4. Die Rolle des kanonischen Rechts im Hoch- und Spätmittelalter 37
5. Frühe Neuzeit 41
6. Der Beginn des bürgerlichen Zeitalters und das 19. Jahrhundert 44
7. Neuzeit (20. Jahrhundert) 46
8. Exkurs – Konkubinat im Islam 48
9. Das Wesen der nichtehelichen Lebensgemeinschaft im deutschen Recht; Begriffe und Abgrenzungen 56
10. Nichteheliche Lebensgemeinschaft im polnischen Recht 60
11. Beginn und Ende der nichtehelichen Lebensgemeinschaft im deutschen Recht 61
12. Beginn und Ende der nichtehelichen Lebensgemeinschaft im polnischen Recht 63

III. Forschungsstand 64

IV. Methoden der Rechtsvergleichung ... 72

V. Gang der Untersuchung ... 77

Kapitel 2 – Die allgemeinen Rechtsbeziehungen der Partner ... 87

I. Rechtsbeziehungen der Partner untereinander im deutschen Recht ... 87
1. Probleme des Zusammenlebens in einer Wohnung ... 87
2. Das gemeinsame Leben der Partner ... 90
2.1. Eigentumsverhältnisse ... 90
2.2. Zwangsvollstreckung in das bewegliche Vermögen ... 92
2.3. Schlüsselgewalt ... 93
3. Haftung der Partner ... 94
3.1. Haftung der Partner gegenüber Dritten ... 95
3.2. Haftung der Partner untereinander ... 96
3.3. Haftung für Steuerschulden des je anderen Partners ... 98
4. Schadensrecht und nichteheliche Lebensgemeinschaft ... 98
4.1. Schadensersatz bei Auflösung der nichtehelichen Lebensgemeinschaft ... 99
4.2. Schadensersatz bei Verletzung eines Partners ... 100
4.3. Schadensersatz bei Tötung eines Partners ... 101

II. Die Lebensgemeinschaft, vermögensrechtliche Zuordnungsfragen im polnischen Recht ... 102
1. Die rechtliche Situation von Lebensgefährten in vermögensrechtlichen Zuordnungsfragen ... 102
2. Das Miteigentum ... 102
3. Abrechnungen zwischen dem Eigentümer und dem Besitzer ... 104
4. Andere Sachenrechte ... 106

III. Zwischenergebnis 108

Kapitel 3 – Vertragliche Gestaltungsmöglichkeiten der Partner 113

I. Verträge und Ansprüche der nichtehelichen Lebensgemeinschaften im deutschen Recht 113
1. Vertragliche und gesetzliche Ansprüche bestehender nichtehelicher Lebensgemeinschaften 113
2. Allgemeines Schuld- und Sachenrecht 115
3. Ansprüche nach Auflösung der nichtehelichen Lebensgemeinschaft 118

II. Verträge und gesetzliche Ansprüche bestehender nichtehelicher Lebensgemeinschaften im polnischen Recht 120
1. Schuldverhältnisse zwischen den Lebensgefährten 120
2. Gesellschaftsvertrag 122
3. Ersatzansprüche 124
4. Ansprüche aus ungerechtfertigter Bereicherung 127
5. Verträge zwischen den Lebensgefährten 128

III. Zwischenergebnis 132

Kapitel 4 – Rechtsfragen und -probleme hinsichtlich der Kinder nichtehelicher Lebenspartner 137

I. Verhältnis zwischen ehelichen und nichtehelichen Kindern im deutschem Recht 137
1. Namensrecht 139
2. Das elterliche Sorgerecht 141
2.1. Gemeinsames Sorgerecht 142
2.2. Sorgeerklärung 143
2.3. Annahme als Kind 144
3. Umgangsrecht 145
3.1. Frühere Regelung 145
3.2. Regelung seit 1998 146
4. Unterhaltsansprüche 149
5. Erbrecht 152

II. Lebensgemeinschaft und familiäre Verhältnisse im polnischen Recht 152
1. Beziehungen zwischen Lebenspartnern 152
2. Feststellung der Verwandtschaft 153
3. Das elterliche Sorgerecht und andere familienrechtliche Probleme. 156

III. Zwischenergebnis 158

Kapitel 5 – Erbrecht 165

I. Erbrecht im deutschen Recht 165
1. Testament 165
2. Erbvertrag 166
3. Dreißigster im Sinne von 1969 166

II. Erbrecht im polnischen Recht 167
1. Allgemeine Grundsätze der Erbfolge 167
2. Nichteheliche Lebensgemeinschaften und Erbschaftsverhältnisse .. 171

III. Zwischenergebnis 174

Kapitel 6 – Sonstige Rechtsbereiche 175

I. Das nichteheliche Lebensgemeinschaftsverhältnis in anderen Gebieten des deutschen und polnischen Rechts 175
1. Lebenspartner einer nichtehelichen Lebensgemeinschaft im deutschen Arbeits- und Sozialrecht 175
2. Lebenspartner im deutschen Steuerrecht 175
2.1. Einkommensteuer 176
2.2. Erbschaftssteuer 176
3. Lebenspartnerschaften im deutschen Strafrecht 177
4. Lebensgefährten im polnischen Arbeitsrecht und Sozialversicherungen 177
5. Lebensgefährten im polnischen Verwaltungs- und Steuerrecht 179
6. Lebensgefährten im polnischen Strafrecht 181

II. Zwischenergebnis 184

Kapitel 7 – Exkurs: Eingetragene Lebenspartnerschaft 189

I. Eingetragene Lebenspartnerschaft 189
1. Legaldefinition § 1 I LPartG 189
2. Verfassungsmäßigkeit des LPartG 189
3. Begründungen 190
3.1. Verlöbnis 190
3.2. Voraussetzungen 190
4. Begründungsakt 193
4.1. Erklärung des Partnerschaftswillens 193
4.2. Namensgebung 194
4.3. Zuständige Behörde 194
5. Rechtsfolge einer fehlerhaften Begründung 195
6. Wirkungen der Lebenspartnerschaft 195
6.1. Personenrechtlich 195
6.2. Vermögensrechtlich 197
7. Aufhebung der Lebenspartnerschaft 200

II. Zwischenergebnis 202

Zusammenfassung 203

Literaturverzeichnis 209

Abkürzungsverzeichnis

a. A. ....anderer Ansicht
a. a. O.............................am angegebenen Ort
a. E.................................am Ende
a. F. ....alte Fassung
Abs. ....Absatz
AG ....Amtsgericht
a. M. ....andere Meinung
Anh. ....Anhang
Anm. ....Anmerkung
AnwBl.............................Anwaltsblatt
arab. ....arabisch(e)
Art. ....Artikel

BayObLG ....Bayerisches Oberstes Landesgericht
BayObLGSt ....Entscheidungen des Bayerischen Oberstes Landesgerichts in Strafsachen
Bd. ....Band
BErzGG ....Bundeserziehungsgeldgesetz
BFH ....Bundesfinanzhof
BFHE ....Entscheidungen des Bundesfinanzhofs
BGB ....Bürgerliches Gesetzbuch
BGBl. ....Bundesgesetzblatt
BGE ....Entscheidungen des Schweizerischen Bundesgerichts
BGH ....Bundesgerichtshof
BGHZ ....Entscheidungen des Bundesgerichtshofs in Zivilsachen
BKGG ....Bundeskindergeldgesetz
BSG ....Bundessozialgericht
BSHG ....Bundessozialhilfegesetz

BVerfG ....Bundesverfassungsgericht
BVerfGE..........................Entscheidungen des Bundesverfassungsgerichts
BVerfGG ....Bundesverfassungsgerichtsgesetz
bzw. ....beziehungsweise

d. h. ....das heißt
DDR................................Deutsche Demokratische Republik
DM..................................Deutsche Mark
DRiZ...............................Deutsche Richterzeitung
Dz.U................................Dziennik Ustaw (Amtsblatt)

€......................................Euro
ebd. ....ebenda
EG...................................Europäische Gemeinschaft
EMRK.............................Europäische Menschenrechtskonvention
ErbGleichG.....................Gesetz zur erbrechtlichen Gleichstellung nichtehelicher Kinder
ErbStG ....Erbschaftssteuergesetz
EStG ....Einkommenssteuergesetz
etc. ....et cetera
EU...................................Europäische Union
e.V. ....eingetragener Verein

f......................................folgende
FAZ.................................Frankfurter Allgemeine Zeitung
ff. ....fortfolgende
FamR ....Familienrecht
FamRZ............................Zeitschrift für das gesamte Familienrecht
FEVS ....Fürsorgerechtliche Entscheidungen der Verwaltungs- und Sozialgerichte

FGG ....Gesetz über die Angelegenheiten der freiwilligen Gerichtsbarkeit

FPR ....Familie, Partnerschaft und Recht

FuR ....Familie und Recht

FV ....Familien-Vormundschaft

FVG ....Familien- und Vormundschaftsgesetz

GewSchG........................Gewaltschutzgesetz

GG ....Grundgesetz

GrS..................................Großer Senat

GVBl...............................Gesetzes- und Verkündungsblatt

GVG ....Gerichtsverfassungsgesetz

HausratVO......................Hausratsverordnung

Hk-LPartG......................Handkommentar zum Lebenspartnerschaftsgesetz

h. M.................................herrschende Meinung

hrsg. ....herausgegeben

Hrsg. ....Herausgeber

idR ....in der Regel

i.V. ....in Verbindung

JurBüro ....Das juristische Büro (Zeitschrift)

Jura ....Juristische Ausbildung (Zeitschrift)

JuS ....Juristische Schulung (Zeitschrift)

JZ ....Juristenzeitung (Zeitschrift)

Kfz. ....Kraftfahrzeug

KindRG ....Kindschaftsrechtsreformgesetz

KR...................................Kindschaftsrecht

Lf. ....Lieferung

LG...................................Landgericht

Lit. ....Literatur

LPartG ....Lebenspartnerschaftsgesetz

LPartGÜG ....Gesetz zur Überarbeitung des Lebenspartnerschafts-rechts

LSG.................................Landessozialgericht

m.w.N. ....mit weiteren Nachweisen

MDR................................Monatsschrift für Deutsches Recht

MHG................................Monumenta Germaniae Historica

MoP ....Monitor Prawniczy (Zeitschrift)

MRK...............................Menschenrechtskonvention

NehelLG.........................Nichteheliche Lebensgemeinschaft

NEhelG...........................Nichtehelichengesetz

nF....................................neue Fassung

NJW................................Neue Juristische Wochenschrift

NJW-RR.........................NJW-Rechtsprechungsreport Zivilrecht

NotBZ.............................Zeitschrift für notarielle Beratungs- und Beurkundungspraxis

NVZ................................Neue Zeitschrift für Verwaltungsrecht

NZM ....Neue Zeitschrift für Miet- und Wohnungsrecht

o.g. ....oben genannt

OLG................................Oberlandesgericht

OSN ....Orzecznictwo Sądu Najwyższego (Entscheidungen des Obersten Gerichtshofs)

OSNCP ....Orzecznictwo Sądu Najwyższego Izby Cywilnej, Pracy i Ubezpieczeń Społecznych (Entscheidungen des Obersten Gerichtshof, Zivilkammer, Arbeitsrechtskammer und soziale Sicherung)

OSNKW ....Diese Entscheidungen sind nicht in einer amtlichen Sammlung aufgenommen

OSP.................................gleichbedeutend wie OSNKW (s. dort)

OSPiKA...........................Orzecznictwo Sądów Polskich i Komisji Arbitrażowych (Entscheidungen der polnichen Gerichte und Schiedsgerichtskommissionen)

OVG ....Oberverwaltungsgericht

QuNPRG ....Quellen zur neueren Privatrechtsgeschichte

PiP...................................Prawo i Praca (Zeitschrift Recht und Arbeit)

Pos. ....Position

Red..................................Redaktion(ell)

RGA................................Reallexikon der Germanischen Altertumskunde (2. Aufl.)

Rn ....Randnummer

RGRK.............................Kommentar zum BGB mit besonderer Berücksichtigung der Rechtsprechung des Reichsgerichts und des Bundesgerichtshofes

RGZ ....Entscheidungen des Reichsgerichts in Zivilsachen

RSJB...............................Recueils de la Société Jean Bodin pour l'Histoire comparative des Institutions

Rspr................................Rechtsprechung

s......................................siehe

S. ....Seite

s.a...................................siehe auch

SchlHA ....Schleswig-Holsteinische Anzeigen
SGB ....Sozialgesetzbuch
Sp....................................Spółka (Gesellschaft)
StPO................................Strafprozessordnung
StGB ....Strafgesetzbuch

TSG.................................Transsexuellengesetz

u. ä ....und ähnlich(e)
u. a. ....unter anderem

v. Chr. ....vor Christus
VersR...............................Zeitschrift für Versicherungsrecht
Vgl. ....Vergleich
Vor..................................Vorbemerkungen

WuM...............................Zeitschrift für Wohnungswirtschafts- und Mietrecht

Z......................................Zeile
Zfs...................................Zeitschrift für Soziologie
ZGB ....Zivilgesetzbuch
ZPO.................................Zivilprozessordnung
ZRG ....Zeitschrift der Savigny-Stiftung für Rechtsgeschichte
ZRG GA ....Zeitschrift der Savigny-Stiftung für Rechtsgeschichte – Germanistische Abteilung
ZRG KA ....Zeitschrift der Savigny-Stiftung für Rechtsgeschichte – Kanonistische Abteilung
ZRG RA ....Zeitschrift der Savigny-Stiftung für Rechtsgeschichte – Romanistische Abteilung
ZRP.................................Zeitschrift für Rechtspolitik

Kapitel 1 – Einführung, historischer Abriss, Forschungsstand und Gang der rechtlichen Untersuchung

I. Einführung

Betrachtet man die verschiedenen Partnerschaftsarten der heutigen Gesellschaft in Deutschland und Polen, so haben sich die nichtehelichen Lebensgemeinschaften seit langem neben der traditionellen Ehe etabliert. Aus juristischer Sicht sind nichteheliche Lebensgemeinschaften dadurch gekennzeichnet, dass die Partner einerseits die bestehende Möglichkeit einer rechtlichen Ausgestaltung ihrer Partnerschaft, die Ehe, nicht nutzen, andererseits zur Lösung ihrer partnerschaftlichen Konflikte, insbesondere im Zusammenhang mit der Beendigung der Partnerschaft, die Gerichte um eine Entscheidung ersuchen. In Ermangelung spezieller Vorschriften für die nichteheliche Lebensgemeinschaft und ihrer Probleme ist ihre rechtliche Behandlung in der Rechtspraxis und der Lehre noch nicht einheitlich geklärt und von Einzelfallentscheidungen geprägt. Die Rechtspraxis kann die nichtehelichen Lebensgemeinschaften allein aufgrund des Fehlens einer rechtlichen Ausgestaltung ihrer Partnerschaft nicht ignorieren, da es in einem Rechtsstaat für jedes rechtliche Problem eine Lösung geben sollte. Eine gegenteilige Ansicht wird heute auch nicht mehr vertreten, umstritten ist allerdings, in welchem Umfang die nichteheliche Lebensgemeinschaft rechtlichen Regelungen unterworfen werden sollte. Genügt es dabei, wie bisher weitestgehend auf der Grundlage der bestehenden Gesetze Einzelfallentscheidungen zu treffen, oder bedarf es im Interesse der Rechtssicherheit und angesichts der Zunahme nichtehelicher Lebensgemeinschaften nicht viel mehr einer umfassenden gesetzlichen Regelung der nichtehelichen Lebensgemeinschaft, und wenn ja, wie sollte eine solche aussehen?

Mit der Beantwortung dieser Fragen soll sich die folgende Arbeit auseinandersetzen. Die Reichweite einer vollständigen rechtlichen Ausgestaltung der nichtehelichen Lebensgemeinschaften muss dabei alle Bereiche umfassen, die rechtliche Ausgestaltung des privaten Lebens eines jeden Individuums berühren: das Sozial-, Steuer-, Renten-, Arbeits- oder das Zeugnisverweigerungsrecht. Eine solche umfassende Bearbeitung ist jedoch in einem überschaubaren Rahmen nicht möglich, so dass die Arbeit auf die vermögensrechtlichen Probleme der nichtehelichen Lebensgemeinschaft im Zusammenhang mit ihrer Beendigung beschränkt bleiben wird. Die Rechtsordnungen von Deutschland und Polen wurden zum Gegenstand der Untersuchung ausgewählt, da sie – trotz der geographischen Nähe beider Staaten – gänzlich unterschiedliche Rechtsinstitute für nichteheliche Lebensgemeinschaften geschaffen haben. So sind Lebenspartnerschaften im Sinne der eingetragenen in Polen im Gegensatz zu Deutschland (LPartG) rechtlich nicht anerkannt. Denn in Deutschland wurde schon im Jahre 2001 das Lebenspartnerschaftsgesetz zur eingetragenen Lebenspartnerschaft im Gesetzgebungsverfahren verabschiedet.

Die vorliegende Arbeit scheint aus mehreren Aspekten heraus ein rechtlich aber auch gesellschaftlich spannendes Feld zu beleuchten. Einerseits gibt es sehr unterschiedliche Regelungen zwischen beiden Ländern, welche nicht pauschal als fortschrittlich oder weniger fortschrittlich bezeichnet werden können, ohne dass die diesen Regelungen zugrundelegende Werteordnung betrachtet wurde. Es wird sich rasch zeigen, dass in jüngerer Vergangenheit einige inhaltliche Angleichungen festzustellen sind, jedoch sind die Unterschiede dabei auch nicht zu übersehen. Weiterhin ist es auch von Interesse neben diesen rein rechtlichen Dimensionen in ihren Gemeinsamkeiten, aber auch Unterschiedlichkeiten, festzustellen, von welchem grundlegenden Werteverständnis her sich beide Staaten dieses thematisierten Rechtskreises vor dem Hintergrund veränderter Gesellschaftsstrukturen stellten und immer noch stellen. Auch wenn Deutschland und Polen direkte Nachbarstaaten sind, so ist die jüngere Vergangenheit nach dem Kriegsende 1945 keine durch große Gemeinsamkeiten geprägte, was sich bis in die Gegenwart hinein wiederspiegelt. Somit liegt ein großes Interesse dieser Arbeit auch darin, festzustellen, wie sich ein Entwicklungsgang beider Staaten vor dem Hintergrund gemeinsamer „europäischer Werte“ vollzieht, wobei jedoch auch die Hürde historisch und gesellschaftlich gewachsener großer Differenzen auf dem Weg zu einem durch eine einheitliche Werteordnung geprägtem Europa hin in jedem Bestandteil der Rechtsordnungen feststellen lässt. Somit ist die Arbeit neben der Aufarbeitung der rein rechtlichen Dimension auch der Versuch der Darstellung der nationalen Verrechtlichung gegenwärtig anstehender gesellschaftlicher Neuerungen anhand einer aktuellen Problemlage und dem Umgang mit dieser, wie es hernach in der rechtlichen Fassung – entweder durch die Gesetzgebung oder auch die Rechtsprechung – seinen Niederschlag findet, in beiden Staaten. Somit scheint eine grundlegende historische Aufbereitung auf dem Weg zur Bewertung dieses Rechtsphänomens vorab unverzichtbar.

II. Die Erscheinungsformen der nichtehelichen Lebensgemeinschaft im historischen Kontext

Unser heutiges rechtliches bzw. juristisches Bild von Ehe und Familie und damit auch von Lebensgemeinschaften außerhalb der Ehe ist geschichtlich gewachsen. Seine Wurzeln reichen dabei zurück bis zum römischen Recht, das sonst der Spätantike zunehmend vom Einfluss des frühen Christentums bestimmt war. Das Recht in den germanisch-romanischen Nachfolgereichen nach dem Ende Westroms im Frühmittelalter auf nunmehr germanischem Boden wiederum war besonders von germanischen Rechtsvorstellungen, ohne römische Rechtsfortsetzung, geprägt. In der Hoch- und Spätantike war das Recht zunehmend vom Einfluss des Christentums geprägt. Im Hoch- und Spätmittelalter gewannen christliche Wertvorstellungen durch die dominierende Rolle des kanonischen Rechts weiter an Bedeutung. Mit diesem geistigen Erbe hatte sich die frühe Neuzeit auseinanderzusetzen, ehe sich dann naturrechtliches und aufklärerisches Gedankengut durchsetzte. Die Entwicklung im 19. und 20. Jahrhundert spannt schließlich den Bogen zur Gegenwart.

Das vorliegende Kapitel soll einen Überblick über rund zweieinhalbtausend Jahre des nichtehelichen Zusammenlebens geben. Vieles kann daher im Folgenden oft nur angedeutet und allenfalls in groben Umrissen skizziert werden. Neben der mitunter sehr begrenzen Anzahl von Quellen bereitet vor allem die Terminologie oft erhebliche Schwierigkeiten. So wird etwa für das nichteheliche Zusammenleben in den meist lateinisch abgefassten Quellen des Mittelalters der Begriff concubinatus[1] verwendet, der jeweils eine ganz unterschiedliche Bedeutung haben kann: Von der Geschlechtsgemeinschaft außerhalb der Ehe, über die Geschlechtsgemeinschaft neben einer bestehenden Ehe bis hin zur Geschlechtsgemeinschaft in einer Ehe minderen Rechts.[2] Auch für die Kinder, die aus diesen Verbindungen hervorgingen,[3] findet sich eine begriffliche Vielfalt, die in ihrem historischen Gebrauch nicht immer stringent durchgehalten wurde.[4]

Die zugänglichen geschichtlichen Darstellungen konzentrieren sich in räumlicher Hinsicht auf den mitteleuropäischen Raum.[5] Dabei wird unter dem Begriff

---

[1] Claudieter Schott, Lebensgemeinschaft zwischen Ehe und Unzucht – ein historischer Überblick S.13-32.

[2] Hans-Jürgen Becker, Die nichteheliche Lebensgemeinschaft (Konkubinat) in der Rechtsgeschichte, in: Götz Landwehr (Hrsg.), Die nichteheliche Lebensgemeinschaft, S.14.

[3] Heinrich Mitteis / Heinz Lieberich, Deutsches Privatrecht, S.73 ff.

[4] Gerhard Buchda, RSJB, Bd. 36: L'Enfant, S.402 f.

[5] Thomas Steffen, Nichteheliche Lebensgemeinschaften in England und Deutschland – Rechtsprobleme während ihres Bestehens, S.26ff.

des Konkubinats eine dauerhafte Verbindung von zwei Personen verschiedenen Geschlechts außerhalb der Ehe zugrunde gelegt. In jeder Epoche bzw. Gesellschaftsordnung wirft dies unweigerlich folgende Fragen auf: „Ist diese nichteheliche Lebensgemeinschaft verboten oder geduldet oder sogar rechtlich anerkannt? Falls das Konkubinat verboten ist, wie wird es bestraft? Falls es geduldet wird oder anerkannt ist, welches sind die Rechtsfolgen für die beteiligten Personen und ihre Kinder?“.[6]

Ein hoch komplexer Problemkreis, der von der Forschung bei weitem noch nicht erschöpfend behandelt wurde, sind auch die Ursachen und Motive für das Zusammenleben in einer Lebensgemeinschaft außerhalb der Ehe, das heißt: Die noch wesentlich weiter gehende Frage nach den jeweiligen rechtlichen, wirtschaftlichen und gesellschaftlichen Rahmenbedingungen. Nicht nur rechtliche zwingende Ehehindernisse konnten der Ehe entgegenstehen, sondern auch wirtschaftliche Überlegungen, die ihrerseits wiederum durch erb- bzw. eigentumsrechtliche Faktoren bedingt sein mochten.[7] Auch die Frage, wie hoch überhaupt der tatsächliche Anteil nichtehelicher Lebensgemeinschaften und nichtehelicher Kinder gewesen sein mag, drängt sich in diesem Zusammenhang auf.[8] Angesichts der Komplexität dieser rechtsrelevanten Fragen können im Folgenden keine erschöpfenden Antworten, sondern nur Eindrücke gegeben werden.

1. Die römische Tradition

Formen nichtehelicher Lebensgemeinschaften sind seit römischen Zeiten zu beobachten. Sie erscheinen als legaler Konkurrent zur Ehe, dort wo eine legale Eheschließung nicht möglich war. In der Neuzeit galt- zumindest offiziell-, dass es keine legalen Beziehungen zwischen Frauen und Männern außerhalb der Ehe gab. Die Rückkehr zu freien Beziehungen erfolgte im 19. und 20. Jahrhundert. Man sollte erwarten, dass im heutigen Jahrhundert die Tendenzen der letzten Jahre des letzten Jahrhunderts verstärkt wurden.[9] Die nichteheliche Lebensgemeinschaft begründet die Beziehung, an der die Rechtswissenschaft ursprünglich kein Interesse hatte, weil es keine juristische Folge gab.[10] Eine rechtliche Bedeutung bekam die nichteheliche Lebensgemeinschaft erst mit der sozialpolitisch orientierten Eherechtsreform unter Kaiser Augustus.

---

[6] Jens M. Scherpe, Die Rechtsstellung der nichtehelichen Lebensgemeinschaften, S.17.

[7] Clausdieter Schott, Lebensgemeinschaft zwischen Ehe und Unzucht – ein historischer Überblick, S.30ff.

[8] Ludwig Schmugge Béatrice Wiggenhauser, Illegitimität im Spätmittelalter, S.21-39.

[9] Witold Cwiek, Konkubinat, S.21.

[10] Hans-Jürgen Becker, Die nichteheliche Lebensgemeinschaft (Konkubinat) in der Rechtsgeschichte, S.14.

Von der Prämisse ausgehend, dass es bereits zur römischen Zeit rechtlich geregelte Formen des nichtehelichen Zusammenlebens gegeben hat, erscheint es sinnvoll, um diese abzugrenzen, zunächst einen Blick auf die zweifelsohne vorhandenen Formen der Ehe während der römischen Antike zu werfen. Dabei geht die Betrachtung nach der Einteilung der römischen Rechtsgeschichte in die Phasen des altrömischen, des vorklassischen, des klassischen sowie des nachklassischen Rechts bis einschließlich der Kodifikation durch Justinian aus. In Anlehnung daran soll nun vornehmlich die Ehe selbst betrachtet werden, um daraus die nötigen Schlüsse für die nichteheliche Gemeinschaft zu ziehen. Zur Annäherung an die Materie seien ein paar grundsätzliche Dinge vorausgeschickt, ohne die das Verständnis für die rechtlichen Regelungen nur schwer möglich ist. Zunächst müssen wir uns von der Vorstellung der rechtlichen Gleichheit der Menschen trennen. Dazu ein Zitat aus den Institutionen des Gaius: „Und zwar ist die oberste Einteilung für die Rechtsstellung der Personen diejenige, dass alle Menschen entweder freie Menschen (liberi) oder Sklaven (servi) sind. Weiterhin ist von den freien Menschen die einen Freigeborene (ingenui), die andere Freigelassene (libertini). Freigeborene sind diejenigen, die als Freie geboren sind; Freigelassene diejenigen, die aus einer rechtmäßigen Sklaverei freigelassen (manumissi) worden sind.“ Zusätzlich soll neben der Einteilung von Freien und Unfreien- auch was die Freien angeht- von einer unterschiedlichen Rechtsfähigkeit ausgegangen werden.[11] Denn es gibt auch unter ihnen Personen sui iuris und Personen alieni iuris, also eigen- und fremdbestimmte Personen.[12] Denn auch Freigeborene sind insofern Personen alieni iuris, als sie mit der Geburt aus einer rechtmäßigen Ehe unter die patria potestas fallen, also die Macht des Hausvaters, die, wie schon die Römer wussten, als eine Eigenheit des römischen ius civile gilt. Diese herausgehobene Stellung des Familienvaters (paterfamilias) soll in einer patriarchalen Gesellschaftsordnung erst einmal nicht weiter verwundern.

Zunächst soll die Ehe (matrimonium) im altrömischen Recht eingehender betrachtet werden, frei von den durch die christliche Moral und Ethik geprägten Vorstellungen. Denn das matrimonium im altrömischen Recht verzichtet in weiten Bereichen auf rechtliche Regelungen.[13] Eingehung, Auflösung und Schutz der Ehe unterliegen vielmehr den Sitten (mores) als dem Recht. Es gibt keine feste Rechtsform für die Eheschließung und insofern gibt es auch keine Klage auf Feststellung der Ehe oder auf Herstellung der ehelichen Gemeinschaft.

[11] Aleksandra Paczkowska, Wymogi istnienia konkubinatu w prawie rzymskim (Bestimmungen zu nichtehelichen Lebensgemeinschaften im römischen Recht), S.109.

[12] Witold Cwiek, Konkubinat, S.21.

[13] Max Kaser, Das römische Privatrecht, Bd I, S.65.

Ebenso steht jedem Teil nach dem Rechtsgrundsatz libera matrimonia esse antiquitus placuit, d.h. man wollte von alters her, dass die Ehe frei ist, die Scheidung jederzeit offen. Die Ehe wird nicht als ein Rechtsverhältnis, sondern lediglich eine soziale Tatsache betrachtet.[14] Ehe ist in diesem Sinn die verwirklichte Lebensgemeinschaft von Mann und Frau, getragen von der affectio maritalis,[15] dem Bewusstsein der beiden Teile, dass ihre Gemeinschaft eine Ehe ist. Damit aber das Bewusstsein „ehelich" ist, muss es auf eine lebenslängliche, monogamische,[16] mit der Hausgemeinschaft verbundene Lebensgemeinschaft gerichtet sein, deren vornehmster Zweck die Zeugung von vollberechtigten Nachkommen ist. Liberorum procreandorum causa uxorem ducere - heiraten um Kinder hervorzubringen, heißt der immer wieder genannte Zweck der Ehe. Nur eine solche Gemeinschaft ist als Ehe anerkannt. Damit bleibt der Kern der Eheauffassung bis in die Zeit des klassischen Rechts. Zur Form der Eingehung dieser Gemeinschaft gibt es, wie gesagt, kein Rechtsgebot, sondern nur ein durch die Sitte bestimmtes Brauchtum.[17] Gewöhnlich orientiert man sich deshalb an der in domum deductio der Frau, d.h. die Überführung der Braut ins Haus des Ehegemahls. Rechtlich gesehen hat dieser Schritt keine Wirkung, sondern nur sozial, indem die Frau den honor matrimonii,[18] die soziale Anerkennung als Ehefrau erhält, die Kinder aber die eheliche Abkunft.

Voraussetzungen für eine solche Gemeinschaft sind die Geschlechtsreife (pubertas) und die oft mit ihr einhergehende Mündigkeit beider Teile. Stehen die Teile noch unter der patria potestas, bedarf es der Mitwirkung des paterfamilias, des Hausvaters. Des Weiteren ist ein entscheidendes Kriterium das conubium, die Fähigkeit mit einer bestimmten Person des anderen Geschlechts eine rechtsgültige Ehe eingehen zu können. Das conubium fehlt vor allem bei Rechtsungleichheit, was nun zu dem oben angeführten Zitat aus den Institutionen des Gaius führt. So hatten freie römische Bürger kein conubium mit Sklaven, anfangs auch Freigelassenen,[19] Latinern (eigener Stamm im römischen Reich mit teils Sonderrechten) und Peregrinen (im römischen Reich lebende Menschen, die keine römischen Bürger waren).. Ebenfalls gab es bis zur lex Canuleia auch

---

[14] Ludwig Mitteis, Römisches Privatrecht bis auf die Zeit Diokletians, Bd I, S.131.

[15] Maria Zabłocka, Witold Wołodkiewicz, Prawo rzymskie - instytucje (Römisches Recht-Institution), S.99-100.

[16] Friedemann Namgalies, Die eheähnliche Gemeinschaft im deutschen, französischen, österreichischen, schweizerischen, englischen, dänischen und tansanischen Recht, S.9.

[17] Alfred Söllner, Einführung in die römische Rechtsgeschichte, S.88.

[18] Die These von Paul Martin Meyer, Der römische Konkubinat – Nach den Rechtsquellen und den Inschriften, S.23ff., S.25.

[19] Raimund Friedl, Der Konkubinat im Kaiserzeitlichen Rom: von Augustus bis Septimius Sevrus, S.32.

kein conubium zwischen Patriziern und Plebejern, vor allem aber nicht zwischen Verwandten entsprechend dem sakralen Inzestverbot. In dieser Frühphase galt dies für Blutsverwandtschaft vermutlich bis zum 7. Grad. Für diese Fälle, wie auch für denjenigen, der schon verheiratet ist, sieht die allgemeine Anschauung den sozialen Tatbestand der Ehe als ausgeschlossen an. Sollte es also Formen des nichtehelichen Zusammenlebens geben - und es gibt sie - ist der Ausgangspunkt dafür an dieser Stelle zu suchen. Aber erst einmal soll dieser Hinweis genügen.

Von der Eheschließung streng zu trennen ist der Übertritt der Frau in die manus-Gewalt, also die eheliche Gewalt[20] des Mannes, lateinisch conventio in manum. Nach der patria potestas ist, trotz der Eheschließung die Frau noch nicht Teil der Familie des Gatten. Dies kann auf traditionellem Wege durch die 3 Formen usus, confarreatio oder coemptio geschehen. Diese Formen sollen hier außer Acht gelassen werden, da sie bald außer Mode geraten und an ihre Stelle die manus-freie Ehe tritt, die jedoch schon damals, wenn auch sicher in Ausnahmefällen, möglich war.

Üblich war es darüber hinaus, dass der paterfamilias der Frau oder wenn sie sui iuris war, sie selbst eine Mitgift (dos) in die Ehe einbrachte, deren Zweck vor allem in der Verbesserung der Vermögenslage und des Hausstandes des Mannes bestand. Dies war keine rechtliche Pflicht aber eine schwer zu übergehende Sitte.

Was die Auflösung der Ehe betrifft, konnte dies durch 1. Tod des Gatten, 2. Verlust des conubium, bes. durch Kriegsgefangenschaft oder sonstigen Freiheits- und Bürgerrechtsverlust und 3. durch Scheidung geschehen. Die Scheidung (divortium) ist wie die Eheschließung ein faktischer, von der Sitte geordneter Tatbestand des sozialen Lebens, der darin besteht, dass die eheliche Lebensgemeinschaft von einem oder beiden Ehegatten aufgegeben wird im Bewusstsein,[21] dass die Ehe beendet werden soll. Die Scheidung ist kein Rechtsakt.[22] Ihre Zulässigkeit ist somit nur von der Sakralordnung und der Sitte beschränkt. Als Scheidungsgründe kamen dabei in erster Linie schwere sittliche Verfehlungen der Frau- wie etwa der Ehebruch- in Betracht.

Diese im Grunde sehr offene Ordnung der altrömischen Zeit - offen allerdings wohl nur im rechtlichen Sinne, da die Sitte hier klare Grenzen setzte, die zu überschreiten keiner gewagt hätte - erfuhr in klassischer Zeit vor allem durch die Ehegesetzgebung des Augustus eine Einschränkung. Diese Ehegesetze bil-

---

[20] Martin Christian Grosse, Freie römische Ehe und nichteheliche Lebensgemeinschaft, S.76-89.

[21] Ernst Levy, Der Hergang der römischen Ehescheidung, S.76.

[22] Elisabeth Schumann, Ehescheidungen in den Komödien des Plautus, ZRG RA 93, 1976, S.19ff.

den das Kernstück der bevölkerungs- und sozialpolitischen Reformen des Augustus.[23] Sie galten der Stärkung und Erneuerung der römischen Bürgerschaft, vor allem ihrem Stamm aus italischer Abkunft und dem Aufhalten des Verfalls der Familiengesinnung durch den Kampf gegen Ehescheu und Kinderlosigkeit sowie einer Auslese der römischen Elite. Sie bestanden aus den Hauptgesetzen lex Iulia de maritandis ordinibus von 18 v. Chr. und der lex Papia Poppaea von 9 v. Chr.[24] Diese untersagten auf der einen Seite allen freien Bürgern die Ehe mit anrüchigen Frauen, wie Dirnen, Kupplerinnen, vom Kuppler Freigelassenen, Schauspielerkindern, beim Ehebruch Ertappten und solchen, die in einem iudicium publicum verurteilt worden sind. Darüber hinaus wurde Senatoren und ihren Nachkommen die Ehe mit Freigelassenen, Schauspielern und Schauspielkindern verboten. Ehen, die dennoch entgegen diesen Vorschriften geschlossen wurden, betrachtete man dabei nicht als nichtig, sondern als nicht bestehend. Auf der anderen Seite bestand für Männer zwischen 25 und 60 sowie Frauen von 20 bis 50 die Pflicht in einer den Gesetzen entsprechenden Ehe zu leben. Wurde diese Ehe durch Tod, Scheidung etc. aufgelöst, mussten sich Männer in jener Altersspanne wieder verheiraten. Fristen bestanden nur für Frauen bei Tod des Mannes von zwei Jahren, bei Scheidung von 18 Monaten zur Wiederverheiratung. Sanktionen dieser Verordnung betrafen vor allem den Erbschaftserwerb, wonach- mit gewissen Ausnahmen- Ehelose (caelibes) überhaupt nichts, Kinderlose (orbi) nur die Hälfte der Zuwendungen aus einer Erbeinsetzung oder einem Legat erwerben konnten.[25]

Durch diese Regelungen gewinnt erstmals eine als concubinatus bezeichnete Form des Zusammenlebens rechtliche Bedeutung.[26] Darunter versteht man eine nicht als Ehe anerkannte dauernde Lebens- und Geschlechtsgemeinschaft zwischen Mann und Frau, die in bestimmten Fällen, wenn die Ehe nicht möglich war,[27] toleriert wurde, genauer gesagt- um der oben genannten Ehedefinition zu folgen- eine dauerhafte Geschlechtsgemeinschaft ohne affectio maritalis, also ohne das Bewusstsein beider Teile, auf Dauer eine rechtliche Bindung zur Hausgemeinschaft und Kinderzeugung und -erziehung eingehen zu wollen. Rechtliche Grundlage ist die Aufhebung der Verfolgung von Geschlechtsverkehr mit Frauen, die nicht zur Keuschheit verpflichtet sind, als stuprum, was im

---

[23] Philip. J. Thomas, Concubinatus in Roman Law, in: Huldigingsbundel Paul van Warmelo, S.230-236.

[24] Riccardo Astolfi, La Lex Iulia et Papia.

[25] Max Kaser, Das Römische Privatrecht, Bd. I: Das altrömische, das vorklassische und klassische Recht, S.320f.

[26] Aydin Zevkliler, Nichteheliche Lebensgemeinschaft nach deutschem und türkischem Recht, S.41-45.

[27] Bernhard Kübler, Geschichte des römischen Rechts. Ein Lehrbuch, S.328ff.

Deutschen etwa mit Unzucht wiederzugeben ist.[28] Zur Keuschheit verpflichtet waren in Rom die Priesterinnen der Vesta, die den Namen Vestalinnen trugen. Straffrei wurde dadurch der Geschlechtsverkehr mit freigeborenen Frauen, sowie freigeborenen Frauen in verächtlicher gesellschaftlicher Stellung, wie Dirnen, Kupplerinnen, Schauspielerinnen, Ehebrecherinnen, kriminell Bestraften oder auch Frauen niedriger Herkunft. Senatoren und anderen, v.a. Provinzialbeamten und -offizieren, denen verboten war mit Angehörigen derselben Provinz eine Ehe einzugehen, sowie Soldaten, die während ihrer Dienstzeit aus disziplinären Gründen nicht heiraten durften, bot das Konkubinat damit die Möglichkeit eines anerkannten, wenn auch nicht als Ehe zu bezeichnenden Zusammenlebens mit einer Frau, die zu heiraten ihm verboten war. Verbindungen mit und unter Sklaven dagegen unterlagen nicht dem concubinatus[29] sondern dem contubernium.

Auch gleichgeschlechtliche Gemeinschaften wurden dadurch nicht erlaubt. Sie schlossen sich zum einen als Ehen per definitionem als Lebensgemeinschaft von Mann und Frau aus,[30] zum anderen unterlagen sie teilweise der Strafverfolgung durch die etwa 149 v. Chr. erlassene lex Scatinia, welche die Unzucht mit minderjährigen Freien unter Strafe stellte. Theodosius stellte Homosexualität gar unter Todesstrafe. Dennoch ist ein Gedicht des Martial überliefert, das eine Ehe zwischen zwei gleichgeschlechtlichen Partnern zum Inhalt hat.[31] Wegen seines Seltenheitswertes und zur Verdeutlichung der bisweilen vorhandenen Diskrepanz von Recht und Praxis soll es an dieser Stelle kurz in deutscher Übersetzung

---

[28] Else Ebel, Der Konkubinat nach altwestnordischen Quellen, S.6-7.

[29] Herbert Hausmaninger/ Walter Selb, Römisches Privatrecht, S.268.

[30] Diese Möglichkeiten der legitimen Beziehungen waren das iustum matrimonium, das iniustum matrimonium und das contubernium. Ersteres war die Voraussetzung für eine formelle Ehe und die Erzeugung von legitimem Nachwuchs. Eine solche Verbindung konnte nur von römischen Bürgern, (Kaser, Römisches Privatrecht, S.259) und mit dem gegenseitig übereinstimmenden Willen der Partner eingegangen werden, daß ihre Verbindung eine Ehe sein sollte, Hausmaninger/Selb, Römisches Privatrecht, S.263. Mit einer solchen Eheschließung ging normalerweise die Frau von der Gewalt ihres Vaters in den Herrschaftsbereich, der manus, des Mannes über. Diese eheliche Gewaltbegründung darf aber nicht mit der Ehebegründung verwechselt werden, da nur ersteres einen rechtsgeschäftlichen Formalakt darstellte, gleiches galt auch für die Auflösung der manus. Hausmaninger/Selb, Römisches Privatrecht, S.150. Die zweite Form der Partnerschaft galt für Mischehen und nach peregrinischem Recht gültige Ehen, die von den Römern als Vollehen anerkannten wurden, letzteres war die gesetzlich belanglose Verbindung von Personen, die rechtsunfähig waren oder zwischen denen aufgrund von Standesunterschieden keine legitime Verbindung möglich war.

[31] Gehard Höppler, Nichteheliche Lebensgemeinschaften als Problem für das staatliche und kirchliche Recht, S.34-50.

vorgestellt werden: Der gebärdete Kallistratus heiratete den rigiden Aber in der Form, wie sonst die Frau den Mann zu heiraten pflegt. Voranleuchteten die Fackeln, der feuerrote Brautschleier verhüllte sein Gesicht, und auch Thalassus, deine Worte fehlten nicht. Sogar die Mitgift ist versprochen worden. Scheint dir, Rom, dies noch nicht zu viel? Erwartest du, dass er auch noch Kinder bekommt?

Zur Erläuterung: Thalassus war zugleich der dem griechischen Hymen gleichgestellte Hochzeitsgott und wurde als talassio auch als Hochzeitsruf gebraucht. Interessant ist die Formel dos dicta est, da sich damit die im klassischen Recht übliche dotis dictio verband. Interessant ist dabei, dass sich für bereits genannte dos, die die Frau in die Ehe einbrachte, im klassischen Recht neben der Funktion als Verbesserung des Haushaltes, also die Erleichterung der onera matrimonii, der Lasten der Ehe, noch die Funktion der Versorgung der Frau nach beendeter Ehe entwickelte. Dies spielt besonders in nachklassischer Zeit eine herausragende Rolle mit Wirkung bis ins Mittelalter.

Nun aber zurück zum Konkubinat. Ein Problem war die rechtliche Stellung der Kinder, die aus einer solchen Gemeinschaft hervorgingen. Da das Konkubinat keine Ehewirkung besass, waren die Kinder nichtehelich (spurii).[32] Sie wurden gewaltfrei (sui iuris) geboren und bedurften einer vermutlich behördlich bestellten Vormundschaft. Jedoch schloss dies nicht das Erbrecht der Kinder aus, wenn sie auch keine direkten Erben des Vaters (sui heredes) waren.

Erst in der Zeit des nachklassischen Rechts bestand die Möglichkeit der Legitimation der Kinder, also der rechtlichen Gleichstellung mit Kindern aus[33] einer gültigen Ehe. Dies konnte auf drei Wegen geschehen: Zum einen als Legitimation durch nachfolgende Ehe (legitimatio per subsequens matrimonium). Voraussetzung dafür war allerdings das Konkubinat eines Unverheirateten, der keine ehelichen Kinder hatte, mit einer Freigeborenen.

Zum zweiten als legitimatio per oblationem curiae, die vorsah, dass der Erzeuger seinem Sohn sein Vermögen mit der Bestimmung zuwendet, dass sein Sohn curialis (Gemeinderat) wird. Diese seltsame Form erklärt sich daraus, dass dieses Amt sehr unbeliebt war, weil es mit persönlicher Haftung für das Steueraufkommen der Gemeinde und anderen Lasten beladen war, jedoch nichtsdestoweniger notwendig war, und die Kaiser sich davon einen Vorteil versprachen.

Zum dritten gab es die Möglichkeit der Legitimation durch den kaiserlichen Gnadenakt (legitimatio per rescriptum principis).[34] Justinian I. führt diesen unter

---

[32] Hans-Jürgen Becker, Die nichteheliche Lebensgemeinschaft (Konkubinat) in der Rechtsgeschichte, in: Götz Landwehr (Hrsg.), Die nichteheliche Lebensgemeinschaft, S.15.

[33] Gehard Höppler, Nichteheliche Lebensgemeinschaften als Problem für das staatliche und kirchliche Recht, S.20- 21.

[34] Horst Herrmann, Die Stellung unehelicher Kinder nach kanonischem Recht, S.47f.

der Bedingung ein, dass keine ehelichen Kinder vorhanden sind, die Mutter selbst Freie,[35] die Ehe aber nicht möglich ist.

Trotzdem erfuhr in dieser Zeit die Ehe und das Konkubinat wesentliche Wandlungen durch das Eindringen des Christentums, v. a. da die Ehe stärker als andere privatrechtliche Einrichtungen unter religiösen Einfluss fiel,[36] ja die christliche Lehre in der Ehe geradezu eine Einrichtung des religiösen Lebens sah. Obwohl es nie eine vollkommene Übereinstimmung von kirchlicher Lehre und staatlicher Gesetzgebung gab[37] und diese auch nicht angestrebt wurde, erfuhren etwa die Scheidung und das Konkubinat wesentliche Einschränkungen. Andererseits wurde die Stellung von Mann und Frau einander mehr angeglichen. Entscheidend ist dabei, dass die bisherige Auffassung der Ehe als eine von dauernder Ehegesinnung getragene verwirklichte Lebensgemeinschaft zwar weiter besteht, doch stärker als bisher im Sinne eines Rechtsverhältnisses gedeutet wird. So wird die Eheschließung an eindeutige Anzeichen geknüpft. Für die Eheschließung mit Frauen aus einer minderen Stellung und gewesenen Konkubinen wird eine Dotalurkunde bindend.

Auch die Wirkungen der Eheschließung profilieren sich durch Verstärkung der gegenseitigen Pflicht zur Treue, Anerkennung und Hilfeleistung. Schon in klassischer Zeit tritt die Befreiung der Zeugnispflicht durch die lex Iulia de iudiciorum publicorum und die Ahndung von Gattenmord als parricidium durch eine lex Pompeia hinzu. Infamierende Klagen und Klagen wegen Diebstahls untereinander werden ausgeschlossen.

Man erschwert darüber hinaus die Scheidung, die Wiederverheiratung wird an eine ein- bis zu zehnjährige Frist gebunden.

So kann es nicht ausbleiben, dass auch das Konkubinat diesen Veränderungen unterworfen wird. Konstantin, der sich an das kirchliche Dogma hält, das jede Geschlechtsgemeinschaft außer der Ehe verurteilt, unterdrückt vor allem das Konkubinat zwischen Würdenträgern und Frauen in geminderter rechtlicher

---

[35] Valentinian I. (364-375 n.Chr. römischer Kaiser) verbesserte die erbrechtliche und vermögensrechtliche Stellung der Konkubine und ihrer Kinder. Später wurde von Anastasios I. (491-518 n.Chr. oströmischer Kaiser) die Möglichkeit einer Legitimierung von nichtehelichen Kindern ermöglicht. Durch Justinian I. (527- 565 n. Chr. römischer Kaiser) wurden diese Rechte erneuert und es wurde ein Unterhaltsanspruch der Kinder gegen ihren Vater und dessen legitime Kinder begründet. All diese Rechte standen aber nur einer dauerhaften und monogamen Beziehung, als Ehe minderen Rechts, offen, Norbert F. Schneider/ Doris Rosenkranz/ Ruth Limmer, Nichtkonventionelle Lebensformen, S.68.

[36] Paul Martin Meyer, Der römischer Konkubinat – Nach den Rechtsquellen und den Inschriften,S.159.

[37] Hans-Jürgen Becker, Die nichteheliche Lebensgemeinschaft (Konkubinat) in der Rechtsgeschichte, in: Götz Landwehr (Hrsg.), Die nichteheliche Lebensgemeinschaft, S.16.

oder sozialer Stellung.[38] Daneben aber entsteht die Auffassung, dass eine Lebensgemeinschaft zwischen Mann und Frau, die den christlichen Anforderungen an die Ehe genügt, von Staats wegen auch dann geduldet werden kann, wenn es an dem vom Staat geforderten Ehe Willen mangelt. Allerdings knüpft man daran neue Erfordernisse: Das Konkubinat wird nicht neben einer bestehenden Ehe geduldet und es muss eine dauernde Verbindung (consuetudo) mit einer Frau sein, mit der auch eine Ehe zulässig wäre. Somit ist der Unterschied zur Ehe nur das Fehlen der dignitas, die aus der maritalis affectio, der ehelichen Zuneigung[39] folgt, und man betrachtet es als Ehe minderen Rechts (inaequale coniugium).[40]

Neben diesen starken Beschränkungen ist aber ein sozialer Zug nicht zu verkennen, wie die bereits erwähnte Tendenz zur Gleichstellung von Mann und Frau in der Ehe und die soziale Absicherung der Frau und der Kinder durch die erwähnte Erhaltung der dos und der mit ihr verschmelzenden donatio ante/ propter nuptias nach beendeter Ehe, im Mittelalter als Morgengabe bekannt. Aber das ist bereits eine andere Zeit, worüber an anderer Stelle zu lesen sein wird.

2. Die Haltung der Kirche in der Spätantike

Während teilweise die Auffassung vertreten wurde, dass die Kirche von Anfang an stets nur eine zulässige Art der Geschlechterverbindung anerkannt habe,[41] kommt inzwischen die Forschung mit Blick auf die Quellen zu einem differenzierteren Ergebnis.[42] Danach hat die Kirche das Konkubinat in der Spätantike nicht etwa bekämpft, sondern vielmehr versucht, ihrer Lehre bei der rechtlichen Ausgestaltung des Konkubinats Geltung zu verschaffen. Sofern die maßgeblichen Voraussetzungen einer monogamen, auf Dauer angelegten Verbindung ohne den generellen Ausschluss von Nachkommen (proles) erfüllt waren, gab es für die Kirche keine Veranlassung das Rechtsinstitut des Konkubinats in Frage zu stellen. Es war sogar eher von Vorteil für die Kirche, wenn durch das Konkubinat Verbindungen zwischen Gläubigen über Standesgrenzen hinweg ermög-

---

[38] Max Kaser, Das Römische Privatrecht, Bd. II:Die Nachklassischen Entwicklungen, § 217 II 4 c, S.165.

[39] Max Kaser, Das Römische Privatrecht, Bd. II:Die Nachklassischen Entwicklungen, § 217 II 4 c, § 221, S.184. Horst Herrmann, Die Stellung unehelicher Kinder nach kanonischem Recht, S.45.

[40] Beryl Rawson, Concubinage, S.279ff.

[41] Joseph Freisen, Geschichte des Canonischen Eherechts bis zum Verfall der Glossenlitteratur, S.67.

[42] Paul Martin Mayer, der römische Konkubinat – Nach den Rechtsquellen und den Inschriften, S.23 ff.

licht wurden, denen die Rechtsordnung eine Vollehe versagte.[43] So wird etwa durch das Konzil von Toledo (400) in Kanon 17 das monogame Konkubinat ausdrücklich erlaubt. Auch Augustinus (gest. 430) hat unter den beschriebenen Bedingungen nichts gegen das Konkubinat einzuwenden. Die viel zitierte Stelle aus dem Brief Papst Leo I. an den Bischof Rusticus von Narbonne (458/459) deutet weniger auf eine grundsätzliche Ablehnung des Konkubinats hin, als vielmehr auch die durch Standesunterschiede bedingte Divergenz zur Ehe.[44] Während es am Ende des 9. Jahrhunderts nicht zuletzt unter dem Einfluss der byzantinischen Kirche zu einem völligen Verbot des Konkubinats im oströmischen Reich kam, [45] war ein solches Verbot in den germanisch-römischen Nachfolgereichen auf dem Boden des ehemals weströmischen Reiches noch nicht zu denken.

3. Das Recht in den germanisch-romanischen Nachfolgereichen nach dem Ende Westroms im Frühmittelalter

Der Versuch, das ursprüngliche Recht der germanischen Stämme vor der Völkerwanderung zu beschreiben, bereitet erhebliche Schwierigkeiten. Im Gegensatz zum römischen Recht war das germanische Recht nie einheitlich durchgestaltet, sondern stets in Stammes- und Volksrechte gespalten. Zudem ist die Quellenlage zur germanischen Frühzeit denkbar schlecht. Soweit sich überhaupt schriftliche Überlieferungen hierzu finden, handelt es sich in der Regel um römische Beobachtungen.[46] Vor dem Hintergrund dieser problematischen Ausgangslage ist es nachvollziehbar, dass die Forschung mitunter geneigt war, erhaltene nordische Texte des Mittelalters als ein getreues Spiegelbild der germanischen Frühzeit zu verstehen und aus diesen sowie aus den Volksrechten des Frühmittelalters entsprechende Rückschlüsse zu ziehen.[47] Die Muntehe,[48] die

---

[43] Hans-Jürgen Becker, Die nichteheliche Lebensgemeinschaft (Konkubinat) in der Rechtsgeschichte, S.18.

[44] Paul Martin Mayer, der römische Konkubinat – Nach den Rechtsquellen und den Inschriften, S.164.

[45] Christian Friedrich Glück, Ausführliche Erläuterung der Pandecten, Bd. 28 (1827), S.359-434, 423 ff.

[46] Hermann Conrad, Deutsche Rechtsgeschichte, Bd. I : Frühzeit und Mittelalter, S.37.

[47] Heiner Lück, „Recht" RGA, 2. Auflage, Bd. 24 (2003), S. 209-224.

[48] Bei der durch einen Vertrag zwischen den beiden Sippen abgeschlossenen Muntehe handelte es sich um eine Art Kaufvertrag, bei dem auf der Seite des Mannes der Bräutigam selbst handelte, auf Seiten der Frau ihr Muntwalter, meist ihr Vater oder Vormund.

Friedelehe[49] und die Kebsehe,[50] waren die drei bei den Germanen akzeptierten Formen des Zusammenlebens in der Gesellschaft. Die Mehrehe war Männern erlaubt, lediglich Muntehen konnten nur einmal eingegangen werden.[51] Die Ehescheidung war nach germanischem Recht zweiseitig durch ein Aufheben des Eheschließungsvertrages möglich. Einseitig trennen konnte sich nur der Ehemann bei schweren Verfehlungen der Frau, z.B. Ehebruch oder Unfruchtbarkeit.[52] Nach der Christianisierung der Germanen unterstrich die Kirche in der fränkischen Zeit zunehmend auch hier ihren Definitionsanspruch in Sachen Ehe. Sie wollte die Muntehe, als formelle Ehe, als einzige anerkannte Eheform durchsetzen.[53] Und was das Konkubinat betrifft, war es in der germanischen Gesellschaft anerkannt, [54] und nur dann strafbar, wenn es sich um eine außereheliche Geschlechtsbeziehung handelte.[55] Die Mehrehe blieb hier lange verbreitet,[56] da

---

Kaufgegenstand war allerdings nicht die Frau, sondern die munt, die Herrschaftsgewalt über die Frau, die dem Mann verschafft werden sollte. Obwohl sich die Ehegatten grundsätzlich gleichwertig gegenüberstehen sollten, konnte in germanischer Zeit nur die Frau Ehebruch begehen, nicht der Mann, von Schwerin, Germanische Rechtsgeschichte, S.18.

[49] In der zweiten germanischen Eheform, der sogenannten Friedelehe, wird zum Teil eine fortschrittliche, gesellschaftlich akzeptierte Form einer auf gemeinsamem Entschluss gegründeten Lebensgemeinschaft gesehen. Schwerin, Germanische Rechtsgeschichte, S.17. Eingeführt wurde diese Theorie durch Herbert Meyer, vgl. von ihm: Ehe und Eheauffassung der Germanen, in FS Ernst Heymann, Bd.1, S.1-51. Wahrscheinlicher erscheint aber die Ansicht, dass es sich bei der Friedelehe zuerst um Verbindungen zu auf den Beutezügen geraubten Frauen, die als Nebenfrauen gehalten wurden, handelte und später, nach Ende der Beutezüge, um Verhältnisse zu freien, aber unstandesgemäßen Frauen, wobei diese Verbindungen aber nicht als unehrenhaft galten. (Conrad, Deutsche Rechtsgeschichte, S.37.) Kinder aus einer derartigen Verbindung waren väterlicherseits nicht erbberechtigt. Die Frau blieb in ihrer eigenen Sippe und der Mann erhielt nicht die munt über sie, Nave-Herz, Die Hochzeit, S. 9.

[50] Bei der sogenannten Kebsehe handelte es sich um keine rechtliche Institution, sondern ein faktisches Verhältnis zwischen einem freien Mann und einer unfreien Frau. Die Kinder galten als nichtehelich. Wilfried Schreiber, Die nichteheliche Lebensgemeinschaft, Festvortrag von Frau Prof. Däubler-Gmelin zur Eröffnung des 13. Deutschen Familiengerichtstages e.V. in Brühl/Köln am 22. September 1999, abgedruckt in „ recht“ 2000, S.5.

[51] Norbert F. Schneider/ Doris Rosenkranz/ Ruth Limmer, Nichtkonventionelle Lebensformen, S. 69

[52] Hermann Conrad, Deutsche Rechtsgeschichte, S. 37.

[53] Hermann Conrad, Deutsche Rechtsgeschichte, S.154.

[54] Schröter, „Wo zwei zusammen kommen in rechter Ehe“, S.86.

[55] Brunner, Deutsche Rechtsgeschichte II Band, S.850- 851.

[56] Als bekannte Beispiele sind die Nebenehen der Merowinger und Karolinger zu nennen, Conrad, Deutsche Rechtsgeschichte, S.155.

die Germanen sich von den alten Traditionen nicht trennen wollten.[57] Die Kirche versuchte zunächst, die Monogamie durchzusetzen, so dass bis zum elften Jahrhundert in diesem Teil des römischen Reiches das nichteheliche Zusammenleben durch die Kirche nicht ausdrücklich verboten wurde.[58]

Anhand der vorhandenen Quellen lässt sich die rechtliche Stellung der nichtehelichen Königssöhne noch recht gut skizzieren.[59] Unter den Merowingern, bei denen Mehrehen, Kebsverhältnisse und andere außereheliche Verbindungen üblich waren, hatten alle vom Vater anerkannten Söhne gleiches Erb- und Thronfolgerecht, ohne dass es auf die Art der Verbindung oder den Stand der Mutter ankam.[60] Unter den Karolingern hingegen hatten nichteheliche Söhne neben den ehelichen keine Erbansprüche mehr, sondern kamen nur noch subsidiär zum Zug, wenn keine ehelichen Söhne vorhanden waren.[61]

Demgegenüber ist die Quellenlage zur rechtlichen Stellung der nichtehelichen Söhne von Freien bedeutend schwieriger.[62] Die Volksrechte der Franken, Alemannen, Sachsen und Friesen schweigen hierzu.[63] Nur die Lex Baiuvariorum enthält eine Vorschrift,[64] die allen Brüdern ein gleiches Erbrecht zubilligte, solange sie von freien Müttern geboren wurden, während die Söhne einer unfreien Magd auf freiwillige Zuwendungen ihrer erbberechtigten Brüder verwiesen wurden.[65]

Das Recht der Langobarden weist hingegen eingehende Regelungen zu dieser Frage auf. So wird in Edictum Rothari von 643 zwischen dem filius legitimus und dem filius naturalis unterschieden.[66] Beiden wurde ein Erbrecht zuer-

---

[57] Dieter Schwab, Eheschließungsrecht und nichteheliche Lebensgemeinschaft – Eine rechtsgeschichtliche Skizze, FamRZ 1981, S.1152.

[58] Gerhard Höppler, Nichteheliche Lebensgemeinschaft als Problem für das staatliche und kirchliche Recht, S.57.

[59] Heinrich Brunner, Die uneheliche Vaterschaft in den älteren germanischen Rechten, ZRG GA 17 (1896), S.1- 32. Wilhelm Stickel, Das Thronfolgerecht der unehelichen Karolinger, ZRG GA 24 (1903), S.110-147.

[60] Brunner, ZRG GA 17 (1896), S.4ff. Stickel, ZRG GA 24 (1903), S.110.

[61] Brunner ZRG GA 17 (1896), S.6f. Stickel, ZRG GA 24 (1903), S.116ff.

[62] Dietmar Willoweit, Von der natürlichen Kindschaft zur Illegitimität – Die nichtehelichen Kinder in den mittelalterlichen Rechtsordnungen, in: Ludwig Schmugge/ Beatrice Wiggenhauser (Hrsg.), Illegitimität im Spätmittelalter, S.55-66, 56ff.

[63] Anke Leineweber, Die rechtliche Beziehung des nichtehelichen Kindes zu seinem Erzeuger in der Geschichte des Privatrechts, S.37.

[64] Schwind (Hrsg.), MGH, Legum Sectio I: Leges national Germanicarum, Tomus 5/2: Lex Baiwariorum (1926), S.428 f.

[65] Brunner, ZRG GA 17 (1896), S.28; Anke Leineweber, Die rechtliche Beziehung des nichtehelichen Kindes zu seinem Erzeuger in der Geschichte des Privatrechts, S.37f.

[66] Franz Beyerle (Hrsg.), Die Gesetze der Langobarden, S.50ff.

kannt, mit der Einschränkung dass der Anteil aller naturalis zusammen nur die Hälfte der auf jeden filius legitimus entfallenden Erbquote ausmachte.[67] Mit Einwilligung der legitimi durfte der Vater die naturalis erbrechtlich sogar völlig gleichstellen. Schwierigkeiten bereitet dabei der nicht weiter definierte Begriff des filius naturalis. Unstreitig fallen darunter die freigelassenen, freigekauften und freigedingten der eigenen oder fremden Unfreien.[68] Wurde die eigene Unfreie freigelassen, um sie anschließend zu heiraten, so waren die danach von ihr Geborenen sogar legitimi.[69] Dagegen ist die rechtliche Stellung der Söhne, die aus einer muntlosen Ehe oder sonstigen Verbindung mit einer Freien hervorgingen, mangels einer ausdrücklichen Regelung nicht unumstritten.[70] Jedoch dürfte einiges dafür sprechen, sie nicht den naturales, sondern den besser gestellten legitimi zuzuordnen.[71] Diese alle in allem nicht ungünstige Rechtsstellung der außerhalb einer Muntehe Geborenen verschlechterte sich in der Folgezeit. Hierfür wird in erster Linie der gegen Ende des 7. Jahrhunderts erfolgte Konfessionswechsel der Langobarden vom Arianismus zum Katholizismus und dem daraus resultierenden Einfluss der katholischen Kirche wie des römischen Rechts verantwortlich gemacht.[72] So wird in der Gesetzgebung Liutprands (713- 735) zum ersten Male von „in verbotener Ehe Geborenen" gesprochen (de inlicito matrimonio nati),[73] denen jedwedes Erbrecht aberkannt wurde. Ferner gelten nun auch die in der Ehe mit einer Halbfreien (aldia) gezeugten Kinder nicht als legitimi, sondern nur als naturales, wenn nicht zuvor die Halbfreie zur Vollfreien gemacht worden war. Im Ergebnis wurde also unter Liutprand die Rechtsstellung der Halbfreien und ihrer Kinder der Rechtsstellung der Unfreien (ancilla) und deren Kinder angeglichen.[74] Die Schlussfolgerung, dass damit auch das Erbrecht der übrigen naturales, insbesondere der von freien Frauen Geborenen

---

[67] Hermann Winterer, Die Stellung des unehelichen Kindes in der langobardischen Gesetzgebung, ZRG GA 87 (1970), S.40 ff.

[68] Anke Leineweber, Die rechtliche Beziehung des nichtehelichen Kindes zu seinem Erzeuger in der Geschichte des Privatrechts, S.39.

[69] Hermann Winterer, Die Stellung des unehelichen Kindes in der langobardischen Gesetzgebung, ZRG GA 87 (1970), S.55.

[70] Gerhard Bückling, Die Rechtsstellung der unehelichen Kinder im Mittelalter und in der heutigen Reformbewegung, 1920 (Untersuchungen zur Deutschen Staats und Rechtsgeschichte, Heft 129), S. 7ff. zur älteren Literatur.

[71] Hermann Winterer, Die Stellung des unehelichen Kindes in der langobardischen Gesetzgebung, ZRG GA 87 (1970),, S.33f.

[72] Hermann Winterer, Die Stellung des unehelichen Kindes in der langobardischen Gesetzgebung, ZRG GA 87 (1970), S.42f.

[73] Franz Beyerle (Hrsg.), Die Gesetze der Langobarden, S. 206f. und 268ff.

[74] Ernst Hoyer, Die Ehen minderen Rechts in der fränkischen Zeit, S.201 f.

durch Liutprand beschränkt worden sei,[75] dürfte jedoch mangels entsprechender Anhaltspunkte zu weit gehen.[76] Insgesamt ist somit festzuhalten, dass es für die rechtliche Stellung eines Kindes in erster Linie darauf ankam, ob es vom Vater als sein leibliches Kind anerkannt wurde und ob die Mutter frei oder unfrei war. Eine Diskriminierung der Kinder anhand des Typs der zwischen den Eltern bestehenden Verbindung scheint dem Recht der germanisch-römischen Nachfolgereiche auf dem Gebiet des ehemals weströmischen Reiches des Frühmittelalters jedenfalls fremd gewesen zu sein.[77]

4. Die Rolle des kanonischen Rechts im Hoch- und Spätmittelalter

Das Eherecht des Hoch- und Spätmittelalters wurde maßgeblich durch das kanonische Recht geprägt.[78] Wie bereits dargestellt, hatte die Kirche in der Spätantike und im Frühmittelalter das Konkubinat nicht schlechthin verboten, sondern toleriert, solange es sich dabei um eine monogame Verbindung handelte. So war auch das Konkubinat dem kanonischen Recht nicht unbekannt. Gratian und ihm folgend die Dekretisten definierten das erlaubte Konkubinat als eine vom affectus coniugalis getragene Geschlechtsgemeinschaft, der zur Vollehe lediglich die instrumenta legalia fehlten. Eine ohne affectus coniugalis eingegangene Verbindung stellte hingegen ein verbotenes Konkubinat (concubitus illicitus) dar.[79] Dieser begrifflichen Einengung des erlaubten Konkubinats durch die Dekretisten wurde jedoch von den Legisten nicht gefolgt, so dass im Gegensatz zum kanonischen Recht das Ius civile das Konkubinat weiter in seiner alten Bedeutung kannte.

---

[75] Bückling, Die Rechtsstellung der unehelichen Kinder im Mittelalter und in der heutigen Reformbewegung, S.15ff.; Hermann Winterer, Die Stellung des unehelichen Kindes in der langobardischen Gestzgebung, ZRG GA 87 (1970), S.43, S.50f.; Anke Leineweber, Die rechtliche Beziehung des nichtehelichen Kindes zu seinem Erzeuger in der Geschichte des Privatrechts, S.41f.

[76] Dietmar Willoweit, Von der natürlichen Kindschaft zur Illegitimität -Die nichtehelichen Kinder in den mittelalterlichen Rechtsordnungen, in: Ludwig Schmugge/ Beatrice Wiggenhauser (Hrsg.), Illegitimität im Spätmittelalter, S.60.

[77] Dietmar Willoweit, Von der natürlichen Kindschaft zur Illegitimität -Die nichtehelichen Kinder in den mittelalterlichen Rechtsordnungen, in: Ludwig Schmugge/ Beatrice Wiggenhauser (Hrsg.), Illegitimität im Spätmittelalter, S.59f.

[78] Volker Pfaff, das kirchliche Eherecht am Ende des zwölften Jahrhunderts, ZRG KA 63 (1977), S.113-117.

[79] Joseph Freisen, Geschichte des Canonischen Eherechts bis zum Verfall der Glossenliteratur, S. 64ff.

Ganz maßgeblich für die weitere Entwicklung des kanonischen Rechts war jedoch die kirchliche Reformbewegung des 11. Jahrhunderts, die neben der Simonie (der Übertragung von geistlichen Würden und Ämtern gegen Geldzahlung) vor allem die Priesterehe bekämpfte. Durch den von ihr geforderten Zölibat sollte zum einen gewährleistet werden, dass sich die Kleriker ausschließlich dem Dienst der Kirche widmeten; zum anderen sollte verhindert werden, dass Kirchengut entfremdet und an Klerikersöhne vererbt wurde.[80] Um ein Ausweichen der Kleriker in außereheliche Verhältnisse zu verhindern,[81] verurteilten die Reformpäpste folgerichtig das Konkubinat der Majoristen (der drei höheren Weihegrade) unter Androhung der Exkommunikation sowie des Verlustes von Amt und Pfründen.[82] Die Durchsetzung des Verbots des Benefizienerbes für Klerikersöhne trug dann in letzter Konsequenz nicht unerheblich dazu bei, in der nichtehelichen Geburt generell ein kanonisches Weihehindernis (defectus natalium) zu sehen.[83]

Doch nicht nur von kirchlicher, sondern auch von weltlicher Seite wurde das Konkubinat seit dem 14. Jahrhundert auf regionaler Ebene bekämpft.[84] Das Straßburger Stadtrecht (1337) etwa knüpfte an den Tatbestand des öffentlich zur „Unehe Sitzens" empfindliche Vermögensstrafen, wenn eine vorangegangene Ermahnung zur Eheschließung fruchtlos geblieben war.[85] Noch schärfere Sanktionen verhängte ein Weist um aus Seligenstadt am Main (1390): Überführte Konkubinarier erhielten danach zunächst eine Geldbuße von je fünf Schillingen, die ein weiteres Mal verwirkt wurde, sollten sie ein Jahr später noch immer nicht verheiratet sein. Die dritte Mahnung führte zu einer weiteren Geldstrafe von je sechs Pfund Heller, bei deren Nichteinbringlichkeit beiden eine schmachvolle Form der Kirchenbuße drohte.[86] Gefängnis oder Ausweisung waren in Frankfurt am Main (1468) die gesetzliche Sanktion für Konkubinarier, die sich weder

---

[80] Zur Entwicklung bis zum II. Laterankonzil 1139: Horst Hermann, Die Stellung unehelicher Kinder nach kanonischem Recht, S.76ff.

[81] Zur spanischen barragania als einer Form der „Minderehe" für Geistliche: Hermann Winterer, Zur Priesterehe in Spanien bis zum Ausgang des Mittelalters, ZRG KA 83 (1966), S.370-383.

[82] Hans-Jürgen Becker, Die nichteheliche Lebensgemeinschaft (Konkubinat) in der Rechtsgeschichte, in: Götz Landwehr (Hrsg.), Die nichteheliche Lebensgemeinschaft, S.23.

[83] Peter Landau, Das Weihehindernis der Illegitimität in der Geschichte des kanonischen Rechts, in: Schmugge/Wiggenhauser, S.41-53.

[84] Eduard Max Löwenstein, Die Bekämpfung des Konkubinates in der Rechtsentwicklung, 1919 (Strafrechtliche Abhandlungen, Heft 201), S. 18ff.

[85] Friedrich Keutgen (Hrsg), Urkunden zur städtischen Verfassungsgeschichte (Ausgewählte Urkunde zur deutschen Verfassungs- und Wirtschaftsgeschichte, Bd. I), S.457f.

[86] Jacob Grimm (Hrsg), Weisthümer, Teil I, S.503ff, 504.

trennen noch heiraten wollten.[87] Die Initiative für die immer zahlreicher werdenden Regelungen gegen das Konkubinat ging oft von den Zünften aus, denen zumeist auch deren Durchsetzung oblag.[88]

Hinsichtlich der Stellung des nichtehelichen Kindes sind Einflüsse des kanonischen Rechts auf das weltliche Recht bereits im Sachsenspiegel festzustellen.[89] Was die Relevanz der Empfängnisfrist als Voraussetzung der ehelichen Geburt angeht, gelten römisch- kanonische Einflüsse als wahrscheinlich.[90] Die Regel, dass bei vorangegangenem Ehebruch selbst aus einer späteren Ehe der Partner keine ehelichen Kinder hervorgehen können, entstammt nachweislich dem kanonischen Recht.[91] Auch der Rechtsgedanke, dass ein in verbotener und später getrennter Ehe gezeugtes Kind bei gutem Glauben an die Zulässigkeit der Ehe als ehelich angesehen wird, entspringt einer sexualethisch geprägten kanonischen Norm.[92] Anders als etwa im frühmittelalterlichen Recht der Langobarden ging es im Sachsenspiegel jedoch nicht mehr darum, nur die erbrechtliche Position von ehelich und nichtehelich Geborenen voneinander abzugrenzen. Vielmehr wurde die unechte, uneheliche Geburt als ein Makel der Illegitimität verstanden, der gegenüber der echten, ehelichen auf allen Gebieten durchschlug: Das unechte Kind teilte weder den Stand[93] noch den Heerschild[94] seines Vaters und war überhaupt lehensunfähig.[95] Es stand auf einer Stufe mit Berufskämpfern, Spielleuten sowie Dieben und Räubern,[96] was sich in der Verweigerung

---

[87] Armin Wolf (Hrsg), Die Gesetze der Stadt Frankfurt am Main im Mittelalter, Nr. 274, S.357-358.

[88] Eduard Max Löwenstein, Die Bekämpfung des Konkubinates in der Rechtsentwicklung, 1919 (Strafrechtliche Abhandlungen, Heft 201), S. 19f.; Hans-Jürgen Becker, Die nichteheliche Lebensgemeinschaft (Konkubinat) in der Rechtsgeschichte, in: Götz Landwehr (Hrsg.), Die nichteheliche Lebensgemeinschaft, S.24.

[89] Karl August Eckhardt, MGH, Fontes iuris Germanici antiqui, Nova series, Tomus 1: Sachsenspiegel, Teil 1: Landrecht, Teil 2: Lehnrecht, 1956 (verbesserter Nachdruck (1973), 1989).

[90] Dietmar Willoweit, Von der natürlichen Kindschaft zur Illegitimität -Die nichtehelichen Kinder in den mittelalterlichen Rechtsordnungen, in: Ludwig Schmugge/ Beatrice Wiggenhauser (Hrsg.), Illegitimität im Spätmittelalter, S.60f.

[91] Anke Leineweber, Die rechtliche Beziehung des nichtehelichen Kindes zu seinem Erzeuger in der Geschichte des Privatrechts, S.121f.

[92] Dietmar Willoweit, Von der natürlichen Kindschaft zur Illegitimität -Die nichtehelichen Kinder in den mittelalterlichen Rechtsordnungen, in: Ludwig Schmugge/ Beatrice Wiggenhauser (Hrsg.), Illegitimität im Spätmittelalter, S.61.

[93] Ssp. Landrecht I, 16 § 2.

[94] Ssp. Landrecht III, 72.

[95] Ssp. Lehnrecht 2 § 1.

[96] Ssp. Landrecht I, 38 § 1.

eines Prozessvormunds[97] sowie in einem wertlosen, verspottenden Wergeldanspruch[98] niederschlug. Nur an einer Stelle finden sich im Sachsenspiegel noch Anklänge an die früher üblichen außerehelichen Verhältnisse.[99]

Der sinnbildliche Makel der nichtehelichen Abkunft, wie er etwa in der Heidelberger Bilderhandschrift des Sachsenspiegels durch einen hälftig zusammengeflickten Rock dargestellt wird,[100] gewann im Spätmittelalter eine Eigendynamik, die schließlich zu einer Diskriminierung der nichtehelichen Geburt führte, wie sie bis dahin unbekannt gewesen war.[101] Die treibende Kraft wird dabei häufig in dem Bestreben der Zünfte gesehen, den Kreis ihrer Mitglieder einzuschränken.[102] Daneben wird aber auch das spätmittelalterliche Denken in ständischen Kategorien und gesellschaftlichen Rangverhältnissen hierfür verantwortlich gemacht.[103] Dem starren ständischen Denken zum Trotz konnte die Schranke der nichtehelichen Geburt aber auch im Spätmittelalter überwunden werden, etwa im Wege der Legitimation durch eine nachfolgende Eheschließung, die dem Sachsenspiegel noch unbekannt gewesen war,[104] ferner im Wege der Legitimation durch Kaiser oder Papst[105] bzw. durch päpstlichen Dispens.[106]

---

[97] Ssp. Landrecht I, 48 § 1.

[98] Ssp. Landrecht III, 45 § 9.

[99] Ssp. Landrecht I, 51 § 2.

[100] Rolf Sprandel, Die Diskriminierung der unehelichen Kinder im Mittelalter, in: Jochen Martin/August Nitschke (Hrsg.), Zur Sozialgeschichte der Kindheit, S.487-502.

[101] Dietmar Willoweit, Von der natürlichen Kindschaft zur Illegitimität -Die nichtehelichen Kinder in den mittelalterlichen Rechtsordnungen, in: Ludwig Schmugge/ Beatrice Wiggenhauser (Hrsg.), Illegitimität im Spätmittelalter, S.62.

[102] Rolf Sprandel, Die Diskriminierung der unehelichen Kinder im Mittelalter, in: Jochen Martin/August Nitschke (Hrsg.), Zur Sozialgeschichte der Kindheit, S.495ff.

[103] Dietmar Willoweit, Von der natürlichen Kindschaft zur Illegitimität -Die nichtehelichen Kinder in den mittelalterlichen Rechtsordnungen, in: Ludwig Schmugge/ Beatrice Wiggenhauser (Hrsg.), Illegitimität im Spätmittelalter, S.64ff.

[104] Ferdinand Kogler, Beiträge zur Geschichte der Rezeption und der Symbolik der legitimatio per subsequens matrimonium, ZRG GA 25 (1904), S.94- 171.

[105] Hermann Conrad, Deutsche Rechtsgeschichte, S.410.

[106] Anke Leineweber, Die rechtliche Beziehung des nichtehelichen Kindes zu seinem Erzeuger in der Geschichte des Privatrechts, S.65f.

5. Frühe Neuzeit

Die Forderungen des ausgehenden Mittelalters und der Frühen Neuzeit nach einer Reform von Kirche und Reich hatten auch Auswirkungen auf das Konkubinat. So wandte sich das Konzil von Basel mit Dekret vom 22. Januar 1435 ebenso entschieden gegen das Konkubinat der Kleriker, wie gegen das der Laien:

„Da jede Sünde der Unzucht vom göttlichen Gesetz verboten und unter Strafe der Todsünde unbedingt gemieden werden muss, ermahnt die heilige Synode alle Laien, ob verheiratet oder ledig, dass sie ebenso das Konkubinat meiden.“[107]

Dieses Verbot wurde mit besonderem Nachdruck auf dem V. Laterankonzil wiederholt (5. Mai 1514)[108] sowie in einer päpstlichen Bulle zwei Jahre später.[109] Das Konzil von Trient schrieb mit dem Dekret Tametsi vom 11. November 1563 das Verbot des Konkubinats endgültig fest: „Es ist eine schwere Sünde, dass unverheiratete Männer Konkubinen haben,... Um gegen dieses große Übel mit den geeigneten Mitteln vorzugehen, beschließt die heilige Synode, dass solche Konkubinarier, ledige oder verheiratete, gleich welchen Standes, welcher Würden und welchen Berufes, wenn sie diesbezüglich vom Ordinarius dreimal, auch amtlich, ermahnt wurden und die Konkubinen dann immer noch nicht hinausgeworfen und das Verhältnis mit ihnen nicht beendet haben, der Strafe der Exkommunikation verfallen müssen, von der es keine Absolution gibt, bis sie tatsächlich der Ermahnung gehorcht haben. Verbleiben sie ein Jahr lang unter Missachtung der Strafen im Konkubinat, dann wird gegen sie vom Ordinarius je nach Schwere des Vergehens streng vorgegangen.“ [110]

Wie die angesprochenen Beschlüsse zeigen, ging die Kirche also nicht mehr nur regional, sondern umfassend gegen das Konkubinat vor.

Bei der Umsetzung der entsprechenden Strafbestimmungen durch den Klerus kam es allerdings zu Missständen, da dieser gegen Zahlung von Bestechungsgeldern häufig von der Verhängung der angedrohten Strafen absah. Gegen diese Korruption und die mitunter selbst im Konkubinat lebenden Geistli-

---

[107] Clausdieter Schott, Lebensgemeinschaft zwischen Ehe und Unzucht – ein historischer Überblick, in: Albin Eser (Hrsg.), Die nichteheliche Lebensgemeinschaft, S.22.

[108] Hans-Jürgen Becker, Die nichteheliche Lebensgemeinschaft (Konkubinat) in der Rechtsgeschichte, in: Götz Landwehr (Hrsg.), Die nichteheliche Lebensgemeinschaft,. S.27.

[109] Hans-Jürgen Becker, Die nichteheliche Lebensgemeinschaft (Konkubinat) in der Rechtsgeschichte, in: Götz Landwehr (Hrsg.), Die nichteheliche Lebensgemeinschaft, S.28.

[110] Clausdieter Schott, Lebensgemeinschaft zwischen Ehe und Unzucht – ein historischer Überblick S.23.

chen wurden daher einige Beschwerden laut, wie etwa in den Gravamina nationis Germanicae.[111]

Die einsetzende Reformation verstärkte den Kampf gegen das Konkubinat. Ausgehend vom protestantischen Eherecht,[112] das insbesondere kein Zölibat mehr kannte, forderten die frühen evangelischen Kirchenordnungen mit besonderem Nachdruck die Eheschließung durch Konkubinarier.[113]

Auch im weltlichen Recht wurde das Konkubinat nicht mehr nur regional, sondern erst mal durch eine Reichspolizeiordnung von 1530 auf Reichsebene verboten, was dergestalt in den Reichspolizeiordnungen von 1548 und 1577 beibehalten wurde.

Die Territorialgesetzgebung folgte dieser Richtung, so dass die entsprechenden Landesordnungen seit der Mitte des 16. Jahrhunderts das Konkubinat einhellig als Unzucht bewerten und mit schweren Strafen sanktionieren.[114] Die Strafrechtswissenschaft des 17. Jahrhunderts, wie etwa Althusius oder Carpzov, nahm dabei die Strafbarkeit des Konkubinats inzwischen als selbstverständlich hin, ohne sie weiter in Frage zu stellen.

Während das Konkubinat zunehmend ein Regelungsgegenstand des Strafrechts geworden war, nahm seine Bedeutung im Privatrecht immer mehr ab, bis er dort im ersten Drittel des 16. Jahrhunderts nahezu völlig verschwunden war.[115] So führte beispielsweise das von Zasius redigierte Stadtrecht von Freiburg im Breisgau (1520) eine begrifflich scharfe Trennung zwischen Ehe und Nichtehe ein, um den Anwendungsbereich der entsprechenden Normen strikt auf die Ehe zu beschränken.[116]

---

[111] Adolf Wrede (Hrsg.), Deutsche Reichstagsakten, Jüngere Reihe, Bd. 3, 1901 (unveränderter Nachdruck 1963), Nr. 110, S.645ff.

[112] Emil Friedberg, Das Recht der Eheschließung in seiner geschichtlichen Entwicklung, S.153 ff.

[113] Eduard Max Löwenstein, Die Bekämpfung des Konkubinates in der Rechtsentwicklung, 1919 (Strafrechtliche Abhandlungen, Heft 201), S.27ff.

[114] Gustaf Klemens Schmelzeisen, Polizeiordnungen und Privatrecht, S.22f.

[115] Clausdieter Schott, Lebensgemeinschaft zwischen Ehe und Unzucht- ein historischer Überblick, in: Albin Eser (Hrsg.), Die nichteheliche Lebensgemeinschaft, S.25.

[116] Freiburger Stadtrecht, III, Tit. 2, 6: „Wie eelüt verstanden werden sollen. Und wenn wir von eelüten reden oder setzen, so wöllen wir die ienen verstanden haben, die den Kirchgang byschlaf und bywonung geton haben, es wer dann, das den Kirchgang redlich ursachen gehindert haben." Zitiert nach Wolfgang Kunkel (Hrsg.), QuNPRG, Bd. I/1, S.277.

Die privatrechtliche Stellung des nichtehelichen Kindes blieb jedoch weiterhin ein Problem, das von den Partikularrechten höchst unterschiedlich behandelt wurde.[117]

Zum Teil wurde das Erbrecht der illegitim Geborenen überhaupt nicht behandelt oder ein solches Erbrecht wurde einfach ausgeschlossen. Zum Teil wurde jedoch auch weiterhin ein beschränktes Erbrecht des nichtehelichen Kindes anerkannt, in der Regel aber nur für den Fall, dass es sich dabei nicht um sog. Unflatskinder auch verdammter Geburt, sondern um sog. natürliche Kinder lediger Eltern handelte, so beispielsweise die Wormser Reformation (1498).[118] Das Freiburger Stadtrecht (1520), das demgegenüber unter engen Voraussetzungen auch ein Erbrecht der Unflatskinder zuließ,[119] ist dagegen eine seltene Ausnahme.[120]

Was den Unterhalt des nichtehelichen Kindes angeht, so stand ihm im Allgemeinen fast überall ein Anspruch gegen beide Elternteile zu, wenngleich hinsichtlich des Anspruchsumfangs mitunter wieder zwischen natürlichen Kindern und Unflatskindern unterschieden wurde, deren Unterhaltsanspruch im letzteren Fall auf den Notbedarf beschränkt war.[121] Für den Fall, dass mehrere mögliche Väter in Frage kamen, gewährten das gemeine Recht sowie zahlreiche Partikularrechte dem in Anspruch genommenen Erzeuger die Einrede des Mehrverkehrs, während manche Partikularrechte eine solche Einrede ablehnten,[122] wie etwa das Freiburger Stadtrecht, wenn die Mutter den Vater benennen konnte.[123]

---

[117] Hermann Conrad, Die Stellung der unehelichen Kinder in der neuzeitlichen Privatrechtsentwicklung Deutschlands, Frankreichs, Österreichs und der Schweiz, FamRZ 9 (1962), S.322-329.

[118] Wormser Reformation, Buch IV, Teil 4, Tit. 3 und 5, in: Kunkel (Hrsg), QuNPRG, Bd. I/1, S. 161ff.

[119] Freiburger Stadtrecht , III, Tit. 8, 1-9, in: Kunkel (Hrsg.), Bd. I/1, 1936, S.311ff.

[120] Gustaf Klemens Schmelzeisen, Polizeiordnungen und Privatrecht, S.143f.

[121] Leinweber, Die rechtliche Beziehung des nichtehelichen Kindes zu seinem Erzeuger in der Geschichte des Privatrechts, S.129ff.

[122] Otto Stobbe/ Heinrich O. Lehmann, Handbuch des Deutschen Privatrechts, Bd. IV: Familienrecht, S.502 f.

[123] Freiburger Stadtrecht, III, Tit. 8, 1, in: Kunkel (Hrsg.), QuNPRG, Bd. I/1, S.311.

6. Der Beginn des bürgerlichen Zeitalters und das 19. Jahrhundert

Die Gesetzgebung zeigte in den letzten Jahren des Ancien Regime keinen großen Eifer, die Konkubinatsgesetzgebung zu aktivieren. Man beließ es in aller Regel beim alten Rechtszustand. Das Allgemeine Gesetzbuch für die preußischen Staaten von 1791 regelte zwar die Ehe zur linken Hand in nicht weniger als 110 Paragraphen,[124] von denen in das preußische Allgemeine Landrecht von 1794 immerhin noch 98 übernommen wurden.[125] Diese Regelung galt aber von Anfang an als misslungen.

Was die Bestrafung der nichtehelichen Lebensgemeinschaft (des Konkubinats) angeht, so lehnte die Rechtsphilosophie an der Wende zum 19. Jahrhundert die Praxis des gemeinen Rechts ab. Hier ist vor allem auf Johann Gottlieb Fichte hinzuweisen, der in seinen „Grundlagen des Naturrechts nach Prinzipien der Wissenschaftslehre" von 1796 schrieb:[126]

> Es ist die Pflicht des Staats, die Ehre des weiblichen Geschlechts, d. h. nach obigem, dass sie nicht gezwungen werden, sich einem Manne zu ergeben, außer aus Liebe, zu beschützen; denn diese ihre Ehre ist ein Teil, ja der edelste Teil ihrer Persönlichkeit. Jeder hat aber auch das Recht, -nämlich es ist kein äußerer Rechtsgrund dagegen- seine Persönlichkeit aufzuopfern. So wie jeder das unbegrenzte äußere – nicht innere moralische- Recht auf sein eignes Leben hat, und der Staat kein Gesetz gegen den Selbstmord machen kann…
>
> Der Staat kann, aus dem eben angegebenen Grunde, die nichteheliche Lebensgemeinschaft (das Konkubinat) nicht verbieten. Nur muss er zuvörderst sich überzeugen, dass dem Weibe keine Gewalt zugefügt werde, sondern dass sie den zwar schändlichen Kontrakt freiwillig geschossen. Das Weib muss dies deklarieren: nur, da die Sache unwürdig ist, nicht mit Feierlichkeit und Gepränge, und ja nicht vor den moralischen Lehrern, sondern etwa vor gewissen Polizeidienern, die ohnedies verpflichtet sind, sich mit unehrlichen Sachen zu beschäftigen.

Auch P. J. A. Feuerbach wollte in seinem Entwurf für das Strafgesetzbuch für Bayern von 1813 von einer Bestrafung der nichtehelichen Lebensgemeinschaft (des Konkubinats) absehen. In seinen „Anmerkungen" notiert er zu dieser Frage.[127]

---

[124] Allgemeines Gesetzbuch für die Preußischen Staaten von 1791 II. 1.9 §§ 835-944.

[125] Allgemeines Landrecht für die Preußischen Staaten von 1794 II. 1.9 §§ 835-932.

[126] I. Anhang: Familienrecht II, §§ 21-22, S.326-327.

[127] Anmerkungen zum Strafgesetzbuch für das Königreich Baiern, Bd. 1, 1813, Einleitung § 9, S.25.

Besonders musste auf Ausscheidung aller fremdartigen Gegenstände der Bedacht genommen werden. Die älteren Gesetze haben gar oft das Unmoralische mit dem Rechtswidrigen verwechselt, und die Immoralität der Handlungen zum Maßstab angenommen, wonach sie den Charakter der Handlung und ihre Strafe bestimmt haben. Niemand wird Hexerei, Sodomie, Unzucht, Unglauben, Ketzerei, Blasphemie u. dgl. billigen oder für etwas Erlaubtes ansehen; allein dergleichen Gegenstände liegen so lange, als damit keine Verletzung der Rechte des Staats oder eines Privaten verbunden ist, außer der Sphäre eines Strafgesetzbuchs; so ferne aber eine solche Handlung Rechte angreift, oder äußere Verbindlichkeiten verletzt, musste sie auch eine Stelle im Strafkodex finden.

Die Gesetzliche Grundlage für das Einschreiten der Polizei gegen die nichteheliche Lebensgemeinschaft (Konkubinat) war während des ganzen 19. Jahrhunderts sehr umstritten.[128] Wo eine ausdrückliche gesetzliche Sanktion fehlte, nahm man an, dass die Polizei im Rahmen ihrer Zuständigkeit für die öffentliche Sicherheit und Ordnung befugt sei, den in der nichtehelichen Lebensgemeinschaft (Konkubinat) liegenden Angriff auf das allein anerkannte Institut Ehe und den damit erfüllten Tatbestand des öffentlichen Ärgernisses durch Trennung der Konkubinarier abzuwehren. Zu diesem Zweck dürfen nach der Auffassung der damals herrschenden Lehre auch Zwangsstrafen eingesetzt werden, „nicht als Strafe des Concubinates, sondern als Strafe des Ungehorsams gegen polizeiliche Verfügungen“. Sogar noch nach Inkrafttreten des Reichsstrafgesetzbuches am 1.1.1872, das die nichteheliche Lebensgemeinschaft (das Konkubinat) nicht mehr erwähnt, wurde diese Polizeipraxis fortgesetzt.

Eine Reihe juristischer Autoren, die sich in der ersten Hälfte des 20. Jahrhunderts mit der Zulässigkeit der strafrechtlichen Verfolgung von Konkubinariern nach landesrechtlichen Bestimmungen und ihrer polizeilichen Trennung auseinandersetzten, brachte als Argument für die Freigabe der „wilden Ehen“ u.a. immer wieder vor, die Zahl solcher Verhältnisse sei so klein und werde sich zudem mit der Erleichterung der Ehescheidung weiterhin so verringern, dass die öffentliche Ordnung durch sie gar nicht nennenswert berührt werde. So sehr diese Bemühungen um die Abschaffung der strafrechtlichen und polizeilichen Verfolgung anzuerkennen sind, in der Prognose über den Rückgang der nichtehelichen Lebensgemeinschaft (der Konkubinate) hat man sich gewaltig geirrt.[129]

---

[128] Helmut Coing, Die Auseinandersetzung um kirchliches und staatliches Eherecht im Deutschland des 19. Jahrhunderts in: Dilcher/ Staff, Christentum und modernes Recht, S.360 ff.

[129] Götz Landwehr, Die nichteheliche Lebensgemeinschaft, S.37-38.

7. Neuzeit (20. Jahrhundert)

Im Laufe des 20. Jahrhunderts hat sich ein langsamer Wandel der gesellschaftlichen Einstellung gegenüber dem Konkubinat von strikter Ablehnung bis zu zögernder Toleranz vollzogen. Insbesondere traten während und infolge des 2. Weltkrieges neue Formen der eheähnlichen Verbindungen auf.

Zunächst sind die „nachträglichen Eheschließungen“ zu nennen. An sich war diese nachträgliche Eheschließung weder ein eheähnliches Verhältnis, noch bedeutete sie die Umwandlung eines solchen Verhältnisses in eine Ehe. Sie verlieh vielmehr einer vorher bestandenen, nichtehelichen Gemeinschaft, die durch Tod bzw. durch „Verschollensein“ des Mannes während des Krieges beendet worden war, bestimmte eheliche Züge (Rechtswirkungen). Die Ehe in dieser Form kam durch den Ausspruch des Standesbeamten gemäß einem verwaltungsbehördlichen Erlass vom 06.11.1941 zustande, wonach die nachträgliche Eheschließung eines Kriegsgefallenen oder Verschollenen mit seiner Braut erfolgen konnte.[130] Durch die nachträgliche Eheschließung erhielt die Frau den Familiennamen des Mannes und den Versorgungsanspruch einer Witwe. Außerdem wurden die Kinder, die aus dem nichtehelichen Zusammenleben eines Kriegsgefallenen oder Verschollenen mit seiner Gefährtin hervorgegangen waren, als ehelich legitimiert (Bundesgesetz über die Rechtswirksamkeit des Ausspruchs einer nachträglichen Eheschließung vom 29.03.1951).[131]

In der Zeit des Nationalsozialismus durften rassisch oder politisch Verfolgte infolge nationalsozialistischer Gesetzgebungen (Nürnberger Gesetze von 1935) nicht heiraten. Von diesen Verfolgten eingegangene Ehen wurden als illegale bzw. außereheliche Verbindungen angesehen und „freie Ehen“ genannt.[132] Nach dem 2. Weltkrieg konnten diese freien Ehen unter bestimmten Voraussetzungen legalisiert und ihnen die Rechtswirkungen einer gesetzlichen Ehe zugestanden werden (Bundesgesetz vom 23.06.1950).[133] Damit wurde allerdings rückwirkend eine legale Ehe hergestellt.[134] Die freien Ehen wurden nur anerkannt, wenn sie als dauernde, offenkundige und monogame Verbindungen bestanden hatten und dem Paar lediglich die standesamtliche Eheschließung untersagt worden war.[135]

---

[130] Meier-Scherling, Die eheähnliche Lebensgemeinschaft, DRiZ 1979, S.296.

[131] BGBl. 1951, S.215.

[132] Meier-Scherling, Die eheähnliche Lebensgemeinschaft, S.296.

[133] BGBl. 1950, S.226.

[134] BGHZ 22, 65, 70.

[135] Meier-Scherling, Die eheähnliche Lebensgemeinschaft, S.296.

Eine besondere Erscheinung der Nachkriegszeit war die sogenannte „Onkelehe“. Im 2. Weltkrieg waren viele deutsche Männer gefallen und hatten zahlreiche Witwen zurückgelassen. Diese Witwen erhielten eine dauernde Hinterbliebenenrente, die jedoch bei einer weiteren Eheschließung entfiel. Wollten diese Frauen mit einem Mann zusammenleben, so zogen sie die Gründung einer nichtehelichen Lebensgemeinschaft der Eingehung einer zweiten Ehe vor, um nicht ihren Anspruch auf Witwenrente zu verlieren. Der Begriff „Onkelehe“ lässt sich daraus herleiten, dass der zweite Mann für die Kinder der Witwe als „Onkel“ galt.[136]

Bis in die heutige Zeit ist für viele ältere Menschen die Angst vor dem Verlust des Rentenanspruchs ein wichtiger Grund, im Alter unverheiratet zusammenzuleben.[137]

Seit der Nachkriegszeit hat die deutsche Gesellschaft ihre Einstellung gegenüber nichtehelichen Lebensgemeinschaften geändert. Obwohl ein Teil der deutschen Gesellschaft wegen sittlich-religiöser Bedenken das Zusammenleben unverheirateter Paare weiterhin ablehnt, werden nichteheliche Lebensgemeinschaften heute dennoch eher geduldet als in früheren Zeiten. Es zeigt sich auch in der Rechtslehre eine zunehmende Toleranz. So wird im Schrifttum die Ansicht vertreten, dass Art. 6 I GG, welcher die Familie unter den besonderen Schutz des Staates stellt, kein Unwerturteil über nichteheliche Lebensgemeinschaften fälle;[138] das Grundgesetz verbiete weder die nichtehelichen Lebensgemeinschaften noch toleriere es sie.[139]

Zudem ist das Zusammenleben in einer nichtehelichen Lebensgemeinschaft heute nicht mehr strafbar, denn im Strafgesetzbuch ist im Abschnitt über die Sittlichkeitsdelikte eine entsprechende Reglung nicht vorgesehen. Im bayerischen Landesstrafverfahren (Gesetz vom 17.11.1956) proklamierte Art. 25 zwar noch die Strafbarkeit der nichtehelichen Lebensgemeinschaft, obwohl diese Norm gegen das Bundesrecht verstieß.[140] In der heutigen Fassung des Gesetzes vom 13.12.1982 ist aber eine vergleichbare Regelung nicht mehr vorhanden.

---

[136] Hans-Wolfgang Strätz, Rechtsfragen des Konkubinats im Überblick, FamRZ 1980, S.302.

[137] Wilfried Schlüter, Die nichteheliche Lebensgemeinschaft, Vortrag, S. 9.

[138] Maunz/Dürig/Scholz, Kommentar zum Grundgesetz, Bd. I, Art. 6, Rn.15.

[139] Rainer Scholz, Die nichteheliche Lebensgemeinschaft in der Rechtspraxis, S.37ff.

[140] Claudieter Schott, Lebensgemeinschaft zwischen Ehe und Unzucht in: Die nichteheliche Lebensgemeinschaft, hrsg. von Albin Eser, S.29ff.

8. Exkurs – Konkubinat im Islam

Es soll im Folgenden noch ein Blick in eine ganz andere Rechtstradition und Werteordnung unternommen werden, wodurch sich möglicherweise auch durch den Vergleich Konturierungen unserer eigenen Rechts- und Werteordnung zum besseren Verständnis derer herausarbeiten lassen. Gedacht sei hierbei an das Konkubinat im Islam. Da diese Ausführungen nicht unmittelbar den Gang dieser Arbeit leitend kennzeichnen seien sie als Exkurs eingebracht.

Nach islamischem Recht wird streng unterschieden zwischen den freien Verbindungen und den islamischen Mehrehen. So ist die freie Verbindung eines Mannes mit einer Frau streng verboten. Personen, die nicht miteinander verheiratet sind, unabhängig davon, ob sie mit einer anderen Person verheiratet oder ledig sind, dürfen den Geschlechtsverkehr nicht miteinander ausüben. Ein dennoch vollzogener Geschlechtsverkehr wird dem Ehebruch gleichgestellt, der mit dem Tod durch Steinigen bestraft wird.[141]

Solche außerehelichen Beziehungen dürfen zudem die Rechtswirkungen einer Ehe nicht genießen. Die Verbindungen eines Mannes zu mehreren Frauen sind nach dem Koran nur dann erlaubt (Khelal), wenn der Mann mit diesen Frauen nach islamischem Recht verheiratet ist.[142]

Die Institution von der islamischen Mehrehe wird erst dann verständlich, wenn man sich die Entstehungsgeschichte dieser Institution unter Berücksichtigung des Hintergrundes vergegenwärtigt: Auf der arabischen Halbinsel, wo der Islam zuerst entstand, herrschten in vorislamischen Zeiten im Hinblick auf das Familienleben und die Beziehungen der Geschlechter zueinander chaotische Verhältnisse. Die Frauen wurden fast wie Sklavinnen behandelt, so dass sie auch wie Rechtsobjekte verkauft werden konnten. Innerhalb der Familie lebten die Frauen unter der Herrschaft des Mannes und nach seinem Tod unter der Herrschaft seines Bruders oder seines Sohnes. Beim Tod des Mannes wurde die verwitwete Frau als ein Vermögenswert der Erbschaft angesehen, sie war vererblich. Sie durfte nur bzw. musste dann in ihre eigene Sippe zurückkehren, wenn ihr verstorbener Mann kein Vermögen hinterließ.[143]

Töchter waren für eine Familie unerwünschte Elemente, die die Ehre und das gesellschaftliche Ansehen minderten, so dass sie oft von den Vätern lebendig begraben oder anderen Männern gegen Vermögenswerte verkauft wurden.[144]

---

[141] Louis Milliot, Introduction étude du droit musulman (Einführung in das Studium des islamischen Rechts), S.282.

[142] Nißaa Sure, 3. Ayaet (Koran) (Sura4).

[143] Ali Jawad, In der Geschichte der Araber vor dem Islam, S.27.

[144] Saleh Abdel-Aziz, Die Geschichte der arabischen Halbinsel Cairo, S.67.

Die Söhne dagegen erhöhten das Ansehen der Familie, da sie als zukünftige Krieger besonders wertvoll waren.

Zu dieser Zeit gab es verschiedene Formen des ehelichen Zusammenlebens sowie der Beziehungen zwischen den Geschlechtern:

- Finanzkräftige Männer heirateten so viele Frauen, wie es ihre finanziellen Möglichkeiten erlaubten. Diese Frauen wurden in der damaligen Zeit sehr oft entführt und durch die Entführung zum Eigentum des entführenden Mannes.145
- Nach dem Tode eines Mannes wurde seine Witwe von seinen Brüdern oder Neffen oder auch von den mit anderen Frauen des Ehemannes gezeugten Söhnen geheiratet (Nikach al Makt).146
- Ferner konnten ein Mann und eine Frau einander auf bestimmte Zeit heiraten und sich nach dem Ablauf der festgelegten Frist trennen oder auch weiterhin zusammenleben (Nikach i Muta).147
- Manchmal schickten Männer ihre Frau zu einem fremden Mann, der sich durch Furchtlosigkeit und Intelligenz auszeichnete und als Held der Gesellschaft galt, damit sie ein Kind von ihm bekam. Nachdem die Frau schwanger geworden war, kehrte sie zu ihrem eigenen Mann zurück. Wenn die Frau das von dem fremden Mann gezeugte Kind gebar, galt es als ein Kind des eigenen Mannes (Nikah- i Istibda).148
- Die Männer konnten ihre Frauen auch für bestimmte Zeit austauschen und dann wieder zurücknehmen (Nikach- i Bedel).149 Es war zudem erlaubt, dass die Männer gegen Bezahlung eine Frau für ein paar Tage zu sich nahmen und mit ihr zusammenlebten (Nikach- i Hidn).150 So konnten die Frauen in demselben Zeitabschnitt mit mehreren Männern Geschlechtsbeziehungen haben. Deshalb gab es bestimmte Regelungen für den Fall einer Schwangerschaft:

  Führten weniger als zehn Männer mit derselben Frau den Geschlechtsverkehr aus und wurde die Frau in diese Zeit schwanger, lud sie die betreffenden Männer zu einer gemeinsamen Versammlung ein und erklärte, von welchem dieser Männer sie das Baby empfangen hatte. Dann galt das Baby als Kind dieses von der Mutter genannten Mannes, und er durfte die von der Mutter erklärte Vaterschaft nicht ablehnen (Gruppenehe).[151] Die Dirnen hängten eine

---

[145] Abdel- Hamid Abadi, Forschung in die Islamische Geschichte, S.98.

[146] Tawfiq Pro, Die alte Geschichte der Araber, S.52.

[147] Saleh Abdel-Aziz, Die Geschichte der arabischen Halbinsel Cairo, S.102.

[148] Abu Ubaida ist Muthanna Al-Tamimi, Tage vor dem Islam die Araber, S.143.

[149] Abdul Salam Altermanini, Arabische Ehe, S.329.

[150] Hussein Munis, Die Geschichte von Qureish.

[151] Maged Abdel-Moneim, Einführung in das Studium der islamischen Geschichte, S.91.

Fahne an ihre Haustür, um anzudeuten, dass sie alle Männer zu Besuch annehmen würden. Wenn eine solche Frau von irgendeinem Mann ein Kind empfing und es gebar, lud auch sie all die Kunden, mit denen sie den Beischlaf ausgeübt hatte, zu einer gemeinsamen Versammlung und ließ durch einen Experten den Männern gegenüber feststellen, welcher der Vater des Neugeborenen sei.[152] Manchmal unterhielt eine Frau Beziehungen zu mehreren Männern (aber nicht in der Form einer Gruppenehe). Falls eine solche Frau ein Kind gebar und erklärte, von welchem dieser Männer sie das Kind empfangen hatte, wurde sie mit diesem Mann verheiratet.[153]

Die Aufzählung dieser verschiedenen Beziehungsmöglichkeiten zeigt, dass vor der Islamisierung der Araber ein heilloses Durcheinander bestand. Da auch nach damaliger Auffassung des Islams die Familie als Grundlage der Gesellschaft anzusehen war, musste es die Aufgabe des Islam sein, diese Beziehungen zu ordnen. Allerdings war voraussehbar, dass jahrhundertelange Gewohnheiten nicht von einem Tag zum anderen abzuschaffen waren. Es hätte deshalb zunächst der Aufklärung der Bevölkerung über Sinn und Zweck der Monogamie bedurft. Dann aber hätte die Gefahr bestanden, dass die Menschen die Islamisierung und den islamischen Glauben nicht akzeptiert hätten, weil er so radikal in ihre altgewohnte Lebensweise eingegriffen hätte. Deshalb erschien eine maßvolle Änderung der Sitten ratsam, die die Polygamie zumindest in beschränktem Umfang gestattete.

In diesem Zusammenhang ist auch ein weiterer Entstehungsgrund für polygame Ehen zu nennen: Als Mittel zur Friedenstiftung zwischen Stämmen bzw. Völkern. Der Frieden wurde als wirkungsvollster Weg angesehen, die anderen Stämme bzw. Völker zum eigenen Glauben zu bekehren. Die Eheschließungen zwischen Männern und Frauen von verschiedenen Stämmen sollten als Mittel dazu dienen.

Die polygamen Ehen hatten noch eine weitere positive Auswirkung: Infolge der dauernden Kriege hatte sich die Zahl der Männer gegenüber der der Frauen erheblich verringert. Die Polygamie galt als geeignetes Mittel, den Witwen der Kriegsgefallenen Obdach zu gewähren und sie nicht dem Dirnendasein preiszugeben. Auf diese Weise half die Polygamie, ein soziales und wirtschaftliches Problem zu lösen. Zugleich wurde damit eine Zunahme der Bevölkerung durch vermehrte Geburten erstrebt, um die Menschenverluste der Kriege wieder auszugleichen.

---

[152] Lotfi Yahya Abdul Wahab, Geschichte der Araber in der Antike, S.102.

[153] Saleh Abdel-Aziz, Die Geschichte der arabischen Halbinsel in der Antike Asorha, S.87.

So diente die Polygamie einerseits dazu, durch Heiraten Frieden zwischen verfeindeten Stämmen zu stiften, andererseits die Zahl der unverheirateten Frauen zu reduzieren.[154] Aus diesen Gründen wurde die Polygamie als Institution im heiligen Buch des Korans aufgeführt,[155] und zwar sinngemäß wie folgt: „Jeder von euch (Männern) soll zwei oder drei oder auch vier religiös erlaubte Frauen heiraten".[156] (wortgemäße Übersetzung nach Khoury: „Und wenn ihr fürchtet, gegenüber den Waisen nicht gerecht zu sein, dann heiratet, was Euch an Frauen beliebt, zwei, drei oder vier").

Diese Regel sollte aber keine zwingende Vorschrift sein, sondern lediglich die Möglichkeit der Mehrehe einräumen.[157] Ferner war die Eingehung der vom Koran gebilligten Mehrfrauenehe wiederum an bestimmte Voraussetzungen gebunden, bei deren Nichtbeachtung die Ehe als ungültig anzusehen war. Erforderliche Bedingungen für gültige Mehrfrauenehen waren:

- Unter polygamen Ehen versteht das islamische Recht nur die Mehrfrauenehen. Dagegen ist die Polyandrie, die vor der Islamisierung häufig anzutreffen war, nach den Regeln des Islams nicht mehr erlaubt. Der Koran verbietet der Polyandrie sinngemäß mit den Worten: „Ihr sollt niemals die bereits verheirateten Frauen heiraten".[158] (Ausnahme davon war, dass man bereits verheiratete Kriegsgefangene Frauen und Sklavinnen heiraten durfte).[159]
- Zudem ist die Zahl der Frauen bei einer Mehrfrauenehe auf vier beschränkt. Ein Mann darf eine fünfte Frau nicht heiraten, bevor er sich nicht von einer seiner vier Frauen hat scheiden lassen oder nicht eine von ihnen stirbt.[160] Bei Nichtbeachtung dieser Regel ist die fünfte Ehe als ungültig anzusehen.[161]
- Der Mann, der mehrere Frauen heiraten will, muss in geeigneten finanziellen und sozialen Verhältnissen leben, damit er für alle seine Frauen in gleicher Weise sorgen kann. Ferner muss der Mann alle seine Frauen am Tisch und im Bett gleichberechtigt behandeln. Ist ein Mann dazu nicht in der Lage, hat er sich nur mit einer einzigen Frau zu begnügen. Dieses wurde im Koran sinngemäß so ausgedrückt: „Jeder von euch soll zwei oder drei oder auch vier religiös erlaubte Frauen heiraten. Ihr sollt aber dabei all eure Frauen gleich be-

---

[154] Abas Elakad, Die Ehe im islamischen Recht, S.33.

[155] Der Koran oder Qur'an, ist die Heilige Schrift des Islam, die gemäß dem Glauben der Muslime Gottes (arab. Allah) wörtliche Offenbarung an den islamischen Propheten Muhammad, vermittelt durch den Erzengel Gabriel, enthält.

[156] Sure 4, Aayet 3 (Koran).

[157] Ebd. Elakad, S.36.

[158] Sure 4, Aayet 28 (Koran)

[159] Abdel- Hamid Abadi, Forschung in die Islamische Geschichte, S.64.

[160] Ebd. Abadi, S.72.

[161] Mohammed Hussein Die Rechtmäßigkeit der Polygamie im Islam, S.23

handeln. Wer schon Zweifel daran hat, all seine Frauen nicht im gleichen Maß versorgen und behandeln zu können, dann sollte er sich nur mit einer Frau begnügen.[162]" (wortgemäße Übersetzung nach Khoury: „Und wenn ihr fürchtet, gegenüber den Waisen nicht gerecht zu sein, dann heiratet, was euch an Frauen beliebt, zwei, drei oder vier. Wenn ihr aber befürchtet, (sie) nicht gleich zu behandeln, dann nur eine, oder eure rechte Hand (an Sklavinnen) besitzt. Das bewirkt eher, dass ihr euch vor Ungerechtigkeit bewahrt." Ergänzend heißt es an anderer Stelle des Korans sinngemäß: „Obschon ihr es ehrlich wollt, all eure Frauen gleichberechtigt zu behandeln, könnt es aber dennoch nicht schaffen, dann müsst ihr lieber euch verbeugen, nur zu einer eurer Frauen Neigung und Schwäche haben und die anderen vernachlässigen."[163] (Wortgemäße Übersetzung nach Khoury[164]: „Und ihr werdet es nicht schaffen, die Frauen gleich zu behandeln, ihr mögt euch noch so sehr bemühen. Aber wendet euch nicht (von der einen) gänzlich ab, so dass ihr sie in der Schwebe lasst").

Der Islam räumt aber der Frau die Möglichkeit ein, eine zweite Frau in der Familie abzulehnen. So kann bei der Eheschließung durch Vertrag geregelt werden, dass der Mann eine zweite Frau nicht heiraten darf. Falls der Mann dieser

---

[162] Sure 4, Aayet 3 (Koran).

[163] Sure 4, Aayet 129 (129).

[164] Adel Theodor Khoury, studierte bei der Priestergemeinschaft der melkitischen Paulisten im Libanon Philosophie und Theologie sowie Orientalistik an der Jesuiten-Universität in Beirut und Philosophie in Lyon. In Lyon habilitierte er sich mit einer Arbeit über den byzantinischen Kaiser Manuel II. Palaiologos im Jahre 1966 bei Roger Arnaldez. Beachtung jenseits der Wissenschaft fand diese Publikation vor allem deshalb, weil Papst Benedikt XVI. aus ihr 2006 in einer Rede in Regensburg zitierte, die zu einer weltweiten, vor allem katholisch-islamischen Debatte führte.

Nach seiner Habilitation war Khoury unter anderem Alexander-von-Humboldt-Stipendiat an der Westfälischen Wilhelms-Universität in Münster. An dieser war er nach seiner Berufung von 1970 bis zur Emeritierung 1993 als Professor und Leiter des Seminars für Allgemeine Religionswissenschaft der Katholisch-Theologischen Fakultät tätig. Khoury ist Begründer und Leiter der Forschungsstelle für den christlich-islamischen Dialog in Harissa (Libanon).

Als Theologe fordert Adel Theodor Khoury besonders die Verständigung zwischen Christentum und Islam. Er schrieb beachtliche Studien über den Islam und die Charakteristika dieser Religion. Eine der bedeutendsten deutschen Übersetzungen des Korans stammt von ihm. Der Übersetzer legte besonderen Wert darauf, in Zweifelsfällen der üblichen Auslegung des islamischen „Mainstream" zu folgen. Dadurch findet der Leser in diesem Text nicht das Koranverständnis einer religiösen Minderheit, sondern das der großen Mehrheit der Muslime.

Abmachung nicht Folge leistet, steht der Frau nach islamischen Regeln das Recht zu, die Ehe gerichtlich anzufechten.[165]

Auf diese geschickte Weise wollte der Koran die polygame Tradition der Araber nicht völlig verbannen, gleichzeitig aber die Eingehung von Mehrfrauenehen an derartig hohe Anforderungen knüpfen, dass sie sich faktisch wie ein Verbot der Polygamie auswirken sollten.[166] Für die betroffenen Frauen aber bedeuteten die neuen islamischen Regelungen zumindest eine Besserstellung gegenüber dem früheren arabischen Recht. Sie wurden nicht länger als bloßes Rechtsobjekt, sondern als Rechtssubjekt betrachtet.[167] Z.B. wurde die Ermordung der Töchter durch ihre Väter mit Einführung des Islams verboten, die Frau wurde zur rechtsfähigen Person erklärt, eine Ehe konnte nicht länger ohne oder gegen den Willen der Frau geschlossen werden. Außerdem durfte die Stellung der Frau hinsichtlich ihrer Rechts- und Handlungsfähigkeit durch eine Eheschließung nicht verschlechtert oder geändert werden. Die Frau konnte nach Belieben und ohne Beschränkung über ihr Vermögen verfügen. Der Koran drückt in verschiedenen Suren aus, dass die Männer den Frauen eine besondere Wertschätzung entgegenbringen sollen: „Alle männlichen und weiblichen Gläubigen sind Unterstützer und Beistand zueinander. Sie bieten einander das Gute an und schließen das Böse aus."[168] (wortgemäße Übersetzung nach Khoury: „Die gläubigen Männer und Frauen sind untereinander Freunde, sie gebieten das Rechte und verbieten das Verwerfliche…").

„Ihr sollt niemals wegen Armut eure Töchter töten. Sie zu töten heißt, eine große Sünde zu begehen, Gott sorgt schon für euch und eure Kinder". (wortgemäße Übersetzung nach Khoury: „Und tötet nicht eure Kinder aus Furcht vor Verarmung. Ihnen und euch bescheren Wir doch den Lebensunterhalt. Sie zu töten ist eine große Sünde").

„Ihr Männer, ihr sollt immer gut zu euren Frauen sein. Ihr sollt immer glücklich mit ihnen leben. Falls ihr eure Frauen nicht so gern habt, sollt ihr sie trotzdem zärtlich behandeln und aushalten. Bei Gott würde es wahrscheinlich so gut und positiv betrachtet, was euch gerade nicht gefällt."[169] (wortgemäße Übersetzung nach Khoury: „O ihr, die ihr glaubt, es ist euch nicht erlaubt, die Frauen wider ihren Willen zu erben (sie wie ein Erbteil zu behandeln). Und setzt ihnen nicht zu, um etwas von dem zu nehmen, was ihr ihnen zukommen ließet, es sei denn, sie begehen eine eindeutige schändliche Tat. Und geht mit ihnen in recht-

---

[165] Abas Elakad, Die Ehe im islamischen Recht, S.47.
[166] Saleh Mohamed Amin, die Araber und Islam, S.44.
[167] Hussein Munis, Die Geschichte von Qureish, S.55.
[168] Tewbe Sure, 71. Aayet (Koran) (Sure 9).
[169] Nißaa Sure, 19. Aayet (Koran) (Sure 4).

licher Weise um. Wenn sie euch zuwider sind, so ist euch vielleicht etwas zuwider, während Gott viel Gutes in es hineinlegt“).

„Ihr Männer, vergesst nicht, dass eure Frauen durch die Eheeingehung euch vertraut haben und von euch versichert wurden. Ihr und eure Frauen seid einander in gleicher Weise Schützer und beschirmt einander vor Gefahren und Fremden.“[170] (wortgemäße Übersetzung nach Khoury: „ Wie könnt ihr es nehmen, wo ihr bereits zueinander eingegangen seid und wo sie von euch eine feste Verpflichtung entgegengenommen haben?“).

„ Die Frauen haben auch gegenüber ihren Männern Rechte, genauso wie ihre Männer gegenüber ihnen haben. Aber die Zahl und der Umfang der Rechte der Männer ihren Frauen gegenüber ist ein wenig mehr als die Rechte der Frauen ihren Männern gegenüber“[171]. (wortgemäße Übersetzung nach Khoury: „Und sie (die Frauen) haben Anspruch auf dasselbe, was ihnen obliegt, und dies auf rechtliche Weise. Die Männer stehen eine Stufe über ihnen“).

Unter Berücksichtigung der damaligen Umstände waren diese Reformen, die der Islam einführte, als große Fortschritte in Bezug auf die Frauenrechte zu bewerten. Dennoch ist es dem Islam nicht gelungen, die Mehrfrauenehe abzuschaffen, vielmehr erlaubte er aus den oben erwähnten Motiven die Mehrfrauenehe mit bis zu vier Frauen.[172]

Allerdings ist nicht zu verstehen, warum sich die Tradition der Polygamie trotz des Wegfalls der historischen Gründe bis heute fortsetzt.

Ein Grund dafür ist sicherlich die Feststellung der Mehrfrauenehe im Koran, denn die Regelungen des Korans werden als das vom Menschen unantastbare und unveränderliche heilige Wort Gottes angesehen.[173]

Aber nach heutiger Ansicht überwiegen die Vorteile der Polygamie nicht mehr gegenüber ihren Nachteilen,[174] so dass die Institution die Mehrfrauenehe nicht länger gebilligt wird.[175]

Im Laufe dieses Jahrhunderts wurde in vielen islamischen Ländern die Initiative ergriffen, um die Mehrfrauenehe abzuschaffen oder in erheblichem Maße ihre Eingehung zu erschweren. Die Türkei war das erste Land, das durch die Reform Atatürks 1926 die polygamen Ehen bekämpfte, in dem es die amtlich geschlossene monogame Ehe als einzige rechtmäßige Eheform anerkannte.

Auch in andern islamischen Ländern sind die Reformbemühungen zur Abschaffung der Mehrfrauenehe nicht zu übersehen. Z.B. sind polygame Ehen heu-

---

[170] Nißaa Sure, 21. Aayet (Koran) (Sure 4).
[171] Bakara Sure, 228. Aayet (Koran) (Sure 2).
[172] Juma Al-Kholi Die Weisheit der Polygamie im Islam, S.41.
[173] Ali Jawad, In der Geschichte der Araber vor dem Islam, S.142.
[174] Ahmed bin Abdul Aziz Rokkas, Ehe im Islam, S.154.
[175] Saleh Abdel-Aziz, Die Geschichte der arabischen Halbinsel Cairo, S.191.

te in Syrien, Irak, Marokko und Pakistan an die Zustimmung eines Richters gebunden. Ohne Zustimmung des Richters geschlossene Ehen werden zwar als gültig betrachtet, die Ehepartner werden aber bestraft.[176]

In Tunesien wurde zunächst die Polyandrie (Ehe mit mehreren Männern) für ungültig erklärt, während die Mehrfrauenehe weiterhin rechtlich anerkannt war (das Gesetz über den Personenstand Tunesiens vom 13. August 1956, Art. 20-21). Später wurde jede Art von Mehrehe durch das Gesetz vom 20.02.1964 verboten[177].

Zusammenfassend ist festzustellen, dass im Gegensatz zum staatlichen Recht nach islamischem Recht die Mehrfrauenehe im Sinne des Korans als eine legale eheliche Verbindung angesehen wird. Andere nichteheliche Verbindungen werden dem Ehebruch (d.h. dem illegalen und geheimen Geschlechtsverkehr) gleichgestellt und bestraft (Auspeitschen, Tod durch Steinigen).[178]

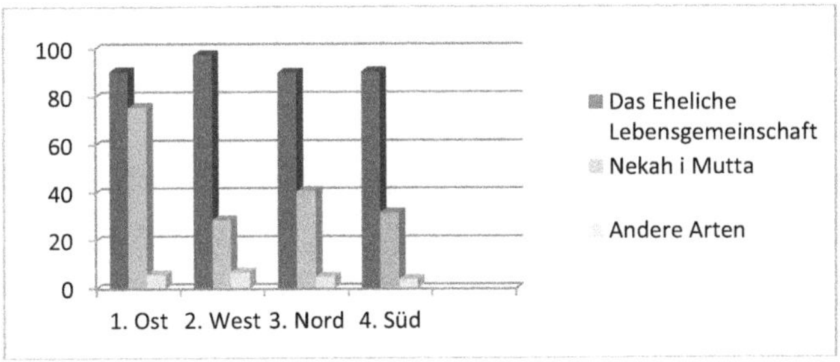

Quelle: "SESRIC" Zentrum für Forschung in der Statistik und Wirtschaft, Sozialforschung und Trainingszentrum Islamischer Länder.

Das Diagramm bezieht sich auf den Zeitraum der 90er Jahren.

Mit Ost sind hauptsächlich Malaysia und Bangladesch gemeint; mit West Ägypten, Algerien und nordafrikanische Länder; mit Nord Kasachstan und Usbekistan und mit Süd der Irak, der Iran, Syrien, Saudi-Arabien und der Libanon.

1. Die Eheliche Lebensgemeinschaft ist die offizielle und anerkannte Lebensform in den arabischen Ländern.

2. Nekah i Mutta ist die zweite anerkannte Lebensform. Man findet sie am häufigsten in Irak, im Libanon und dem Iran.

---

[176] Ali Jawad, In der Geschichte der Araber vor dem Islam, S.143.

[177] Abas Elakad, Die Ehe im islamischen Recht, S.110.

[178] Abdul Salam Altermanini, Arabische Ehe, S.97.

3. Auch andere Arten von Lebensgemeinschaften sind in manchen arabischen Ländern anzutreffen. Doch die Regierungen versuchen, sie nach und nach abzuschaffen, da sie dem Willen Allahs nicht entsprechen.

Die Zahl der nichtehelichen Lebensgemeinschaften ist in Europa in den letzten Jahrzehnten stark angestiegen.[179] Unter nichtehelichen Lebensgemeinschaften werden alle nicht durch eine Ehe verbundenen Lebensgemeinschaften – ganz gleich, ob homo- oder heterosexuell – gefasst. Viele Länder Europas sind dem Bedürfnis nach Schaffung von Rechtsnormen außerhalb der traditionellen Form der Ehe nachgekommen und haben gesetzliche Regelungen für nichteheliche Lebensgemeinschaften geschaffen.

Im Anschluss an die Ausführungen zum römischen und islamischen Recht folgen Untersuchungen zum europäischen (speziell zum deutschen und polnischen) Recht und damit zum Hauptteil der vorliegenden Arbeit.

9. Das Wesen der nichtehelichen Lebensgemeinschaft im deutschen Recht; Begriffe und Abgrenzungen

Unter einer nichtehelichen Lebensgemeinschaft versteht man das Zusammenleben zwei erwachsener Personen unterschiedlichen Geschlechts auf längere Zeit, die eine sexuelle Beziehung unterhalten und gemeinsam wirtschaften, ohne miteinander verheiratet zu sein.[180] Das Bundesverfassungsgericht hingegen verschärft die Konturen ein wenig und definiert wie folgt: Eine nichteheliche Lebensgemeinschaft ist eine Lebensgemeinschaft zwischen einem Mann und einer Frau, die auf Dauer angelegt ist, daneben typischerweise keine weitere Lebensgemeinschaft gleicher Art zulässt, sich durch innere Bindung auszeichnet und ein gegenseitiges Einstehen der Partner füreinander begründet, also über die Beziehungen in einer reinen Haushalts- und Wirtschaftsgemeinschaft hinausgeht.[181]

An den unterschiedlich weit gefassten Definitionen wird deutlich, dass es keinen festen Typus der nichtehelichen Lebensgemeinschaft gibt. Vielmehr wird

---

[179] Zu den jüngsten soziologischen Erkenntnissen zum Eheschließungsverhalten in Europa: Sander, DEuFamR 1999, S.16 ff. In Deutschland hat sich die Zahl der nichtehelichen Lebensgemeinschaften in den letzten zehn Jahren mehr als verdoppelt, siehe auch: Nave-Herz, FPR 2001, S.3.

[180] Hausmann/Hohloch, Das Recht der nichtehelichen Lebensgemeinschaft, S.48 Rn.1.

[181] Finn Zwißler, Die nichteheliche Lebensgemeinschaft, § 2 BGB Rn.1.

versucht, anhand der verschiedenartigen Motivationsformen,[182] die eine Begründung einer nichtehelichen Lebensgemeinschaft hervorrufen, die unterschiedlichen Formen zu katalogisieren.[183]

Dabei entstanden folgende fünf Typen der nichtehelichen Lebensgemeinschaft:

- Voreheliche Lebensgemeinschaft (Ehe auf Probe)
  Sie stellt die Vorstufe zu einer zeitlich bereits fixierten (wenn auch erst viel später oder aber auch in naher Zukunft) absehbaren Eheschließung dar.[184] Charakteristisch für diese Form des Zusammenlebens ist, dass zwar einerseits der Wunsch nach Festigung der gemeinsamen Beziehung besteht, aber andererseits vorerst eine jederzeitige Aufkündbarkeit der Lebensgemeinschaft erhalten bleiben soll.
- Quasi-Ehe
  Sie ist eine auf Dauer angelegte Lebensgemeinschaft, ohne eine spätere Eheschließung auszuschließen.
- Institutionalisierte nichteheliche Lebensgemeinschaft
  Eine auf Dauer angelegte, ohne Ausblick auf eine spätere Eheschließung gestaltete Lebensgemeinschaft, deren Partner eine bürgerliche Ehe ablehnen.
- Freie Partnerschaft
  Bei diesem Typus der Lebensgemeinschaft leben die Partner ohne den Willen einer längerfristigen Bindung zusammen und lehnen gegenseitige Pflichten konsequent ab.
- Nacheheliche Lebensgemeinschaft
  Hier ist einer der Partner entweder noch nicht geschieden oder er verweigert die Wiederverheiratung.[185] Zudem kommt hinzu, dass die Partner zumeist bereits im Rentenalter sind. Das Zusammenleben beschränkt sich daher auf die gegenseitige persönliche Verbindung, ohne jedoch die beiderseitigen Vermögen und Verwandtschaften miteinander in Beziehung zu bringen.

Die Motive aus der einen nichtehelichen Lebensgemeinschaft heraus entsteht, sind unterschiedlichster Natur. Zum einen erhofft man sich über sie für die

---

[182] Hans-Wolfgang Strätz, Rechtsfragen des Konkubinats im Überblick, FamRZ 1980, S.301ff, S.434ff.

[183] Erman/Heckelmann, Vor § 1353 Rn.13.

[184] Hausmann/Hohloch, Das Recht der nichtehelichen Lebensgemeinschaft, S.15.

[185] Hausmann/Hohloch, Das Recht der nichtehelichen Lebensgemeinschaft, Rn.15, S.54.

Zukunft festzustellen, ob aus dieser Partnerschaft eine langjährige und feste Ehe hervorgehen kann.[186] Sie erweckt daher oft die Vorstellung einer Testphase.

Andere Paare wählen diese Form, weil sie die Eingehung der Ehe ausdrücklich ablehnen. Ihre Motivation basiert entweder auf negativen Erfahrungen oder sie sehen die Ehe als eine überholte Tradition an. Ebenso kann ihnen aber auch das Gesetz entgegenstehen, wenn nämlich einer von ihnen noch verheiratet ist. Zudem kann mit einer Ehe der Verlust von personen- und statusbezogenen Vorteilen (Erbenposition wegen Wiederverheiratungsklausel) einhergehen.

Die Entscheidung für eine nichteheliche Lebensgemeinschaft ist nicht zugleich die Entscheidung gegen eine Ehe. Oftmals sind sich die Partner der rechtlichen Folgen einer Ehe voll und ganz bewusst und entscheiden sich allein daraus gegen sie. Sie sehen in der Ehe wegen ihrem rechtsgestaltenden und rechtsbindenden Charakter eine feste Rollenverteilung und feste Alltagsriten, denen sie nicht unterliegen möchten. Andererseits wollen sie gerade nicht in einem rechtsfreien Raum leben,[187] sondern wünschen sich auch für ihre Lebensform eine rechtliche Regelung zur besseren Absicherung und Regelung einzelner Problemkreise.

Der Gesetzgeber sieht jedoch kein Erfordernis zur gesetzlichen Regelung dieser Lebensform, denn schließlich gehen die Wünsche und Probleme mit der Form der Ehe einher, die wiederum ausführlich gesetzlich geregelt ist. Die Gründe einer solchen Ignoranz liegen zum einen in der nach Art. 6 I GG angelegten Privilegierung der Ehe und dem bewussten nicht „verrechtlichen" dieser Lebensform.[188]

Die nichteheliche Lebensgemeinschaft gilt heute zwar noch als Alternative, wird aber nicht mehr in Orientierung an die Ehe gewählt und gelebt.

Art. 6 I i.V.m. Art. 3 II GG schützt die Ehe als eine Lebensgemeinschaft gleichberechtigter Partner, in der die Ehegatten ihre persönliche und wirtschaftliche Lebensführung in gemeinsamer Verantwortung bestimmen.[189] Der Schutzbereich des Art. 6 I GG umfasst nur eheliche Lebensgemeinschaften. Dennoch kann aus Art. 6 I GG nicht gefolgert werden, dass die Ehe die einzig zulässige Form des Zusammenlebens zweier Menschen ist.[190]

Andere Formen des Zusammenlebens (wie die nichteheliche Lebensgemeinschaft) sind möglich. Ihr verfassungsrechtlicher Schutz wird aus der Freiheit, keine Ehe zu schließen und in nichtehelicher Lebensgemeinschaft zu leben, aus

---

[186] Finn Zwißler, Die nichteheliche Lebensgemeinschaft, § 2 BGB, Rn.18.

[187] Jochen Duderstadt, Die nichteheliche Lebensgemeinschaft, S.15.

[188] Alexandra Messerle, Zivilrechtliche Probleme der nichtehelichen Lebensgemeinschaft, JuS 2001, S.28ff.

[189] Sieghart Ott, Die Begriffe Ehe und Familie in Art. 6 I GG, NJW 1998, S.117ff.

[190] Thorsten Kingreen, Das Grundrecht von Ehe und Familie, Art. 6 I GG, Jura 1997, S.401ff.

dem Recht der freien Entfaltung der Persönlichkeit gemäß Art. 2 II GG abgeleitet.[191]

Für die Begründung einer nichtehelichen Lebensgemeinschaft bedarf es gerade keines gesetzlich vorgesehenen stark formalisierten Aktes. Eine analoge Anwendung der Regelungen über die Eheschließung scheidet somit aus. Dem ungeachtet können sie aber als allgemeine Richtlinien herangezogen werden.

So ist auch für die Begründung der nichtehelichen Lebensgemeinschaft eine gewisse Reife der Beteiligten notwendig. Parallel darf gefolgert werden, dass die absolute Altersgrenze bei 16 Jahren liegt. Ebenso wird das aus anderen Vorschriften, wo Volljährigkeit verlangt wird, unterstützt, da man sicher gehen möchte, dass eine erforderliche Ernsthaftigkeit hinter dem Entschluss dieser Lebensform steckt. Auch dürfen die Eltern die Begründung einer nichtehelichen Lebensgemeinschaft vor Eintritt der Volljährigkeit untersagen.[192]

Weiter dürfen Parallelen aus § 1304 BGB gezogen werden, wonach Geschäftsfähigkeit verlangt wird, das heißt bei der Eingehung in die nichteheliche Lebensgemeinschaft müssen beide Partner die geistige Fähigkeit besitzen, den Entschluss zur Eingehung einer auf unbestimmte Zeit geschlossenen umfassenden Wohn-, Wirtschafts-, Geschlechts- und Beistandsgemeinschaft zu fassen.

Ferner ist es den Partnern der nichtehelichen Lebensgemeinschaft in Anlehnung an § 1307 BGB verboten die Bindung mit engen Verwandten einzugehen, d.h. die Geschlechtsgemeinschaft darf sich nicht aus Geschwistern gleicher Blutlinie noch aus Personen, die in gerader Linie verwandt sind, zusammensetzen. Wobei ein Adoptivverhältnis diesem nicht entgegensteht.

Dennoch ist zu betonen, dass eine Verschiedengeschlechtlichkeit Grundvoraussetzung für die „eheähnliche“ Lebensform ist.

Einen Gründungsakt bedarf es nicht. Der Beginn einer nichtehelichen Lebensgemeinschaft manifestiert sich in der faktischen Handlung des Zusammenlebens, d.h. in der Aufnahme einer umfassenden Wohn-, Wirtschafts-, Geschlechts-, und Beistandsgemeinschaft.[193] Dieser faktische Gründungsakt ist für die Berechnung des Zugewinnausgleichs bei einer späteren Trennung wichtig, um einen Anfangspunkt festlegen zu können.

---

[191] Herbert Grziwotz, Nichteheliche Lebensgemeinschaft, § 4 BGB, Rn.5.

[192] Palandt-Diederichsen, § 1632 Rn.21 ff.

[193] Finn Zwißler, Die nichteheliche Lebensgemeinschaft, § 4 BGB, Rn.2.

10. Nichteheliche Lebensgemeinschaft im polnischen Recht

Der Begriff der nichtehelichen Lebensgemeinschaft (anders Konkubinat oder eheähnliche Lebensgemeinschaft genannt) ist in seinen Konturen unscharf. Man versucht ihn folgendermaßen zu definieren: Eine nichteheliche Lebensgemeinschaft ist die Verbindung zweier geschlechtlich verschiedener Personen [194] zwecks gemeinsamer Lebensführung ohne Trauschein. Man muss bemerken, dass es hier nicht um gleichgeschlechtliche Paare geht, die in Polen keine gemeinsamen Rechte haben (im Gegensatz zu Deutschland, wo schon im Jahre 2001 das Lebenspartnerschaftsgesetz zur eingetragenen Lebenspartnerschaft entstanden ist).

Der Gesetzgeber in Polen hat den Begriff "nichteheliche Lebensgemeinschaft" bislang nicht verwendet (in Deutschland auch nicht). Das Oberste Gericht in Polen formulierte die „beste" Definition des Konkubinats: Das ist eine Lebensgemeinschaft die analog zu einer Ehe ist, aber ohne rechtmäßigen Grundsatz.[195]

Im soziologischen Kontext wird darunter im allgemeinen der Sachverhalt verstanden, dass zwei erwachsene Personen unterschiedlichen Geschlechts auf längere Zeit zusammenleben, in einer sexuellen Beziehung bleiben und gemeinsam wirtschaften, ohne miteinander verheiratet zu sein.[196]

Es lässt sich sagen, dass sich die nichteheliche Lebensgemeinschaft nicht in eine für jede Rechtsform allgemeingültige Definition fassen lässt; mindestens muss es sich bei ihr jedoch um eine auf emotionaler Verbundenheit basierende, monogame, auf Dauer angelegte Wohngemeinschaft handeln, die sich durch eine gemeinsame Haushaltsführung, nicht aber unbedingt durch eine absolute finanzielle Verflechtung auszeichnen muss.

Es gibt keinen gesetzlich vorgeschriebenen Rechtsakt, der den Beginn einer nichtehelichen Partnerschaft im Verhältnis der Partner untereinander, aber auch zu Dritten, verbindlich festlegt. Verdachtsgründe für das Vorliegen einer Lebensgemeinschaft können z. B. das Auftreten in der Öffentlichkeit, die Haushaltsführung für den Partner, eine gemeinsame Kasse, gemeinsame Konten usw. sein. Indiz für den Beginn einer nichtehelichen Lebensgemeinschaft kann der

---

[194] Halina Auderska, Zofia Łempicka, Stanisław Skorupka, Mały słownik języka polskiego (Das kleines polnisches Wörterbuch), S.94.

[195] Das Urteil des Oberlandesgerichts vom 31.03.1988., I KR 50/88, OSNKW 1988, z. 9-10, Pos.71.

[196] Witol Cwiek, Konkubinat, S.24.

Abschluss eines Partnerschaftsvertrages sein.[197] In der Praxis entscheiden sich aber wenige Betroffene zu einer umfassenden rechtlichen Regelung ihrer Beziehung, und auch deshalb, weil dies der von ihnen abgelehnten Ehe im Ergebnis sehr nahe kommen würde.

Es gibt auch die s. g. Testierfreiheit und es ist natürlich auch möglich, den Lebensgefährten (gilt nur für verschiedengeschlechtliche Paare in Polen) im Testament einzutragen. So kann auch der Lebensgefährte testamentarisch erben.[198]

11. Beginn und Ende der nichtehelichen Lebensgemeinschaft im deutschen Recht

Die Entstehung einer nichtehelichen Lebensgemeinschaft setzt keinen formellen Akt voraus, anders als die Eheschließung, welche den strengen Regeln des Ehegesetzes unterliegt. Nicht einmal erforderlich sind zwei Willenserklärungen wie im Verlöbnisrecht, das beiderseitige – wenn auch nur konkludente – Heiratsversprechen. Eine Erklärung, dass die Partner von nun an in nichtehelicher Lebensgemeinschaft zusammenleben wollen (auch eine konkludente Willenserklärung) ist entbehrlich. Dies widerspräche auch dem Grundgedanken der nichtehelichen Lebensgemeinschaft nämlich dem Zusammenleben ohne Rechtsbindungswillen.

Der Beginn einer nichtehelichen Lebensgemeinschaft manifestiert sich daher in der faktischen Handlung des Zusammenlebens. Leben beispielsweise nach der Rechtsprechung des BVerfG Mann und Frau auf Dauer zusammen und sind daneben aufgrund der inneren Bindung weitere Lebensgemeinschaften ausgeschlossen,[199] ist eine nichteheliche Lebensgemeinschaft gegeben.[200] Die innere Bindung ist dabei emotional zu verstehen und nicht im Sinne eines Rechtsbindungswillens.

Das Ende einer nichtehelichen Lebensgemeinschaft lässt sich ebenso schwer bestimmen wie deren Beginn. Ihr Ende erfolgt grundsätzlich durch Trennung. Die Trennung kann über mehrere Phasen dauern. Sie endet jedoch auch durch eine anschließende Eheschließung oder den Tod eines Partners.

---

[197] Andrzej Szlęzak, Stosunki majątkowe między konkubentami (Vermögensverhältnisse zwischen Lebenspartnern), S.110.

[198] Urszula Wilk, Gdy śmierć rozłączy wolny związek. Dotyczy uprawnienia konkubentów w świetle prawa spadkowego (Wenn die Tod trennt freie Ehe ohne Trauschein. Das Betrefft die nichteheliche Lebensgemeinschaft in Erbrecht), Nr.36.

[199] Siegfried de Witt, Johann-Friedrich Huffmann, Nichteheliche Lebensgemeinschaft, S.45.

[200] BVerfG NJW 1993, 643.

In der Regel werden sich die nichtehelichen Partner keine Gedanken darüber machen, wann ihre Lebensgemeinschaft endet. Denkbar ist, dass die Partner einen festen Beendigungszeitpunkt vereinbaren, was jedoch für die nichteheliche Lebensgemeinschaft als solche nicht rechtlich bindend sein kann (§ 138 BGB, Art. 2 I GG). Wenn schon die Beendigung der nichtehelichen Lebensgemeinschaft durch Herbeiführen des Getrenntlebens jederzeit möglich ist, muss dies erst recht für die Lebensgemeinschaft einer nichtehelichen Lebensgemeinschaft gelten.[201]

Von der nichtehelichen Lebensgemeinschaft als solche zu trennen, bzw. von den persönlichen Bindungen weitergehend losgelöst zu betrachten, ist die Beendigung der wirtschaftlichen Verpflichtung. So kann beispielsweise für den Untermietvertrag eine Befristung bzw. – unter Beachtung der nichtehelichen Vorschriften – eine entsprechende Kündigungsklausel vereinbart werden. Bei der Gestaltung des Partnerschaftsvertrages sollte jedoch auch für die Vereinbarung von Befristungen oder Kündigungsklauseln im Hinblick auf die wirtschaftlichen Bereiche darauf geachtet werden, dass die Befristungen bzw. Kündigungsfristen sich möglichst nur an dem reinen wirtschaftlichen Interesse orientieren und nicht dazu dienen, den Partner in persönlicher Hinsicht rechtlich zu binden bzw. Druck dahingehend auszuüben, die Lebensgemeinschaft auch in persönlicher Hinsicht aufrechtzuerhalten.

Vertragsstrafen bei Auflösung einer nichtehelichen Lebensgemeinschaft oder bei einem persönlichen Fehlverhalten, welches zu einem Auflösungsgrund führt, sind wegen Sittenwidrigkeit unzulässig und nichtig.[202]

Dies darf jedoch nicht damit verwechselt werden, dass im wirtschaftlichen Bereich Ablösesummen grundsätzlich möglich sind. So kann sich ein Partner beispielsweise eine Ablösesumme dafür versprechen lassen, dass er im Falle der Trennung zugunsten des anderen Partners auf die gemeinsam eingerichtete Wohnung verzichtet. Auch sind Vertragsstrafen im Rahmen der allgemeinen Vorschriften für ein Fehlverhalten, welche ihren Ursprung nicht in den persönlichen Beziehungen finden. In diesem Zusammenhang ist wiederum Vorsicht geboten, weil eine äußerlich im wirtschaftlichen Bereich angesiedelte Ablösungsvereinbarung nicht im Kern letztlich eine Sanktion für die Auflösung der persönlichen Beziehung darstellt.

Eine Vereinbarung im wirtschaftlichen Bereich setzt allerdings nicht voraus, dass ein Leistungsaustausch stattgefunden hat. So kann auch die Zahlung einer

---

[201] FamRZ 1980, 306, 436.

[202] OLG Hamm, FamRZ 1988, 618.

Geldsumme dafür vereinbart werden, dass im Falle einer Trennung der wirtschaftlich schwächere Partner finanziell wieder Fuß fassen kann.[203]

Nach einer Trennung ist zumindest einer der Partner häufig emotional derangiert, so dass es hin und wieder zu entsprechenden Exzessen kommen kann.

Zum Schutz des belästigten Partners kann neben strafrechtlichen Sanktionen, wie gegebenenfalls Strafanzeigen wegen Körperverletzung oder Beleidigung, zivilrechtlich eine vorbeugende Unterlassungsklage angestrengt werden. Als Anspruchsgrundlage kommt hier in erster Linie § 823 I BGB wegen Verletzung des allgemeinen Persönlichkeitsrechts in Betracht, bzw. § 823 I BGB in Verbindung mit den einschlägigen strafrechtlichen Vorschriften (§§ 185 ff., 223 ff. StGB).

Der Schutz des belästigten Partners wurde von der Rechtsprechung relativ ausgeweitet: Es kann bereits ein Unterlassungsanspruch gegeben sein, wenn ein Partner den bloßen Willen äußert, mit dem anderen Partner keinen Kontakt mehr pflegen zu wollen.[204]

12. Beginn und Ende der nichtehelichen Lebensgemeinschaft im polnischen Recht

Die nichteheliche Lebensgemeinschaft im polnischen Recht findet ihren Begründungsakt nicht durch formelle Benennung von diesen ausmachenden Voraussetzungen sondern gleich dem deutschen Recht durch den bereits in der Darstellung darüber benannten materiellen Gehalt. Insoweit gibt es keine Abweichungen zum deutschen Recht. Die nichteheliche Lebensgemeinschaft endet im polnischen Recht durch drei Beendigungsakte, den Tod eines Partners, durch eine faktische Trennung oder durch eine Eheschließung.

Der Tod eines Partners und die Trennung führen zur Auflösung der Lebensgemeinschaft. Durch die Eheschließung ändert sich wiederum nur der Rechtsstatus.

Der überlebende Partner hat kein gesetzliches Erbrecht, er kann seinen verstorbenen Lebensgefährten also nur aufgrund einer Verfügung von Todes wegen beerben. Die Partner können nicht gemeinsam testieren.

Das Zusammenleben in einer nichtehelichen Lebensgemeinschaft ändert auch nichts an der eigentumsrechtlichen Zuordnung des Vermögens, das jeder Partner bereits vor Eingehung der Lebensgemeinschaft erworben hat. Jeder

---

[203] BGH FamRZ 1980, 372, allerdings für Ehegatten.

[204] LG Oldenburg NJW 1996, 62.

Partner bleibt Eigentümer von Sachen, die er in die Gemeinschaft eingebracht hat.

Zur Erbfolge ist folgendes anzumerken; man unterscheidet zwei Erbmöglichkeiten: Die gesetzliche (Art. 931 ff Zivilgesetzbuch) und die testamentarische Erbfolge. Auf die gesetzliche Erbfolge haben nur Ehegatten Anspruch. Polnisches Erbrecht spricht nur im Art. 923 ZGB über Lebensgefährten, und zwar: Der Lebensgefährte oder die Lebensgefährtin des Erblassers, welche bis zum Tod des Erblassers zusammen wohnten, kann die Wohnung des Erblassers drei Monate lang ab Erbschaftsbeginn weiter nutzen.

III. Forschungsstand

Innerhalb der internationalen Forschung stellen die Rechtsprobleme der nichtehelichen Lebensgemeinschaften vor allem nach dem Ende des Zweiten Weltkriegs einen vielerseits beachteten Untersuchungsgegenstand dar.[205] Sieht man einmal von dem Sonderfall Jugoslawiens ab, wo bereits 1946 eine insbesondere für damalige Verhältnisse außerordentlich moderne Regelung der nichtehelichen Lebensgemeinschaften gesetzlich festgelegt wurde, ohne dass sie sich freilich in der Rechtsanwendungspraxis hätte durchsetzen können,[206] stellte sie die westlichen Gesellschaften erst einmal vor ein rechtliches aber auch gesellschaftliches Problemfeld. Insbesondere in den Vereinigten Staaten von Amerika, wo die meisten nichtehelichen Lebensgemeinschaften begründet waren, hat man das Phänomen nicht nur wahrgenommen, sondern sich des Themas aufgrund des gewandelten gesellschaftlichen Bildes auch annehmen müssen. Diese Notwendigkeit ergab sich in Europa auch nur wenig später. Den jeweiligen nationalen Untersuchungen sind schließlich auch länderübergreifende Publikationen gefolgt. So finden sich Vergleiche über die nichtehelichen Lebensgemeinschaften

---

[205] Vgl. Johanna Meyer-Lenz, Die Ordnung des Paares ist unbehaglich: Irritationen am und im Geschlechterdiskurs nach 1945.

[206] Näher hierzu: Vesca Rijavec/Suzana Kraljic, Die Rechtsstellung nichtehelicher Lebensgemeinschaften in Slowenien, in: Jens H. Scherpe/Nadjma Yassari (Hrsg.), Die Rechtsstellung nichtehelicher Lebensgemeinschaften. The legal status of cohabitants, S.375 ff., hier S. 377 ff.; Jugoslawien stellte auch insofern eine Ausnahme dar, als die Kompetenz der Ehegesetzgebung ab den frühen 70er Jahren auf die Teilrepubliken überging und nicht mehr auf zentraler Ebene verblieb; näher hierzu auch im zusammenfassenden Schluss.

zwischen Deutschland und Frankreich,[207] zwischen Italien und Frankreich,[208] zwischen Deutschland und Spanien,[209] zwischen Deutschland und England[210] wie etwa auch zwischen Deutschland und den Niederlanden.[211] Bemerkenswerterweise fehlt es aber bisher an einer derart vergleichenden Untersuchung zwischen Deutschland und Polen, wobei die bestehende Lücke durch die vorliegende Arbeit gefüllt werden soll.

Eine solche fehlende Untersuchung verwundert zuerst einmal, zumal es sich bei der Bundesrepublik Deutschland und Polen um unmittelbar benachbarte Staaten handelt, die zudem auch seit zwei Dekaden keinen unterschiedlichen „politischen Blöcken" mehr angehören. Vielmehr sind sie inzwischen beide gleichberechtigte Mitglieder der Europäischen Union und unterliegen damit in vielen Inhalten gleichen Rechtsstrukturen, deren Grundlagen durch die Institutionen der europäischen Union, etwa der Kommission oder auch des Europäischen Gerichtshofs, vorgegeben sind. Indes findet der kleinste gemeinsame durch „Europa" geschaffene Nenner seine Begrenzung auch in Bezug auf das hier zu bearbeitende Thema. Die nichtehelichen Lebensgemeinschaften sind vielmehr von einem nationalen Normen- und Wertesystem geprägt, welches erst eine vergleichsweise junge Tradition besitzt und durch europäische Vorgaben noch nicht versucht wurde vereinheitlichend zu „harmonisieren". Die rechtlichen Normierungen folgen dabei üblicherweise den gesellschaftlichen Veränderungen, wie auch in diesem Falle, so dass sie erst Zug um Zug weit nach dem Ende des Zweiten Weltkrieges, präziser gesagt in den 70er und 80er Jahren, entstanden. Mit der Veränderung des gesellschaftlichen Gefüges, das den Wandel und die Modifikationen der Lebensgesellschaften beförderte, entstand auch die Notwendigkeit ihnen innerhalb des Familienrechtes eine rechtlich tragfähige Basis zu verschaffen. Die Angaben des Statistischen Bundesamtes belegen, welchen Umfang die nichtehelichen Lebensgemeinschaften in unserer Gesellschaft inzwischen angenommen haben. So wurden 1999 in der Bundesrepublik

[207] Christoph Seseke, Der Einfluss der nichtehelichen Lebensgemeinschaft auf den Ehegattenunterhalt – ein Vergleich zwischen Frankreich und Deutschland.

[208] Maria Gabriella Ivone, Riflessioni in tema di unioni di fatto: le esperienze italiana e francese a confronto.

[209] Vgl. Stephanie Bammel, Zur Abwicklungsproblematik nichtehelicher Lebensgemeinschaften aus rechtsvergleichender Sicht: eine konzeptionelle Betrachtung des deutschen und spanischen Rechts.

[210] Thomas Steffen, Nichteheliche Lebensgemeinschaften in England und Deutschland.

[211] Vgl. Wendy Maria Schrama, De niet-huwelijkse samenleving in het Nederlandse en Duitse recht,; Isabel Rauch, Lebensformenneutralität in der niederländischen Familienbesteuerung – Modell für Deutschland; Marianne Scholten, Der verfassungsrechtliche Schutz von Ehe und Familie in den Niederlanden.

Deutschland nicht weniger als 2,1 Millionen Menschen gezählt, die bei 82 Millionen Einwohnern insgesamt in nichtehelichen Lebensgemeinschaften zusammenlebten. Besonders interessant an dieser Zahl scheint jedoch, dass sie sich gegenüber der Zahl zehn Jahre zuvor verdoppelte. In Polen liegen die Zahlen bei 38 Millionen Einwohnern auch prozentual niedriger. Die letzte greifbare zahlenmäßige Größe führt in die 90er Jahre zurück, als 225000 nichteheliche Lebensgemeinschaften gezählt wurden. Ebenso wie in Deutschland ist eine deutliche jährliche Steigerungsrate zu registrieren, die etwa bei 10000 Menschen liegt.[212]

Damit werden zwar zunächst auch Unterschiede deutlich, doch bietet sich ohnehin bereits wegen der geographischen Nachbarschaft eine vergleichende Untersuchung an. Auch die stetig verstärkenden Beziehungen zwischen beiden Staaten bieten Gelegenheit zu einer einschlägigen Arbeit. Das bisher fehlende Interesse an einer vergleichenden Untersuchung zwischen Deutschland und Polen könnte eine erste Ursache in den sprachlichen Barrieren liegen. Das jedoch weitaus gewichtigere Hindernis für eine Befassung mit dieser rechtlichen Materie dürfte wohl aber in dem recht unterschiedlichen Entwicklungsstand der gesellschaftlichen Bedingungen liegen. Die Bundesrepublik als Land der westlichen Hemisphäre war den weiter entwickelten Verhältnissen in den Vereinigten Staaten bis 1990 sehr viel näher als es Polen seinerzeit war, das bis dahin eine vergleichsweise retardierte Entwicklung aufwies. Wesentlichen Anteil hieran hatten zweifelsohne die machtvollen Auswirkungen der katholischen Kirche, für die die nichtehelichen Lebensgemeinschaften bis heute bis heute nicht förderungswürdiges Gesellschaftsgebilde darstellen. Dabei ist zusätzlich ein beachtenswerter Unterschied im West-Ost-Gefälle, sowie ein solcher zwischen den Verhältnissen in den Städten und auf dem Land zu berücksichtigen, da die Vorgaben der katholischen Kirche sehr viel weniger in den Großstädten als auf dem Land Beachtung finden. Wenn unter diesem Aspekt bereits die Unterschiede zwischen Polen und der Bundesrepublik Deutschland als einem über Jahrhunderte hinweg mehrkonfessionellem Land ins Auge fallen, so gilt dies noch weit mehr, wenn man einen Vergleich zu Frankreich zieht, das seit der Französischen Revolution als ausgeprägt säkularer Staat existiert.

Wie sehr Polen hinter dem Problembewusstsein auf deutscher Seite hinterher hinkte, lässt sich daraus ersehen, dass die Literatur sich in Deutschland bereits in den späten 60er Jahren mit der „Reform des Unehelichenrechts" beschäftigte.[213] Nur drei Jahre später griff eine Kieler Dissertation die Problematik der

---

212 Statistisches Bundesamt, Statistische Daten zu nichtehelichen Lebensgemeinschaften, FÜR 2001, S.68f.

213 Maria Grasnick, Zur Reform des Unehelichenrechts.

„eheähnlichen Verhältnisse und die Stellung der ‚Geliebten' im Spiegel der deutschen Rechtsprechung"[214]auf und unterstrich damit die wachsende Aktualität der Frage. Weitere zwei Jahre später beschäftigte sich eine Kölner Dissertation mit der Problematik „Eheähnlichen Verhältnissen im Arbeitsrecht" [215] und bestätigte damit die Fortsetzung des akademischen Interesses am Gegenstand. Wie weit die Entwicklung der Rechtsliteratur in den 70er Jahren voran schritt, lässt sich an einer Aufsatzsammlung über die nichteheliche Lebensgemeinschaft erkennen, die der Hamburger Jurist Götz Landwehr herausgab.[216] Von Interesse ist dabei die einleitende Untersuchung Hans-Jürgen Beckers über die rechtsgeschichtliche Tradition schon deswegen, weil hier der ältere Begriff des Konkubinats erscheint.[217] Richtet man den Blick indes auf die dahingehende polnische Entwicklung, so stellt man fest, dass hier erst 1990 eine erste größere Untersuchung von Mirosław Nazar über die zivilrechtlichen Voraussetzungen der nichtehelichen Lebensgemeinschaft erschien.[218] Bevor von demselben Verfasser eine speziellere Untersuchung über Abrechungsmodalitäten für Auseinandersetzungen zwischen nichtehelichen Lebenspartnern veröffentlicht wurde,[219] publizierte Andrzej Szlęzak bereits 1991 einen Übersichtsartikel in englischer Sprache,[220] bevor er im nächsten Jahre eine umfassendere Studie auf polnisch vorlegte.[221] Bemerkenswert ist freilich die Nomenklatur, die von polnischer Seite für die nichtehelichen Lebensgemeinschaften benutzt wird. In völliger Übernahme der älteren, aus dem Lateinischen kommenden, Nomenklatur wird hier durchgängig der Begriff des „Konkubinats" benutzt. Diese Terminologie wird auch teilweise noch im neueren Schrifttum verwand, wie etwa bei Witold Cwiek in seinem grundlegenden Werk über die nichtehelichen Lebensgemeinschaften.[222]

Damit lassen sich gleich zwei Phänomene der Retardierung auf polnischer Seite festhalten. Zum einen setzt die literarische Auseinandersetzung über die

---

[214] Klaus Jeder, Eheähnliche Verhältnisse und die Stellung der „Geliebten" im Spiegel der deutschen Rechtsprechung.

[215] Wolfgang Kossendey, Eheähnliche Verhältnisse im Arbeitsrecht.

[216] Götz Landwehr (Hrsg.), Die nichteheliche Lebensgemeinschaft.

[217] Hans-Jürgen Becker, Die nichteheliche Lebensgemeinschaft (Konkubinat) in der Rechtsgeschichte, ebd. S.13-41.

[218] Mirosław Nazar, Cywilnoprawne zagadnienia konkubinatu (Die zivilrechtlichen Voraussetzungen für die nichteheliche Lebensgemeinschaft.

[219] Mirosław Nazar, Rozliczenia majątkowe konkubentów (Vermögensabrechnungen zwischen Lebenspartnern.

[220] Andrzej Szlęzak, Cohabitation without marriage in Poland, in: International Journal of Law, Policy and the Family 1991, S. 1-12.

[221] Andrzej Szlęzak, Stosunki majątkowe między konkubentami (Vermögensverhältnisse zwischen Lebenspartnern).

[222] Witold Cwiek, Konkubinat.

nichtehelichen Lebensgemeinschaften rund zwei Jahrzehnte später als in Deutschland ein. Dabei ist festzustellen, dass die deutsche Literaturbewegung zu diesem Themenfeld nahezu zeitgleich mit der mehrerer mittel- und westeuropäischer Länder einsetzte. Zum anderen ist eine Retardierung der Begrifflichkeit zu bemerken, indem ein für deutsche Verhältnisse überholter und eigentlich nicht zeitgemäßer Terminus benutzt wird. Eine Ausnahme ist freilich zu vermerken. In einer nicht juristisch, sondern vielmehr anthropologisch determinierten Publikation aus dem Jahre 2001 wird parallel zum Begriff des „Konkubinats“ derjenige der „Cohabitation“, mithin des in den westeuropäischen Sprachen eher in soziologischer Hinsicht gebräuchlichen Terminus für die nichtehelichen Lebensgemeinschaften, benutzt.[223] In der Rechtssprache hingegen steht im Französischen der Terminus des „Pacte civil de solidarité“,[224] mit dem sich wiederum im Wesen der im Deutschen wiederzufindende vertragsrechtliche Status der nichtehelichen Lebensgemeinschaften betont findet.

In Deutschland sind die Probleme, die sich aus den nichtehelichen Lebensgemeinschaften ergeben, jüngst auch wiederholt in Dissertationen skizziert worden. [225] Hinzuweisen ist ferner auf das Lehrbuch Dieter Schwabs zum Familienrecht, in dessen Einleitung die nichtehelichen Lebensgemeinschaften eine wichtige Rolle einnehmen.[226] Ganz allgemein lässt sich formulieren, dass in Schwabs publizistischer Tätigkeit immer wieder die Problemfelder erscheinen, die kontinuierlich die Rechtsprobleme der nichtehelichen Lebensgemeinschaften widerspiegeln und für die zudem ein rechtlicher Regelungsbedarf besteht: die gemeinsame Mietwohnung, die gemeinsamen Haushaltsgegenstände, der Unterhalt, die allgemeinen Vermögensverhältnisse, sowie auch Erb- und Kindschaftsrechte. Ausgeklammert bleiben bei Schwab allerdings strafrechtliche Problemlagen, wobei zu anzumerken sei, dass das Zeugnisverweigerungsrecht im deutschen Recht bei nichtehelichen Lebenspartnern ausdrücklich im Katalog der diesbezüglich Berechtigten nicht anerkannt ist. Hier ist schon ein erster grundsätzlicher Unterschied zu den polnischen Regelungen zu bemerken, indem beispielsweise Witold Cwiek dieses ausdrücklich anerkennt.

---

[223] Daniel Jabłoński, Lech Ostasz, Zarys wiedzy o rodzinie, małżeństwie, kohabitacji i konkubinacie. Perspektywa antropologii kulturowej i ogólnej (Überblick zur Ehe, Kohabitation und nichtehelichen Lebensgemeinschaft. Die anthropologische, kulturelle und allgemeine Sicht).

[224] Als Beispiel sei erwähnt: Jean-François Pillebout, Le PACS: Pacte civil de solidarité.

[225] Beispielhaft etwa Stefan Steeg, Analogie und nichteheliche Lebensgemeinschaft am Beispiel des § 1362 I BGB – zugleich ein Beitrag zu vertraglichen und gesetzlichen Regelungen von nichtehelichen Lebensgemeinschaften.

[226] Dieter Schwab, Familienrecht; siehe auch im thematischen Rahmen: Dieter Schwab, Die eingetragene Lebenspartnerschaft. Text, amtliche Materialien, Abhandlungen.

Nicht nur von universitärer Seite hat man sich in Deutschland mit den nichtehelichen Lebensgemeinschaften befasst, sondern auch aus rechtspraktischer Sicht. So steht etwa die saarländische Rechtsanwältin Christiane Schreiber stellvertretend für die Behandlung des Rechtsphänomens aus der Sicht der Rechtspraxis. Ihr 1995 in erster Auflage und 2000 in zweiter Auflage erschienenes Buch über die nichtehelichen Lebensgemeinschaften darf dabei als Standardwerk für die praxisrelevanten Regelungsbereiche angesehen werden.[227] Die zweite Auflage findet in der Rechtswissenschaft und der Rechtslehre derartig große Anerkennung, dass sie nahezu einen quasiamtlichen Charakter genießt. Im Gegensatz zu dem Ansatz Schwabs sind das Straf- und Prozessrecht durchaus berührt, daneben stellen mietrechtliche Probleme, aber auch Bereiche wie die Bevollmächtigung, der Schadenersatz, der Unterhalt, das Erbrecht und das Kindschaftsrecht Themengebiete ihrer Abhandlung dar. Christiane Schreiber ist darüber hinaus durch einen knappen Überblick, den sie über die französischen Verhältnisse zu diesem Thema skizzierte, über die Grenze des Saarlandes auch rechtsvergleichend hervorgetreten.[228]

Den vielleicht wichtigsten größeren Beitrag zum Thema bildete eine umfangreiche Münchener Habilitationsschrift, die Mitte der 80er Jahre von Hausmann eingereicht und 1989 mit verändertem Titel gedruckt wurde.[229] Hausmann, der Professuren in Erlangen-Nürnberg und in Konstanz innehatte, hat die Befassung mit dem Gegenstand weiter vorangetrieben, indem er 1999 zusammen mit Gerhard Hohloch einen noch voluminöseren Band über die nichtehelichen Lebensgemeinschaften herausgab, in dem mehrere Autoren sich zu ergebenden Einzelproblemen äußern.[230] Neben den Herausgebern lieferten auch Herbert Bültmann, Gerhard Holzhauer, Inge Koutses, Johann Kremhelmer, Dieter Martiny, Anne Röthel,[231] Friedemann Sternel, Peter Udsching und Klaus Vogelsang

---

[227] Christiane Schreiber, Die nichteheliche Lebensgemeinschaft : Bestandsaufnahme, Rechtsvergleich, Gestaltungsvorschläge.

[228] Christiane Schreiber, Erfahrungen mit Lebenspartnerschaften am Beispiel Frankreichs, in: Familie, Partnerschaft, Recht . Zeitschrift für die Anwaltspraxis 7, S. 442-443.

[229] Rainer Hausmann, Nichteheliche Lebensgemeinschaften und Vermögensausgleich: Grundfragen der rechtlichen Organisation und Abwicklung von Lebensgemeinschaften im Spannungsfeld zwischen Rechtsgeschäftslehre, Schuldrecht und Familienrecht; die bei der Fakultät eingereichte Fassung hatte den Titel: Grundfragen der rechtlichen Organisation und Abwicklung von Lebensgemeinschaften im Spannungsfeld zwischen Rechtsgeschäftslehre, Schuldrecht und Familienrecht.

[230] Rainer Hausmann/Gerhard Hohloch (Hrsg.), Das Recht der nichtehelichen Lebensgemeinschaft.

[231] Anne Röthel, in: R. Hausmann/G. Hohloch (Hrsg.), Das Recht der nichtehelichen Lebensgemeinschaft; von ihr liegt ebenfalls vor: Anna Röthel, Nichteheliche Lebensgemein-

ertragreiche Beiträge zum Buchband. Diese grundlegende Publikation erschien 2004 überarbeitet und erweitert, wobei die Fortschreibungen der Rechtsprechung berücksichtigt wurden. Stand hier ein Überblick zu den jeweiligen Ländern mit einem Blick über Europa hinaus im Vordergrund, so erschien zwischenzeitlich ein Tagungsband über „Eheliche Gemeinschaft, Partnerschaft und Vermögen im europäischen Vergleich.[232]

Das vielleicht wichtigste Überblickswerk stellt eine Publikation dar, deren erste Auflage in den Anfang der 80er Jahre zurückreicht. Es handelt sich dabei um einen Band mit Doppelautorschaft, wobei er erstmals 1983 mit den Autoren Siegfried de Witt und Johann-Friedrich Huffmann in der Schriftenreihe der angesehenen „Neuen Juristischen Wochenschrift" erschien.[233] Nach einer neu bearbeiteten zweiten Auflage 1986 mit denselben Autoren erschienen die dritte, und weitere Auflagen mit einer dann jedoch veränderten Autorschaft. Nach einer längeren Vakanz erscheint der Regensburger Honorarprofessor Herbert Grziwotz, ein hochdotierter Praktiker, nunmehr als einziger Autor. Angesichts der vergangenen Zeit stieg das Volumen des Bandes mehr als um das Doppelte an.[234] Eine vierte Auflage erschien 2006, wobei sie als Digitalisat unmittelbar zur Verfügung steht. Über diese zentrale Publikation hinaus hat Herbert Grziwotz weitere Bände zu rechtspraktischen Fragen verfasst, wobei seine „Rechtsfragen zu Ehe und Lebenspartnerschaft" mit dem Untertitel „Rechte und Pflichten, Unterhalt, Vermögensrechte und Verträge" als letzte Publikation aus seiner Feder zu nennen ist.[235] Zu nennen ist aber auch noch ein 2003 erschienenes „Beratungshandbuch Lebenspartnerschaft", wobei der praktische Aspekt deutlich hervorsticht.[236]

Aus dem Umfang der genannten deutschen Literatur ist unschwer zu erkennen, dass sich die Rechtsprobleme der nichtehelichen Lebensgemeinschaften als gut beackertes Feld erweisen. Dieser Eindruck wird verstärkt, wenn man die Anzahl der Entscheidungen sieht, die von den Landgerichten über die Oberlandesgerichte bis hin zum Bundesgerichtshof und zuletzt auch dem Bundesverfassungsgericht in nicht unerheblichem Umfang getroffen wurden. Aber auch weitere Gerichte, wie etwa die Verwaltungs- und Sozialgerichte, bis hin zu weiteren

---

schaften – Neue Rechtsfragen und Regelungsaufgaben im In- und Ausland, in: ZRP 1999, 511ff.

[232] Dieter Henrich/Dieter Schwab (Hrsg.), Eheliche Gemeinschaft, Partnerschaft und Vermögen im europäischen Vergleich.

[233] Siegfried de Witt/Johann-Friedrich Huffmann, Nichteheliche Lebensgemeinschaften,.

[234] Herbert Grziwotz, Nichteheliche Lebensgemeinschaften.

[235] Herbert Grziwotz, Rechtsfragen zu Ehe und Lebenspartnerschaft. Rechte und Pflichten, Unterhalt, Vermögensrechte und Verträge.

[236] Herbert Grziwotz, Beratungshandbuch Lebenspartnerschaft.

(höchsten) Gerichten, wie beispielsweise dem Bundesarbeitsgericht und dem Bundesfinanzhof, haben sich mit den Rechtsproblemen der nichtehelichen Lebensgemeinschaften im Rahmen der ihnen jeweils zukommenden Rechtsfelder in einem inzwischen recht beachtlichen Umfang zu beschäftigen gehabt. Ebenso wie die Entwicklung in Deutschland verläuft sie in dieser Reichweite auch in Polen. Mit der zunehmenden Anpassung an die westeuropäischen Verhältnisse nimmt die Zahl der Gerichtsurteile auch hier bis hin zur höchstrichterliche Ebene zu. Allerdings treten die Rechtstreitigkeiten dort so gut wie ausschließlich im großstädtischen Rahmen auf, während sie in Deutschland auch zunehmend in ländlichen Bereichen zu verzeichnen sind.

Zu erwähnen bleiben für die jüngere Vergangenheit und die Gegenwart, dass auch zunehmend universitäre Veranstaltungen, die über nichteheliche Lebensgemeinschaften abgehalten werden, die Themenprogramme füllen. Sie verdeutlichen ebenfalls das hohe Interesse am Erörterungsgegenstand. So werden in der universitären Praxis in Ansehung der faktischen Rechtswirklichkeit vermehrter Lebensformen innerhalb einer nichtehelichen Lebensgemeinschaft vermehrt Seminare zur Vertiefung des Themas mit Möglichkeiten der Vertiefung der Fragestellungen dazu angeboten. Oft bilden dabei zivilrechtliche Fragestellungen den Ausgangspunkt, ehe familienrechtliche Fragen damit verzahnend abgehandelt werden. Darüber hinaus lässt sich sagen, dass die Befassung mit dem Gegenstand inzwischen nicht mehr allein das Familienrecht beschäftigt. Daneben ist beispielsweise auch das Erbrecht und – wie eingangs schon gesehen – auch das Arbeitsrecht stetig intensiver berührt, wenngleich die Ausstrahlungswirkung in alle Rechtsbereiche einzieht.

IV. Methoden der Rechtsvergleichung

In der vorliegenden Arbeit soll ein Rechtsvergleich der Rechtsfigur der Nichtehelichen Lebensgemeinschaft im deutschen und im polnischen Recht durchgeführt werden. Die Vorgehensweise zur Methodik der Rechtsvergleichung soll der Arbeit im Folgenden zunächst abstrakt vorangestellt werden, um neben der Benennung der mit dem Rechtsvergleich verbundenen Ziele auch die Methode auf dem Weg zur Erreichung derer darzulegen.

Diese Arbeit dient nicht dem primären Ziel einer Auslandsrechtskunde, bei der normbezogen und deskriptiv zu dem fokussierten Thema die rechtlichen Probleme lediglich dargestellt werden,[237] sondern dem einer funktionellen Rechtsvergleichung. Die funktionelle Rechtsvergleichung stellt dabei die auf die Funktion des Rechts und deren Probleme bezogene Methode dar. Die Rechtsvergleichung ist somit problembezogen-funktional[238] nimmt sich rechts(-gesellschaftlicher) Probleme in den jeweiligen Ländern der zu vergleichenden Rechtsordnungen an und vergleicht diese unter allen rechtlichen Aspekten miteinander.[239]

Freilich wird auch die vorliegende Arbeit nicht umher kommen zu der rechtlichen Dimension und dem Problemgehalt der nichtehelichen Lebensgemeinschaften jeweilige einführende „Länderberichte“ im Sinne einer Auslandsrechtskunde abzuliefern, um den Leser an die rechtstypischen Inhalte sowohl nach dem deutschen als auch nach dem polnischen Recht heranzuführen. Dies folgt aus der Natur der Sache, dass die Rechtsvergleichung die vorgängige Betätigung in der Ausländerrechtskunde bedingt, denn die gar wichtigste Voraussetzung des Vergleichs ist eben die Kenntnis über die zu vergleichenden Rechtsordnungen.[240] Jedoch ist dies lediglich als Vorbedingung zur Methode der Rechtsvergleichung der nichtehelichen Lebensgemeinschaften nach beiden Rechtsordnungen bezogen auf die Bewältigung sich rechtsdogmatisch im Zusammenspiel der gesamten jeweiligen Rechtsordnung auftuender Probleme zu verstehen.

Ein dritter Punkt ist bei der Frage verortet, ob auch die Bewertung oder Kritik der verschiedenen Rechtsordnungen anhand des Vergleichs derer einen Teil

---

[237] Rheinstein, Einführung in die Rechtsvergleichung, S. 22 mit Beispiel auf S.27 f.

[238] Rheinstein, Einführung in die Rechtsvergleichung, S. 22, 28; Zweigert/Kötz, Einführung in die Rechtsvergleichung auf dem Gebiet des Privatrechts (Band I), S.47 verwenden den Begriff „soziale Regelung(-smechanismen)“, was jedoch synonym verstanden werden kann.

[239] Rheinstein, Einführung in die Rechtsvergleichung, S.28.

[240] Zweigert/Kötz, Einführung in die Rechtsvergleichung auf dem Gebiet des Privatrechts (Band I), S.42.

des Rechtsvergleichs ausmacht. Dies wird teilweise verneint und als eine weitere Stufe mit inhaltlich gegenüber dem Rechtsvergleich eigenständiger Ausrichtung verstanden, der sogenannten „Rechtskritik“, die eine gegenüber dem Rechtsvergleich eigenständige Disziplin darstellen soll.[241] Dieser Auffassung soll sich nach dem dieser Arbeit zugrunde zu legenden Arbeitskonzept aber nicht angeschlossen werden. Vielmehr soll es hier mit *Zweigert/Kötz* gehalten werden, die davon ausgehen, dass die Wertung ein notwendiger Teil einer Rechtsvergleichung ist.[242] Solange sich für den Fortgang der Arbeit Notwendigkeiten systematischer (Be-)wertungen ergeben, soll sich diesen keineswegs verschlossen werden. Vielmehr sollen sie unter Kenntlichmachung einer für den Fortgang der Arbeit erforderlichen Bedürftigkeit erfolgen.

Somit ist der Rechtsvergleich nunmehr klar abgegrenzt von der „bloßen“ Auslandsrechtskunde in ihrer lediglich deskriptiven Weise und auf der anderen Seite festgestellt, dass die Einbeziehung einer wertenden Kritik ihre Berechtigung im Einzelfall erfahren kann.

Damit ist das Ziel des vorliegenden Rechtsvergleichs im Einklang mit den abstrakt im Schrifttum benannten Zielen von Rechtsvergleichen einhergehend auch deutlich geworden. Denn das Ziel lautet, so schlicht es auch klingen mag, „Erkenntnis“[243] und „Erforschung der Wahrheit“.[244] Wie *Rusch*[245] zutreffend formulierte sind jedoch Erkenntnis und Wahrheit als solche zweckfrei und in ihrem konkreten auf Gewinn gerichteten Ziel nur dann benennbar, wenn man die Anwendungsbereiche näher definiert hat. So kann es sich bei einem Rechtsvergleich um eine nützliche Grundlage dafür handeln schlicht aus der Erkenntnis über das fremde Recht zu lernen, daraus abzuleiten und auch die vor der Gesetzgebung stehenden Bedürfnisse rein soziologischer Natur abzugleichen. Aus den Errungenschaften und auch Fehlern des je anderen zu lernen und die eigene Erkenntnisgewalt darauf zu erstrecken kann ein sehr fruchtbarer Prozess sein, wie es sich auch im alltäglichen Leben eines jeden Menschen nur zu oft darstellt.

---

[241] Zweigert/Puttfarken, Zur Vergleichbarkeit analoger Rechtsinstitute in verschiedenen Gesellschaftsordnungen, S.400 ff. mwN., wobei diese Autoren selbst differenzieren zwischen einer wertenden und einer nicht wertenden Rechtsvergleichung.

[242] Zweigert/Kötz, Einführung in die Rechtsvergleichung auf dem Gebiet des Privatrechts (Band I), S.46. So aber auch andere, beispielsweise Rabel, Gesammelte Aufsätze, Band III, S. 3 oder Rusch, Methoden und Ziele der Rechtsvergleichung, Jusletter vom 13. Februar 2006, Rn. 3.

[243] Rabel, Gesammelte Aufsätze, Band III, S.6.

[244] Zweigert/Kötz, Einführung in die Rechtsvergleichung auf dem Gebiet des Privatrechts (Band I), S. 3; Rheinstein, Einführung in die Rechtsvergleichung, S. 27.

[245] Methoden und Ziele der Rechtsvergleichung, Jusletter vom 13. Februar 2006, Rn.5.

Dies scheint gerade im Blick auf die in Augenschein zu nehmenden Rechtsordnungen noch interessanter als es sich hierbei zwar um Nachbarländer mit vergleichbarem Kulturkreis handelt, doch auch die Unterschiede im Detail kaum größer sein könnten, etwa durch den Einfluss geistlicher Glaubensgrößen oder auch der historischen Prägung beider Länder gerade in der Zeit nach 1945 bis 1989, sowie in beiden zeitlichen Richtungen darüber hinaus. Gleichwohl stehen beide Länder mittlerweile unter einem gemeinsamen „Dach" der Europäischen Union, so dass in durch diese Arbeit herauszustellenden Teilen gerade Vereinheitlichungserfordernisse durch „Europa" geschaffen wurden und werden, so dass es eine sehr fruchtbare Erkenntnis für den jeweiligen Gesetzgeber sein kann, wenn er die Gemeinsamkeiten und Unterschiede in den jeweiligen Rechtsordnungen in einem Bestreben nach möglichst großer Gesetzesharmonie bereits kennt. Ebenso kann der Rechtsvergleich wertvolle Erkenntnisse liefern, möchte man Lücken im eigenen Rechtssystem entweder durch Gesetzesänderungen und Ergänzungen oder auch durch die Judikatur ausfüllen. Das Bedürfnis wird gerade in der Gegenwart und wohl auch zukünftig in besonderem Maße noch wachsen. Zwar wird hierbei in den zahlreichen begründeten Ausführungen vornehmlich der Wirtschaftsverkehr in den Blick genommen, doch es hierauf einzig zu reduzieren wäre zu kurz greifend. So erging unter wirtschaftsbezogenem Aspekt etwa vom Schweizerischen Bundesgericht mit Blick auf das Zusammenwirken mit dem europäischen Wirtschaftsraum folgendes Zitat: *„Namentlich im traditionell grenzüberschreitenden Rechtsverkehr lässt sich...eine sachgerechte Rechtsfindung und damit auch Lückenfüllung ohne rechtsvergleichende Grundlagen nicht verwirklichen... Dies gilt besonderes, wo...darauf zu achten ist, dass durch einen isolatorischen Rechtszustand weder Privilegierungen noch Diskriminierungen auf dem internationalen Markt begründet werden..."*[246] Dieser Grundgedanke zur Begründung der Notwendigkeit rechtsvergleichender Ansätze gerade auch im Zuge von Globalisierung und Ausweitung der Inhalte der Europäischen Union ist natürlich auch für die Nichteheliche Lebensgemeinschaft hin fruchtbar zu machen, da diese gerade im Rahmen der Ausweitung der Europäischen Grundfreiheiten, insbesondere der Freizügigkeit, grenzüberschreitendes Konfliktpotential zu begründen im Stande wäre. Europa lebt nämlich gerade von einem Annäherungszustand auch der nationalen Wertungen zueinander zur effektiven Umsetzung der durch die Charta der Grundrechts der Europäischen Union begründeten Grundfreiheiten.[247] So ist insbesondere die Grundfreiheit der Freizügigkeit zu benennen, die Berührungspunkte von Rechtsuntertanen beider Rechtsordnungen (Deutschland und Polen) unumgäng-

---

[246] BGE 126 III 129, 138, Erw. 4.

[247] Sacco, Einführung in die Rechtsvergleichung, S. 159ff., 162f.

lich macht und somit zur Vermeidung von Diskriminierungen ein harmonisches Nebeneinander beider Rechtsordnungen in der dieser Arbeit zugrunde liegenden Fragestellungen vielleicht nicht unumgänglich, so aber jedenfalls erstrebenswert macht. Dies ist nur zu leisten, wenn man einen Rechtsvergleich als ersten Schritt erbringt. Somit wäre beispielsweise ein mögliches Ziel dessen benannt, eben nicht isoliert betrachtet, sondern stets im Zusammenhang mit einem möglichen Bedürfnis, von denen es viele nebeneinander geben kann. Die Kenntnisse über das fremde Recht und der Vergleich des eigenen inländischen Rechts mit diesem ermöglichen in diesem Zusammenhang darüber hinaus erst einen funktionsfähigen „Wettbewerb" um das bessere Rechtssystem mit all seinen daraus resultierenden Vorzügen.[248] Wie schon Zaytaj seinerzeit zutreffend formulierte, haben die Zielsetzungen der Rechtsvergleichung *„in Wirklichkeit...einen sehr komplexen Charakter."*[249]

Erst jetzt kann vor dem Hintergrund eines benannten Zieles, das stellvertretend für weitere Ziele stehen mag, das methodische Grundkonzept der Arbeit bezogen auf den Rechtsvergleich auch konkret benannt werden. Hierzu soll sich der Grundideen des in sich schlüssig-nachvollziehbaren Konzepts von *Zweigert/Kötz*[250] bedient werden. Somit wird zunächst einmal das Sachproblem, welches durch alle Rechtsordnungen gelöst werden muss, benannt und definiert, also klar eingegrenzt.[251] Hierbei ist von essentialem Gewicht darauf zu achten, dass die Fragestellung richtig erwählt wird. Da jede Rechtsordnung ihre eigene Systematik und vor allem auch Begrifflichkeiten kennt ist der Vergleich gleichnamiger Rechtsinstitute verschiedener Rechtsordnungen stets mit einem hohen Fehlerpotential belastet. Dies folgt daraus, dass die unterschiedlichen Rechtsordnungen jeweils anderen Konzepten folgen (können) oder auch daraus, dass der prüfungsgegenständliche Bereich jeweils national einer anderen Systematik zugeführt wurde. Somit soll dort, wo es nicht offenkundig um dieselbe inhaltliche Thematik in beiden Rechtsordnungen geht, sehr vorsichtig mit Begrifflichkeiten agiert werden und sich von juristischen Begriffen gelöst werden und das ihnen zugrunde liegende Problem konkret benannt und bezeichnet werden.[252]

---

[248] Zajtay, Über die Ziele und Methoden der Rechtsvergleichung, in: Beiträge zur Rechtsvergleichung, S.56.

[249] Zajtay, Über die Ziele und Methoden der Rechtsvergleichung, in: Beiträge zur Rechtsvergleichung, S.56.

[250] Einführung in die Rechtsvergleichung auf dem Gebiet des Privatrechts (Band I), S.42 ff.

[251] Sacco, Einführung in die Rechtsvergleichung, S.19 f.

[252] Zweigert/Puttfarken, Zur Vergleichbarkeit analoger Rechtsinstitute in verschiedenen Gesellschaftsordnungen, S.401f.; Rusch, Methoden und Ziele der Rechtsvergleichung, Jusletter vom 13. Februar 2006, Rn.15.

Sodann wird Ausschau nach dieses Sachproblem betreffender Regelungen in den jeweiligen nationalen Rechtsordnungen gehalten. Die Schwierigkeit ist insbesondere darin begründet, dass diese Regelungen nicht immer im Kontext systematisch zusammenhängend aufzufinden sind, sondern oft an unterschiedlichen Stellen im Gesetz anlegen und auch unterschiedliche Bezeichnungen tragen.[253] Teilweise sind vergleichende Regelungen in der jeweils anderen Rechtsordnung gar nicht aufzufinden, da der jeweilige Gesetzgeber diese Fragestellungen aus sehr unterschiedlichen Gründen gar nicht geregelt hat.[254] Es sind dabei freilich nicht nur die förmlichen Gesetze als Rechtsquellen heranzuziehen, sondern all diejenigen, derer sich der Jurist in der nationalen Rechtsordnung zur Klärung juristischer Fragestellung ebenfalls bedienen würde. Neben dem Blick in die formelle Rechtsordnung ist auch die Auswertung der Rechtsprechung, wie auch das Studium des rechtswissenschaftlichen Meinungsbildes in Einzelfragen unverzichtbar. Daneben ist aber auch die Rechtswirklichkeit unter Berücksichtigung der die nationale Rechtsordnung prägenden Kräfte, wie etwa jener von soziologischer oder auch geistlicher Art von großer Bedeutung.[255] Dies kann jedoch auch niemals nur isoliert betrachtet werden. Vielmehr sind auch hierbei die interdisziplinären Wirkgrößen zu berücksichtigen, etwa der Einbezug der historischen Entwicklung, der Vergleich staatlicher Familienpolitik oder auch das Verhältnis von staatlichen Forderungen und realen Gegebenheiten, welches nie aus dem Blick zu verlieren ist. Auch die Frage inwieweit Moral, Sitte und Religion für die jeweiligen Länder sachinhaltlich regelnd und interessenleitend sind kann nur unter rechtssoziologischen und rechtshistorischen Aspekten betrachtet werden. Eine rein „nüchterne Analyse“ ausschließlich auf das Recht fokussiert verbietet sich, möchte man die Bedeutung der Unterschiede und auch Ähnlichkeiten sachgerecht erfassen.[256] Der Kern der Rechtsvergleichung ist dann neben der als Vorleistung zu beschreibenden und bis hierhin geleisteten Auslandsrechtskunde[257] das Herausarbeiten von Unterschieden aber auch Gemeinsamkeiten. Die erfassten Unterschiede sind aber nicht nur unter begrifflichen Differenzierungen zu benennen, sondern in ihrem materiellen Gehalt zu prüfen, jenem

---

[253] Sacco, Einführung in die Rechtsvergleichung, S. 25 ff., 37 ff.; Rheinstein, Einführung in die Rechtsvergleichung, S. 31 ff.

[254] Als Beispiel sei hier etwa die anonyme Mutterschaft benannt, die in Frankreich einen eigenständigen Regelungsgehalt gefunden hat, nicht aber so in zahlreichen anderen nationalen Rechtsordnungen, wie auch nicht in Deutschland oder in Polen.

[255] Rheinstein, Einführung in die Rechtsvergleichung, S. 28 ff. mwN.

[256] Zweigert/Kötz, Einführung in die Rechtsvergleichung auf dem Gebiet des Privatrechts (Band I), S. 34, 37f., 43; Rusch, Methoden und Ziele der Rechtsvergleichung, Jusletter vom 13. Februar 2006, Rn. 29.

[257] Zum Begriff siehe oben S. 48.

was als Aspekt der „Funktionalität" betrachtet wird.[258] Dieses muss in die Erkenntnis münden, ob die Lösung funktional betrachtet jeweils gleich oder auch anders ist. Es muss für jedes der zu vergleichenden Länder eine Systematik zu dieser Rechtsfrage entwickelt und diese dann konkret verglichen werden. Ob sich dann eine (be-)wertende Analyse anschließt bleibt – wie bereits gesagt – dem Einzelfall vorbehalten.

V. Gang der Untersuchung

Wie bereits anfangs erwähnt, ist es das Ziel dieser Arbeit, die Institution der (nichtehelichen) Lebensgemeinschaft, ihren Charakter und ihre Regelungen vor allem im deutschen und polnischen Rechtswesen zu untersuchen. Es gilt dabei Gemeinsamkeiten und Unterschiede zu finden und diese einer eingehenden Untersuchung zuzuführen. In diesem Rahmen soll der Versuch unternommen werden, Probleme der Lebensgemeinschaft außerhalb der Ehe zu erörtern und für sich stellende Problemlagen praktische Lösungen aufzuzeigen, wobei bereits an dieser Stelle der allgemeine Hinweis erbracht werden soll, dass die nichtehelichen Lebensgemeinschaften im deutschen und polnischen Recht durchaus recht unterschiedlich behandelt werden. Dies geht nicht nur aus den gesetzlichen Regelungen in den jeweiligen Ländern hervor, sondern auch aus den Rechtsprechungsentwicklungen der Gerichte bis hin zu den obersten Gerichten der jeweiligen Länder. Nicht zuletzt aufgrund der vielfältigen länderübergreifenden Gemeinsamkeiten werden die auf die Ehe bezogenen Regelungen und andere mit diesen verwandte Vorschriften, hauptsächlich im Zivilrecht, für die gesetzlichen Regelungen beider Länder und ihrer Ausgestaltungen durch die jeweilige Rechtsprechung zu untersuchen sein. Es werden zunächst insbesondere diejenigen Normen in den Vordergrund der Untersuchung zu rücken sein, die eine Vergleichbarkeit der Regelungsinhalte in den beiden Ländern ermöglichen.[259] Es handelt sich dabei für die der Untersuchung zugrundeliegende komparative Sicht, um einen Kernbereich der zu erfolgenden Darstellung. Anschließend soll anhand der gewonnenen Ergebnisse überprüft werden, ob es nicht gar sinnvoll und auch möglich wäre, für die nichteheliche Lebensgemeinschaft solche mit der eingetragenen Partnerschaft vergleichbare Regelungen zu schaffen, die bisher im polnischen Recht nicht existent sind. Solange die Rechtsstellung der

[258] Sacco, Einführung in die Rechtsvergleichung, S. 25 ff., 37 ff.

[259] Clemens Theimer, Die finanziellen Folgen der nichtehelichen Lebensgemeinschaft: Anspruchsgrundlagen ausländischer Rechtsordnungen als Grundlage eines einheitlichen Leitbildes für eine Reform des deutschen Rechts?

nichtehelichen Lebensgemeinschaften nicht in beiden Ländern in gleicher Weise geregelt ist, erscheint es vorteilhafter, der Situation der nichtehelichen Lebensgemeinschaften in dieser Untersuchung jeweils punktuell Rechnung zu tragen.[260]

Angesichts solcher Überlegungen gilt es vorab darauf hinzuweisen, dass die rechtliche Einbettung der nichtehelichen Lebensgemeinschaften durch eine vergleichsweise dynamische Rechtsprechung beständig in Bewegung ist. Doch mehr noch: Auch die Gesetzgebung beschäftigt sich immerwährend mit dem vorliegenden Rechtsfeld. So ist aus gegebenen Anlass auf mehrere aktuelle Gesetzesvorhaben in der Bundesrepublik Deutschland hinzuweisen, wobei insbesondere die Gesetzlage die Erbschafts- und Schenkungssteuer betreffend und überdies diejenige über die Einführung eines einheitlichen maßgebenden Einkommens für Sozialleistungen zu erwähnen wären. Es scheint dabei, ohne der Untersuchung durch diese Aussage bereits vorgreiflich zu werden, tendenziell abzusehen zu sein, dass sich die Rechtstellung der nichtehelichen Lebensgemeinschaft auf diejenige der eingetragenen Partnerschaften und letztlich der Ehe hinbewegt. [261]

Im ersten Kapitel wurde bereits eine umfassende Dokumentation in die rechtsgeschichtlichen Erscheinungsformen der nichtehelichen Lebensgemeinschaften in ihrer historischen Entwicklung geleistet. Dies hat seinen Grund darin, dass mit ihr der Blick für die Rechtssituation, wie sie sich im 20. Jahrhundert bis in die Gegenwart hinein vorfindet, geschärft wird. Darauf aufbauend wird zuerst eine allgemeine Charakterisierung der nichtehelichen Lebensgemeinschaft im deutschen wie auch im polnischen Recht vorgenommen. Im Anschluss daran sind terminologische Fragen in der Weise zu erörtern, dass eine typologische Charakterisierung des Konkubinats sowie Beziehungen zwischen der nichtehelichen Lebensgemeinschaft und der Ehe thematisiert werden. Ein kurzer Überblick über das Konkubinat im Islam soll nicht nur über die Verhältnisse in einem anderen konfessionellen Rahmen erhellen, sondern zugleich die Wesensmerkmale in einem anderen, darauf gründenden Rechtssystem, beleuchten. Auf dieser historisch fundierten Basis lässt sich in den aktuellen Forschungsstand eintreten, wobei dieser sinnvollerweise in einen europäischen Zusammenhang eingebettet werden soll.

Auf dieses notwendigerweise längere einleitende Kapitel, in dem Grundlagen und Hintergründe ausgebreitet und aufbereitet worden, folgt der eigentliche Untersuchungsschwerpunkt. Im zweiten Kapitel nämlich sollen diejenigen In-

[260] Vergleiche etwa Marcin Mazur, Konkubinat w orzecznictwie Sądu Najwyższego (Die nichteheliche Lebensgemeinschaft in der Rechtsprechung des Obersten Gerichts), S.1-2.

[261] Sabine Voß, Ein Gesetzesvorschlag für die vermögens- und unterhaltsrechtliche Auseinandersetzung nichtehelicher Lebensgemeinschaften in Deutschland: nach dem Beispiel des De facto relationships act 1984 von Neusüdwales/Australien.

halte in den Vordergrund treten, die im deutschen und auch im polnischen Recht für die rechtliche Ausgestaltung der nichtehelichen Lebensgemeinschaften von essentieller Bedeutung sind. Hierzu gehören zuerst einmal vermögens- und eigentumsrechtliche Fragestellungen (im weitesten Sinne verstanden), wie zum Beispiel die Probleme des Allein- und Miteigentumsrechts. In diesem Kapitel wird zu zeigen sein, dass im polnischen Recht das Miteigentum nicht automatisch entsteht, d. h. nicht allein aus der Tatsache, dass eine Lebensgemeinschaft existiert. Abhängig von den Begleitumständen kann es entstehen und dabei verschiedene Gestalten annehmen. Wenn es überhaupt entsteht, wird es stets den Charakter eines Bruchteilmiteigentums haben und niemals zu einem Gesamteigentum führen. In diesem Kapitel werden auch praktische finanzielle Fragen in Form der Abrechnungen zwischen dem Eigentümer und dem Besitzer angesprochen, die gerade im polnischen Recht eine bedeutsame Rolle spielen. Allerdings handelt es sich dabei um eine Problematik, die sich pauschal kaum entscheiden lässt, sondern de lege lata nur im konkreten Einzelfall durch die zur Entscheidung berufenen Gerichte. Das Gericht muss letztlich oft klären, ob der Lebenspartner (als Besitzer der Sache) im guten oder bösen Glauben handelte und überdies, ob und welche Aufwendungen er für die Sache, die nicht in seinem Eigentum ist, getragen hat. Es handelt sich dabei um sehr diffizile Fragstellungen, die nur individuell und abhängig von den Begleitumständen beantwortet werden können.[262] Ferner soll exemplarisch auf die Bedeutung der Dienstbarkeit an einer Wohnung im Rahmen polnischer Gesetzgebung hingewiesen werden. Der polnische Gesetzgeber hat dabei einen sehr wichtigen Punkt vorausgesehen. Der Lebenspartner darf seinen jeweiligen Lebensgefährten bei sich aufnehmen, wenn er diesen ständig unterstützt und ihn für seine Haushaltsführung braucht. Wichtig ist dies zur Abgrenzung sonstiger Formen des Zusammenlebens, wie etwa im Rahmen einer (studentischen) Wohngemeinschaft oder auch in der Situation, dass etwa eine Pflegekraft im Hause des zu Pflegenden wohnt und dafür Geld und Geldwerte im Sinne eines freien Wohnrechts für den Pflegezeitraums und auch freier Versorgung erhält. Hier steht gerade nicht die Lebensgemeinschaft im Vordergrund, sondern ist lediglich eine Notwendigkeit zur Erreichung eines anderen Zwecks. Daher muss die Herstellung der Lebensgemeinschaft der Zweck des Zusammenlebens sein. Diese Abgrenzung ist sowohl im deutschen als auch im polnischen Recht erforderlich.[263]

---

[262] Piotr Pogonowski, Problematyka rozliczeń majątkowych konkubentów (Die Problematik der Vermögensabrechnung für die nichteheliche Lebensgemeinschaft), S.229.

[263] Alojzy Policiński, Roszczenia konkubiny z tytułu pracy świadczonej w gospodarstwie rolnym konkubenta (Die Anspruche der Lebenspartnerin für die Arbeit in der Landwirtschaft gegenüber dem Lebenspartner), NP 1970, S.5.

Im deutschen und polnischen Recht ist in einer nichtehelichen Lebensgemeinschaft grundsätzlich jeder Eigentümer dessen, was er selbst erworben hat. Ein Zugewinnausgleich findet demnach später nicht statt. Nach dem deutschen Recht ist beispielsweise auch die von den Partnern einer nichtehelichen Lebensgemeinschaft gemeinsam genutzte Eigentumswohnung Alleineigentum eines der Partner, wobei – wie üblich – der Eintrag im Grundbuch die Grundlage der Eigentumszuordnung darstellt. Mithin bleibt derjenige Partner, der das Eigentum erworben hat, auch der Alleineigentümer. Die Einräumung der Mitbenutzung der Wohnung des anderen Partners beruht mithin allein auf einer tatsächlichen Grundlage, verschafft hingegen kein Eigentum. Insofern verhält es sich so wie bei jedem beliebigen Dritten, der nicht Ehepartner ist, auch.

Beim gemeinsamen Kauf einer Sache, den beide Partner tätigen, wird automatisch derjenige Eigentümer, mit dem der Kaufvertrag geschlossen wurde. Das Eigentum geht im Zuge des dinglichen Geschäfts allein auf den jeweiligen Vertragspartner über. Eine Fiktion eines gemeinschaftlichen Erwerbs gibt es nicht.

Partner einer nichtehelichen Lebensgemeinschaft können jedoch auch wie zwei oder mehrere natürliche Personen zusammen eine Sache, beispielsweise eine Immobilie, erwerben. Der Erwerb einer Immobilie durch die Partner einer nichtehelichen Lebensgemeinschaft könnte möglicherweise auch gemeinsam in Form einer Gesellschaft bürgerlichen Rechts erworben werden, wenn beide zur Finanzierung der Immobilie beitragen (§§ 705 ff. BGB). Der gemeinsame Kauf durch beide Partner legt den Grundstein für eine Übertragung in Form des Miteigentums beider Parteien. Sie werden demnach beim Kauf einer Immobilie auch beide als Miteigentümer ins Grundbuch eingetragen. Somit steht beiden Partnern, auch für den Fall des Scheiterns der Beziehung, die gemeinsame Nutzung kraft Gesetzes zu (§ 903 BGB).[264] Aufgrund der gesetzlichen Nichtregelung haben die Partner einer nichtehelichen Lebensgemeinschaft im deutschen und auch im polnischen Recht grundsätzlich keine Verpflichtungen einander gegenüber. Die nichteheliche Lebensgemeinschaft als solche führt demnach zu keinerlei gegenseitigen Rechten aber auch keinen Pflichten. Wenn ein Partner jedoch während der Lebensgemeinschaft zu Gunsten des anderen Leistungen erbringt, die deutlich über das hinausgehen, was zur Deckung des laufenden und täglichen gemeinsamen Lebensbedarfs erforderlich ist, erweist sich dies oft als rechtlich problematisch. Der BGH hat nun in Abwendung zu seiner bisherigen Rechtsprechung klargestellt, dass im Einzelfall zu prüfen sei, ob unter dem Aspekt des Wegfalls der Geschäftsgrundlage (§ 313 BGB) ein Ausgleichsverlangen begründet ist. Allerdings bedarf es hierfür zumindest eines konkludent ge-

---

[264] Robert Pfeiffer, Eigentumsverhältnisse an beweglichen Sachen in der nichtehelichen Lebensgemeinschaft.

schlossenen (Gesellschafts-)vertrags. Demnach beruhen die Verpflichtungen nicht auf die Rechtsfigur der nichtehelichen Lebensgemeinschaft, sondern vielmehr auf den allgemeinen gesetzlichen Regelungen, die natürlich auch zwischen den Partnern greifen, da die nichteheliche Lebensgemeinschaft auch bei einem Mangel an vielschichtigen Regelungen keinen dem Grunde nach rechtsfreien Raum darstellt. Im Übereinstimmung der deutschen Rechtsprechung und des polnischen Gesetzgebers bieten sich hierfür das Zusammenleben und eine nicht unerhebliche Dauerpartnerschaft an. Bei Zugrundelegung der von der Rechtsprechung und Literatur erarbeiteten Problemkomplexe sind die bei einer bestehenden Lebensgemeinschaft zu lösenden Probleme auf die gemeinsame Wohnung, die Eigentumsverhältnisse und gegenseitige Haftung zu beschränken. Diese Erkenntnis soll die sich nun anschließende Untersuchung aufgreifen, inhaltlich aufbereiten und herausstellen, sowie einer Bewertung zuführen.

Im dritten Kapitel, das über Verträge und Verpflichtungen zwischen den nichtehelichen Lebensgemeinschaften im deutschen und polnischen Recht handeln soll, fällt das Hauptaugenmerk vor allem auf die Möglichkeiten des Abschlusses eines zivilrechtlichen Vertrags und auf dessen Charakter, sowie darauf, inwieweit dabei persönliche und emotionale Beziehungen eine Rolle spielen.[265] Vielfach wird ein Vertragsmodell geschaffen, das die besonderen Interessen der Lebenspartner bezüglich ihrer Rechte und Pflichten während der Lebensgemeinschaft und nach deren Trennung regeln soll.[266] Hiermit soll im Tatsächlichen vor allem dem Bedürfnis desjenigen Partners nachgekommen werden, der eine rechtliche Regelung erwünscht. Bislang müssen aufgrund vielfach fehlender gesetzlicher Normierungen auch grundsätzliche Fragen zwischen den Partnern, oft unter Zuhilfenahme eines Rechtsbeistand, ausgearbeitet werden. Dies wird zwar in der Sache generell empfohlen[267] und auch empfehlenswert sein, allerdings steht in der praktischen Umsetzung dieses Rats auch oft zu befürchten, dass eine solche Ausgestaltung aufgrund der zu erwartenden Komplexität von den Partnern gescheut wird. Vorbeugen könnte da ein gesetzlich geregelter Vertragstypus, der die Grundbedürfnisse – anknüpfend an faktische und erkennbare Gegebenheiten[268] – der Partner rechtlich konstatiert, solange nicht eine abweichende, individuelle Regelung in bestimmten Punkten erfolgt ist. Dies ähnelt ein Stück weit dem Ansatz die gesellschaftsrechtlichen Regelungen

---

[265] Agnieszka Wołoszko, Cywilnoprawne zagadnienia konkubinatu (Die zivilrechtlichen Voraussetzungen für die nichteheliche Lebensgemeinschaft), Przegląd Policyjny 1999. S.4.

[266] Wojciech Robaczyński, Z problematyki rozliczeń majątkowych między byłymi konkubentami (Vermögensabrechnungen zwischen Lebenspartnern bei Auflösung ihrer Gemeinschaft), Acta Universitatis, Folia Iuridica 1993, S.57ff.

[267] Vgl. nur Lüderitz, Familienrecht, § 5 Rn.100.

[268] Lüderitz, Familienrecht, Rn.103.

(insbesondere der §§ 705 ff. BGB) analog anzuwenden. Vor allem gibt es dahingehend keine Hindernisse, die darauf hindeuten könnten, dass die Lebenspartner derartige Verträge miteinander nicht abschließen dürften. Hier könnte aber ein nachteiliger Eindruck auf das persönliche Leben der Lebenspartner entstehen, vor allem dann, wenn die gemeinschaftliche wirtschaftliche Lebenssituation beider Partner keine zu erhoffenden Ergebnisse (z. B. Gewinne) bringt. Ohnehin ist im statistischen Regelfall nicht davon auszugehen, dass eine nichteheliche Lebensgemeinschaft nur zwecks zu erwartender wirtschaftlicher Gewinne gegründet würde, obwohl eventuelle Gewinne, deren „Verteilung“ geregelt sein sollte, natürlich auch durchaus möglich wären.[269]

Die eigentlichen juristischen Probleme der nichtehelichen Lebensgemeinschaft ergeben sich vor allem dann, wenn sie (nach ihrem Scheitern) aufgelöst wird. Für diesen Fall lässt sich gerade für das Zivilrecht sowohl in der deutschen wie auch der polnischen Rechtsprechung eine außerordentlich große Breite und Varianz an Lösungswegen feststellen.[270] Von eindeutigen Lösungen ist man jedoch in beiden Ländern weit entfernt.[271] Deswegen ist in diesem Kapitel der Versuch zu unternehmen, ein Modell der Regulierung derjenigen in der Beziehung angehäuften Vermögenswerte zwischen den Lebenspartnern zu etablieren, welches sowohl auf das gegenwärtige Recht gründet als auch einen Ausblick in eine Regelung de lege ferenda ermöglicht.

Im vierten Kapitel sind die mit dem Kindschaftsrecht innerhalb einer nichtehelichen Lebensgemeinschaft auftretenden Fragen aufzuwerfen. Hierbei erhebt sich vor allem die Frage nach der rechtlichen Gleichheit zwischen ehelich und unehelich geborenen Kindern heraus. Während die Anerkennung der Vaterschaft innerhalb einer Ehe im Normalfall keine Problemlagen stellt, ist dies in der nichtehelichen Lebensgemeinschaft keineswegs so selbstverständlich. Vielmehr bedarf es hier der ausdrücklichen formellen Anerkennung der Vaterschaft. Über dieses Verfahren ist sodann zu schreiben.

Im fünften Kapitel der Arbeit kommen die Probleme der Erbfolge im deutschen und polnischen Recht zur Sprache. Hier ist in vielen Teilen zwischen dem deutschen und polnischen Recht eine Synchronisation ersichtlich. Die Lebens-

---

[269] Alexandra Bürchel, Die vermögensrechtliche Rückabwicklung nach Beendigung nichtehelicher Lebensgemeinschaften : Das "Gesellschaftsrechtliche daran" und die Bedeutung eines konkludenten Vertragsschlusses.

[270] Cezary Wiśniewski, Wybrane zagadnienia rozliczeń majątkowych między konkubentami (Ausgewählte vermögensrechtliche Fragen zwischen Lebenspartnern), NP 1989, S.90.

[271] Paul Brunon, Koncepcje rozliczeń majątkowych między konkubentami (Das Konzept für Vermögensabrechnungen zwischen Lebenspartnern), S.3ff.; Problemy rozliczeń majątkowych między konkubentami (Vermögenskonflikte zwischen Lebenspartnern), MoP 2002, S.8.

partner haben theoretisch die gleichen Rechte, die den Familienmitgliedern des Erblassers als den nächsten Personen auf Grund der Testamentserbfolge zustehen. Wer vom Erblasser zum Erben berufen wird, hängt ausschließlich von seinem Willen ab. Allerdings ist noch der Pflichtteil zu berücksichtigen.[272] Jenseits des „normalen“ Erbrechts ergeben sich im Falle der nichtehelichen Lebensgemeinschaften in der Weise Probleme, dass beim Fehlen eines Testamentes der regelmäßige Wille des Erblassers, seinen Lebenspartner zu berücksichtigen, keinen rechtlichen Schutz genießt. Ein Unterschied zwischen dem deutschem und dem polnischem Recht besteht indes darin, dass nur im polnischen Recht eine zweifelsfreie Berechtigung für den überbleibenden Lebenspartner besteht im Hause des Erblassers zu wohnen und seine Haushaltsgeräte weiter nutzen zu dürfen. Im Unterschied zum polnischen Recht kann man im deutschen Recht kraft Gesetzes, entsprechend der testamentarischen Verfügung des Erblassers, sowie nach einem Erbvertrag mortis causa erben.

Im sechsten Kapitel sind die weiteren bis dahin nicht abgehandelten Rechtsverhältnisse der nichtehelichen Lebensgemeinschaftsverhältnisse in anderen Gebieten des deutschen und polnischen Rechts thematisiert. Wenn die Partnerschaft tatsächlich eine gesetzlich gleichartige Institution ist zur Ehe, besitzen die Lebenspartner erhebliche Rechte, die eine nachhaltige Bedeutung besitzen, wobei sich dies besonders im polnischen Strafrecht gilt.[273] Im Einzelnen ist hierbei auf polnischer „Rechtsseite“ auf das Zeugnisverweigerungsrecht zu verweisen, das den beiden Personen, die durch die nichteheliche Lebensgemeinschaft verbunden sind, zugestanden wird. Desgleichen besteht ein Recht des anderen Lebenspartners, einen Verteidiger für einen vorläufig Verhafteten zu wählen; überdies ist das Recht zu erwähnen, sich für seinen Lebenspartner an den Staatspräsidenten der Republik Polen zu wenden, um das Gnadenrecht in Anspruch zu nehmen. Im Unterschied zu den polnischen Rechtsverhältnissen sieht die deutsche Strafprozessordnung etwa kein Zeugnisverweigerungsrecht für nichteheliche Lebensgemeinschaften vor. Immerhin sind aber – genauso wie im polnischen Recht – Diskussionen darüber entstanden, ob dieser Zustand abzuändern ist. Ein weiterer Unterschied zwischen polnischem und deutschem Recht besteht darin, dass in Polen Verlobte Partner kein Zeugnisverweigerungsrecht in Bezug auf die Straftaten des je anderen besitzen. Im polnischen Rechtssystem haben auch Partner gleichgeschlechtlicher Lebensgemeinschaften einander gegenüber kein Zeugnisverweigerungsrecht, da derartige „Partnerschaften“ im polnischen

[272] Boris Burbach-Schmidt, Die nichteheliche Lebensgemeinschaft und ihre erbrechtlichen Verfügungsmöglichkeiten.

[273] Józef Gajek, O pojęciu „faktycznego wspólnego pożycia” w prawie karnym (Der Begriff „faktisches Zusammenleben” im Strafrecht), S.46ff.

Recht nicht vorgesehen sind. Offiziell gibt es sie schon gar nicht, obschon sie faktisch selbstredend existieren und „Betroffene“ gerade in jüngster Zeit nicht selten auf die Straße ziehen, um für eine sie begünstigende Gesetzesänderung zu demonstrieren. In Ermangelung dementsprechender Gesetze soll hier nicht weiter darauf eingegangen werden.

Eine polnische Besonderheit besteht darin, dass das Arbeits- und Sozialversicherungsrecht für verschiedengeschlechtliche Lebensgemeinschaften – im Vergleich zu den geschlossenen Ehen – sehr starke Einschränkungen aufweist.[274] Im Prinzip steht den Lebenspartnern nur ein einziges Recht zu: Im Falle des Todes eines der Lebenspartner hat der überlebende Partner das Recht auf Rückerstattung der Bestattungskosten und allen damit zusammenhängenden Auslagen durch die Sozialkassen. Auch Vorschriften zur gesetzlichen Krankenversicherung berücksichtigen – im Gegensatz zu ehelichen Gemeinschaften – die nichtehelichen Lebensgemeinschaften nicht. Ein in Deutschland oder Polen gesetzlich Versicherter kann z. B. seine gesamte Familie gesetzlich mitversichern (die sog. Familienversicherung). Dieses gilt für Lebensgemeinschaften weder in Polen noch in Deutschland. In anderen Rechtsbereichen, etwa denen des deutschen Sozialrechts, ist die nichteheliche Lebensgemeinschaft der Ehe weitestgehend gleichgestellt. Personen, die in einer nichtehelichen Lebensgemeinschaften leben, dürfen hinsichtlich der Sozialhilfe nicht schlechter gestellt werden als dies bei Ehegatten der Fall wäre. Dies bedeutet, dass ein Mann und eine Frau, die in eheähnlicher Gemeinschaft leben, von den Sozialämtern bei der Berechnung der Hilfen zum Lebensunterhalt so gestellt werden müssen, als wären sie verheiratet.[275] Diese Vorschrift stand schon im (außer Kraft getretenen) Bundessozialhilfegesetz und ist wörtlich in die Nachfolgeregelungen des SGB XII übernommen worden. Als Konsequenz ergibt sich, dass alle Mitglieder des Haushalts, also die beiden Partner und gegebenenfalls ihre Kinder, wie eine ehegleiche Familie angesehen werden. Infolgedessen wird eine gemeinsame Bedarfsberechnung durchgeführt und das Einkommen der Partner addiert.[276]

Über diese Feststellungen hinaus ist auf weitere Problemfelder innerhalb des Sozialrechts hinzuweisen. So besteht in der Praxis häufig Streit darüber, ob im gegebenen Falle überhaupt eine eheähnliche Gemeinschaft vorliegt oder auch nicht. Bereits durch das gemeinsame Zusammenleben mehrerer Personen – un-

---

[274] Joanna Podgórska, Związki pozamałżeńskie (Die Ehe ohne Trauschein), Polityka von 03.07.2004.

[275] Birgit Oppermann, Das Zusammenleben mit einem neuen Partner im Unterhalts- und Sozialrecht.

[276] Eva Schumann, Die nichteheliche Familie: Reformvorschläge für das Familienrecht mit einer Darstellung der geschichtlichen Entwicklung und unter Berücksichtigung des Völker- und Verfassungsrechts, 326f.

abhängig davon, ob eine nichteheliche Lebensgemeinschaft vorliegt –, entsteht eine Wohngemeinschaft oder Bedarfsgemeinschaft, deren Gesamteinkommen für die Berechnung von Sozialhilfe oder Arbeitslosengeld II im Einzelfall maßgeblich sein kann.

In steuerrechtlichen Fragen trägt der polnische Gesetzgeber den tatsächlichen Verhältnissen in der Weise besser als der deutsche Gesetzgeber es macht Rechnung, als der Lebenspartner praktisch zum Familienmitglied des Steuerzahlers erhoben wird.[277] Bei einem Steuerverfahren hat er das Recht, den die Sache bearbeitenden Beamten aus dem Verfahren, z.B. wegen Voreingenommenheit, ausschließen zu lassen. Auch in diesem Rechtszweig hat der Gesetzgeber an die zwingenden Vorteile der Staatsgemeinschaft gedacht. Gemäß den steuerrechtlichen Vorschriften in Polen kann der Lebenspartner wegen Nichterfüllung oder nur mangelhafter Erfüllung steuerlicher Pflichten als dritte Person bei einer wirtschaftlichen Tätigkeit des Steuerzahlers zur Mitverantwortung gezogen werden, und zwar dann, wenn sein Partner (ein Familienmitglied) ständig gemeinsam mit dem Steuerzahler diese Tätigkeit ausgeführt hat und Vorteile daraus schöpfte. Im deutschen Steuerrecht hingegen werden die Partner einer nichtehelichen Lebensgemeinschaft wie Ledige behandelt. Der Gesetzesvorentwurf über die Erbschafts- und Schenkungssteuer trägt der Situation der nichtehelichen Lebensgemeinschaften in der Weise Rechnung, dass er für Personen, die seit zehn Jahren in einem gemeinsamem Haushalt wohnen, einen niedrigeren Steuersatz festsetzt als sonst für Nichtverwandte, die im gleichen Haushalt wohnen.

Im Bereich der Einkommens- und Vermögenssteuer haben die Bundesländer keinen Spielraum bei der Festsetzung des Steuersatzes der nichtehelichen Lebensgemeinschaft, wie die neueste Rechtsprechung des Bundesgerichts zu Artikel 11 I des Bundesgesetzes über die Harmonisierung der direkten Steuern der Länder und Gemeinden bestätigt.

Zum Abschluss dieses thematischen Aufrisses ist noch ein kurzer Überblick über die Verankerung der eingetragenen Lebenspartnerschaften im europäischen Raume vorzunehmen. Als erstes hat Dänemark sie 1989 eingeführt, 1993 sind die Länder Norwegen, Schweden, Island, die Niederlande und Frankreich gefolgt. Acht Jahre später, nämlich am 01. August 2001, ist Deutschland diesem Beispiel gefolgt. Seitdem gilt das Gesetz zur Beendigung der Diskriminierung gleichgeschlechtlicher Lebenspartner. Dieses Gesetz ist durch eine Novelle zum 15. Dezember 2004 überarbeitet und erweitert worden, so dass die eingetragene Lebenspartnerschaft seit dem 01.01.2005 in vielerlei Hinsicht (jedoch nicht in

---

[277] Bogumił Brzeziński, Jerzy Jezierski, Konkubinat a polskie prawo podatkowe (Die nichteheliche Lebensgemeinschaft im polnischen Steuerrecht), NP 1990, S.4-6.

steuerlicher), der standesamtlich geschlossenen Ehe gleichgestellt ist.[278] Im deutschen Recht sind die eingetragene Lebenspartnerschaft und die nichteheliche Lebensgemeinschaften durch unterschiedliche Gesetze geregelt.

Ganz anders sehen die Verhältnisse in Polen aus. Hier ist die eingetragene Lebenspartnerschaft bei gleichgeschlechtlichen Partnerschaften im Gesetz nicht einmal angedacht. Wie weit der Weg zu dieser rechtlichen Lösung ist, lässt sich zur Zeit (noch) nicht absehen. Immerhin bestehen von liberaler Seite aus Bestrebungen, eine Rechtsangleichung an den westlichen Nachbarn vorzunehmen. Da dieser Weg aber bei weitem nicht vollendet ist, bleibt die nichteheliche Lebensgemeinschaft gerade in Polen der Normalfall des Zusammenlebens außerhalb der Ehe, die eingetragene Lebenspartnerschaft ein Fremdkörper im systematischen Denken. Infolgedessen scheint es, um Rechtssicherheit zu gewinnen, möglicherweise sinnvoller, wenn zuerst einmal die rechtliche Präzisierung der nichtehelichen Lebensgemeinschaft vorangetrieben würde, wenngleich diese Sichtweise auch nicht verkennen darf, dass es sich bei den unterschiedlichen Regelungsinhalten um zwei auch isoliert zu behandelnde und rechtlich zu statuierende Bereiche handelt, die ohnehin eigener rechtlicher Festlegungen bedürfen. Somit brächte es für die Regelung und Auslegung der Regelungen der nichtehelichen Lebensgemeinschaften zunächst nicht viel Gewinn ein, wenn die eingetragene Lebenspartnerschaft regelnd anerkannt würde. Vielmehr sind beide Themen isoliert und voneinander gelöst, aber nicht ohne inhaltliche Bezugnahme im Vorfeld einer Regelung, zu betrachten.

Den Abschluss der Arbeit soll sodann eine Zusammenfassung der wesentlichen Erkenntnisse der Untersuchung darstellen.

---

[278] Herbert Grziwotz, Partnerschaftsvertrag für die nichteheliche und nicht eingetragene Lebensgemeinschaft; Manfred Bruns, LPartG: Gesetz zur Beendigung der Diskriminierung gleichgeschlechtlicher Gemeinschaften: Lebenspartnerschaften; Handkommentar.

Kapitel 2 – Die allgemeinen Rechtsbeziehungen der Partner

I. Rechtsbeziehungen der Partner untereinander im deutschen Recht

1. Probleme des Zusammenlebens in einer Wohnung

Die Wohnung, bzw. das Eigentum bildet regelmäßig den Mittelpunkt, die Basis der nichtehelichen Lebensgemeinschaft.[279] In Zusammenhang mit der Wohnung entstehen neben dem Umgangsrecht mit den gemeinsamen Kindern im Falle einer Trennung die meisten Streitigkeiten. Oft entpuppt sich ein harmloser Mietrechtstreit als heimliche „Scheidung" zwischen zwei Partnern einer nichtehelichen Lebensgemeinschaft.[280]

Der Mietvertrag kann von einem Partner allein abgeschlossen werden, der dann den anderen Partner als Untermieter oder zunächst sogar nur als Gast aufnimmt. Oft ist es so, dass ein Partner in die Wohnung des anders Partners einzieht. Es empfiehlt sich dann, dass der Mietvertrag nicht abgeändert wird, sondern dieser Partner alleiniger Mieter bleibt und den anderen als Untermieter aufnimmt. Dies erspart lästige Verhandlungen mit dem Vermieter.[281] Anderseits hat der aufgenommene Partner stets ein von seinem Partner abhängiges Untermietverhältnis. Allein mit der Aufnahme eines Partners in die Wohnung des anderen Partners wird noch kein Untermietverhältnis begründet.[282] Es fehlt insoweit an dem auch konkludenten Willen zum gegenseitigen Abschluss eines Untermietvertrages. Zunächst wird regelmäßig von der Aufnahme als Gast auszugehen sein, sofern nicht ausdrücklich ein Untermietverhältnis vereinbart wird oder es durch weiter hinzukommende Umstände zu einem konkludenten Vertragsschluss kommt.

---

[279] BGH, NJW 1978, 1810= FamRZ 1978, 671; NJW 1981, 449/ 450= FamRZ 1981, 127/ 128; BGB- RGRK/Roth-Stielow, § 1353 Rn. 28. u. Brambring/Jerschke-Grziwotz, Beck`sches Notarhandbuch, BI Rn. 17; a. A. noch RGZ 53, 337/ 340.

[280] Gerd Brudermüller, Wohnungszuweisung bei Beendigung einer nichtehelichen Lebensgemeinschaft?, FamRZ 1994, S.207ff.

[281] Bub/Treier, Rn. III A 1120; Fischer-Dieskau/ Pergande/ Geldmacher, § 541a BGB, MünchKomm/ Voelskow, § 541b BGB Rn. 17; Schmidt-Futterer/ Eisenschmid, § 554 BGB Rn. 295; Sternel, Rn. II 303.

[282] Plate FuR 1995, 212, 218.

Nach h. M. handelt es sich bei der Aufnahme des Lebensgefährten in den Mietvertrag um eine selbständige Gebrauchsüberlassung nach § 549 II BGB. Die Aufnahme des Lebenspartners als Untermieter ist dem Vermieter anzuzeigen.[283] Im Übrigen müssen detailliert die Voraussetzungen des § 549 II BGB vorliegen, wofür der Mieter die Beweislast trägt.[284] Der Mieter muss daher über den bloßen Wunsch hinaus vernünftige Gründe darlegen und unter Beweis stellen, weshalb der Untermieter aufgenommen werden soll.

Die Aufnahme des Lebenspartners kann keine Mieterhöhung begründen.[285] Allenfalls kann der Vermieter die Nebenkosten anheben, allerdings auch nur dann, wenn und soweit der Verteilungsschlüssel an den Verbrauch durch die in einer Wohnung wohnende Personen anknüpft.

Beachtet werden muss bei der selbstständigen Gebrauchsüberlassung, dass der andere Partner nur Untermieter ist und damit keinen Einfluss auf das Hauptmietverhältnis nehmen kann. Im Verhältnis zum Vermieter haftet vertraglich grundsätzlich nur der Partner, mit dem der Hauptmietvertrag abgeschlossen wurde. Der Hauptmieter hat alle Rechte und Pflichten unmittelbar gegenüber dem Vermieter. Der Untermieter dagegen leitet seine Rechtsposition ausschließlich vom Hauptmieter ab.

Zwar räumt der Hauptmieter dem Untermieter Mitbesitz ein. Der Hauptmieter wird jedoch als Lebenspartner die Wohnung selbst (mit-) bewohnen. Der Untermieter wird dann als Bewohner einer Wohnung, die sein Lebenspartner als Vermieter zum Teil selbst bewohnt, nur den stark reduzierten Schutz des sozialen Mietrechts genießen.[286]

Der Vorteil einer selbständigen Gebrauchsüberlassung gegenüber der Mitmiete liegt in der geringen Haftung des Untermieters, der nur für seinen, den untervermieteten Teil, einzustehen hat, während er als Mitmieter nach den §§ 420 ff BGB gesamtschuldnerisch verantwortlich wäre. Des Weiteren sind die Rechtspositionen bezüglich der gemeinsamen Wohnung klar, so dass im Fall einer Trennung die gemeinsame Wohnung nicht Objekt einer streitigen Auseinandersetzung werden kann, sondern der Untermieter diese nach Kündigung durch den Hauptmieter verlassen muss.[287]

---

[283] Harald Kinne, Mietrecht in der nichtehelichen Lebensgemeinschaft, FPR 2001, S.36ff.

[284] OLG Hamm, NJW 1992, 513; LG Kassel NJW- RR 1987, 1495; LG Bonn NJW 1976, 1690; a. A. Palandt/Putzo § 549 Rn 4: unselbständiger Mietgebrauch.

[285] AG Trier Fam RZ 1993, 547.

[286] Vgl. § 564 I BGB, keine Schriftform der Kündigung; § 564 b VII Nr. 2 BGB, kein berechtigtes Interesse an der Wohnraumkündigung erforderlich; § 565 III BGB, verkürzte Kündigungsfrist; § 556 VIII BGB, Sozialklausel ist grundsätzlich nicht anwendbar.

[287] MünchKomm/Wacke, Anh. zu § 1302 BGB Rn. 35; de Witt/Huffmann, Rn. 121, 123; vgl. dazu Sternel, Rn. 5-84.

Beide Partner können auch einen gemeinschaftlichen Mietvertrag abschließen. Beide Partner werden dabei Mieter, und zwar mit sämtlichen Rechten und Pflichten.[288] Der Vorteil liegt darin, dass die Verantwortung auf beide Partner verteilt wird und der eine Partner nicht das Gefühl haben muss, den anderen zu alimentieren bzw. umgekehrt auf Kosten und Verantwortung des anderen zu leben. Weiter haben beide Partner grundsätzlich eine gleichberechtigte Rechtsposition bezüglich der Wohnung. Vorteilhaft kann auch sein, dass der Vermieter beiden Partnern gegenüber kündigen muss. Schließlich mahnt die gemeinsam angemietete Wohnung im Falle kleinerer Auseinandersetzungen zur Besinnung. Ein gemeinsamer Mietvertrag hat aber auch Nachteile. Der Nachteil liegt darin, dass der Vermieter den Mietvertrag nicht mit beiden Partnern separat abschließt, sondern mit der nichtehelichen Lebensgemeinschaft, die aus beiden Partnern besteht.[289] Ein Partner kann nicht allein die Wohnung gegenüber dem Vermieter kündigen.[290] Es können vielmehr nur beide Partner gemeinsam die Kündigung wirksam erklären.[291] Ein weiterer Nachteil besteht darin, dass beide Partner im Verhältnis zum Vermieter stets auf alles, d. h. nach §§ 420 ff BGB gesamtschuldnerisch haften. Insbesondere bezüglich der Miete haftet ein Partner gegenüber dem Vermieter nicht nur für die hälftige, sondern für die ganze Miete. Bezahlt also der andere Partner seinen Anteil an der Miete nicht, so kann sich der Vermieter auch an den halten, der seinen Anteil an der Miete bereits bezahlt hat § 421 BGB. Dieser wiederum kann aber im Innenverhältnis der Gesamtschuld bei seinem Partner den hälftigen Anteil wieder zurückfordern (§ 426 BGB).

Bei der Vertragsgestaltung muss zwischen dem Mietvertrag, der mit dem Vermieter geschlossen wird und der Vereinbarung zwischen den Partnern untereinander unterschieden werden. Die von den Partnern zunächst zu unterscheidende Frage ist, wer Mietvertragspartei werden soll. Haben sich die Partner für einen gemeinsamen Mietvertrag entschieden, sind verschiedene Vereinbarungen mit dem Vermieter zu treffen, z. B. Kündigung der Mietvertrages, ob mit dem Vermieter der eine (bleibende) Partner im Fall der Trennung berechtigt sein soll das Mietverhältnis allein zu übernehmen und fortzusetzen und der andere aus der Haftung für künftige Mietschulden entlassen wird, auch Vereinbarungen im Falle eines Scheiterns der nichtehelichen Lebensgemeinschaft, ob der bleibende

[288] AG Osnabrück v. 11.10.1996- 44C 345/ 96, NJW- RR 1997, 774= NJWE- Miet R1997, 175 (LS).

[289] Peter Finger, Wohngemeinschaft, Partnerschaft, Lebensgemeinschaft – Alternative Formen des Zusammenlebens, JZ 1981, S.497ff.

[290] Sternel, Mietrecht, S.407.

[291] LG Hamburg, WuM 1993, 343,LG Karlsruhe FamRZ 1995, S.94.

Partner berechtigt ist einen neuen Partner aufzunehmen.[292] Die Partner sollen untereinander das Zusammenleben in der gemeinsam bewohnten Wohnung in jedem Fall regeln und entsprechend ihren Bedürfnissen gestalten, z. B. ob sie nur ein Untermietverhältnis begründen, Aufteilung der Mietkosten, sonstige Kosten, wie z. B. für Schönheitsreparaturen, Mietkaution etc.

Eine vertragliche Regelung des Zusammenlebens empfiehlt sich auch, wenn die Partner in einem eigenem Haus oder einer Eigentumswohnung wohnen. Es sollte auch für den Fall des Todes eines der Partner eine vertragliche Regelung getroffen werden.[293]

2. Das gemeinsame Leben der Partner

Solange die zusammenlebenden Partner sich gut verstehen, können sie alle Fragen einvernehmlich miteinander regeln. Sie werden sich darüber verständigen, wer die Miete bezahlt, wer einer Erwerbstätigkeit nachgeht, wer den Haushalt versorgt, wer welche Beträge zum Haushaltsgeld zuschießt und wie man die Freizeit gestaltet. Die Partner leben miteinander wie ein Ehepaar, vielleicht sogar besser. Keiner hat irgendwelche Verpflichtungen und von Notfällen abgesehen, braucht keiner den anderen zu betreuen oder zu versorgen.[294] Es gibt keine gegenseitige Unterhaltspflicht und auch keine gegenseitige Treueverpflichtung. Die Partner können ihr Leben gestalten, wie sie wollen. Trotzdem sind auch hier zahlreiche Einzelprobleme zu berücksichtigen, wie z. B. Eigentumsverhältnisse, Schlüsselgewalt, Haftung für Schulden und Schäden, Versicherungsschutz etc.

2.1. Eigentumsverhältnisse

Die Eigentumsverhältnisse am Haushalt und an sonstigen Vermögensgegenständen sollten gerade bei der nichtehelichen Lebensgemeinschaft im Hinblick auf die mögliche spätere Trennung eindeutig geklärt sein.[295] Jeder Partner bleibt Alleineigentümer der von ihm in die nichteheliche Lebensgemeinschaft eingebrachten Sachen. Wobei während des Zusammenlebens an erworbenen Sachen Miteigentum besteht, es sei denn, ein Partner erwirbt den Gegenstand von eigenem Geld oder zu seinem persönlichen Gebrauch. Es empfiehlt sich, hinsichtlich

---

[292] Harald Kinne, Mietrecht in der nichtehelichen Lebensgemeinschaft, FPR 2001, S.36ff.
[293] M. Löhnig, FamRZ 2001, S.891.
[294] Herbert Grziwotz , Nichteheliche Lebensgemeinschaft, S.185.
[295] Thomas Rauscher, Familienrecht, S.486.

des beiderseitigen Vermögens die sachenrechtliche Zuordnung eindeutig zu regeln.[296]

Jeder der beiden Partner kann auch diejenigen Gegenstände mitnehmen, die ihm von Eltern, Verwandten oder Freunden geschenkt wurden. Sie sind Eigentum des Beschenkten.[297] Das ist selbst dann so üblich, wenn der Schenker bei der Übergabe erklärt haben sollte, dass das Geschenk für die gemeinsame Wohnungseinrichtung bestimmt ist.

Schwierig wird es aber mit den Dingen, die während des Bestehens der nichtehelichen Lebensgemeinschaft angeschafft worden sind. Wem gehören diese Gegenstände?[298] Es ist natürlich denkbar, dass ein Partner erklärt, er kaufe sich jetzt einen Fernsehapparat oder ein Auto; er würde diese Gegenstände mit seinem Geld bezahlen und sie bleiben sein Eigentum, falls die Gemeinschaft einmal in die Brüche gehen sollte. In diesem Fall wäre es empfehlenswert, dies schriftlich niederzulegen und zweckmäßigerweise ein Schild an den Fernseher und die anderen Gegenstände zu kleben, ähnlich wie es der Gerichtsvollzieher mit dem Kuckuck macht. Wer aber handelt so? So lange die Partner in Harmonie zusammenleben, denkt keiner an den Fall des Auseinandergehens. Wenn es aber zur Trennung kommt, gibt es den großen Streit.[299]

Deshalb ist es ratsam, rechtzeitig eine Vereinbarung zu treffen, in der die Eigentumsverhältnisse für jedes Stück niederlegt werden. Wenn keine Vereinbarung getroffen wurde, ist die Lösung dieses Problems sehr schwierig. Für Ehegatten gibt es eine Hausratsteilungsverordnung und Ausgleich des Zugewinns. Diese Vorschriften gelten aber nicht für Partner einer nichtehelichen Lebensgemeinschaft.[300] Deshalb ist eine schriftliche Vereinbarung nötig. Ist keine Vereinbarung getroffen, entsteht an gemeinsam angeschafften Haushaltsgegenständen Miteigentum (Bruchteilseigentum). Dieses Miteigentum gerichtlich auseinanderzusetzen ist schwierig, denn Haushaltsgegenstände gehören in der Regel beiden Parteien.[301]

Um im Fall der Auflösung einer nichtehelichen Lebensgemeinschaft Streit um das Eigentumsrecht an Sachen zu vermeiden, empfiehlt es sich, schriftlich festzustellen, wer von den Partnern welche Gegenstände in die nichteheliche

---

[296] De Witt/Huffmann, Die nichteheliche Lebensgemeinschaft, Rn. 335.

[297] Gerd Weinreich, Vermögensrecht in der nichtehelichen Lebensgemeinschaft, FPR 2001, S.29ff.

[298] Staudinger-Strätz, Anh. zu § 1297 BGB Rn.47.

[299] Gerd Weinreich, Die vermögensrechtliche Auseinandersetzung der nichtehelichen Lebensgemeinschaft, FuR 1999, S.356ff.

[300] Insbes. § 8 II HausratsVO.

[301] Dieter Schwab, Familienrecht, Rn. 848.

Lebensgemeinschaft eingebracht hat und wer Eigentümer der während des Zusammenlebens erworben Gegenstände ist.

2.2. Zwangsvollstreckung in das bewegliche Vermögen

Für Ehegatten gibt es eine Vorschrift, die dem Gläubiger die Zwangsvollstreckung des Hausrats erleichtern soll. Das ist der § 739 ZPO in Verbindung mit der Vorschrift des § 1362 BGB:[302] Zugunsten der Gläubiger des Mannes und der Gläubiger der Frau wird vermutet, dass die in Besitz eines Ehegatten oder beider Ehegatten befindlichen beweglichen Sachen dem Schuldner gehören. Wenn also der Gerichtsvollzieher kommt, weil z.B. der Mann als Schuldner die Raten an die Bank nicht bezahlt hat, kann er z. B. den Fernsehapparat pfänden, gleichgültig wem dieser Gegenstand gehört. Die Frau könnte allerdings einen Sicherungsübereignungsvertrag vorlegen oder sich darauf berufen, dass man in der Gütertrennung lebe und dass ihr diese Gegenstände als Alleineigentum übertragen seien. Das muss die Frau allerdings nachweisen – und dieser Nachweis ist außerordentlich schwierig.

Die Streitfrage ist, ob die Vorschriften des § 1362 BGB in Verbindung mit § 739 ZPO auch bei nichtehelicher Lebensgemeinschaft anzuwenden sind. Das Landgericht Frankfurt hat entschieden: Die Eigentumsvermutung des § 739 ZPO ist auf eheähnliche Verhältnisse nicht anwendbar, so dass die Pfändung von Gegenständen, die in Mitgewahrsam eines Mitbewohners stehen, ohne dessen Zustimmung nicht zulässig ist.[303] Ein Beispiel dafür wäre, wenn die Partner seit 16 Jahren in einer nichtehelichen Lebensgemeinschaft zusammengelebt haben. Er hatte erhebliche Schulden, unter anderem auch beim Finanzamt. Deshalb pfändete ein Vollziehungsbeamter des Finanzamtes in der gemeinsamen Wohnung des Paares wegen seiner Schulden ein Fernsehgerät und einen Videorecorder. Der Versteigerungserlös betrug nach Abzug der Vollstreckungskosten 1543,28 DM. Die Frau verlangte nach Durchführung der Versteigerung vom Land Nordrhein- Westfalen, welches für das Finanzamt zuständig ist, Schadensersatz, hilfsweise Auszahlung des Versteigerungserlöses mit der Begründung, sie sei Eigentümerin der versteigerten Gegenstände gewesen. Sie habe allein und aus eigenen Mitteln das Fernsehgerät und den Videorecorder angeschafft.

Das Landgericht und später das Oberlandesgericht Hamm [304] haben das beklagte Land verurteilt, an die Klägerin die geforderten 1543,28 DM zu zahlen.

---

302 MünchKomm/Wacke, Nach § 1302 BGB Rn. 22.

303 Diederichsen FamRZ 1988, 889, 891; Thran NJW 1995, 1458, MünchKomm/Wacke, § 1362 Rn. 10; wohl auch Plate FuR 1995, 273,274; a.A. OLG Köln FamRZ 1990, 623; Hoffmann ZRP 1990, 409; Staudinger/Strätz, Anh. 660 zu §§ 1297 ff.

304 NJW 1989, 909 f. = FamRZ 1989, 626 f.

Die Entscheidung wurde folgendermaßen begründet: Die Beweisaufnahme habe ergeben, dass die Klägerin Alleineigentümerin des Fernsehgerätes und des Videorecorders gewesen sei. Es stehe fest, dass sie die Sachen allein und mit eigenen Mitteln angeschafft habe. Der Partner habe daran kein Miteigentum erlangt, obwohl das Paar schon zum Zeitpunkt des Erwerbs der Gegenstände seit vielen Jahren in einer gemeinsamen Wohnung in eheähnlicher Lebensgemeinschaft zusammengelebt habe. Ein gemeinsamer Erwerb komme nur im Betracht, wenn die Partner über die Lebensgemeinschaft hinaus die Absicht verfolgt hätten, gemeinschaftlich Vermögenswerte zu schaffen. Das sei aber hier nicht der Fall gewesen.

Das Oberlandesgericht Hamm lehnt ausdrücklich die entgegenstehende Meinung ab, die das Landgericht Aachen [305] in der Entscheidung vertreten hat, dass an Haushaltsgegenständen gemeinschaftliches Eigentum entstehe. Es ist vielmehr der Ansicht, dass der Partner der nichtehelichen Lebensgemeinschaft, die Haushaltsgegenstände aus eigenen Mitteln anschafft, in der Regel auch deren Alleineigentümer wird.

2.3. Schlüsselgewalt

Der Begriff „Schlüsselgewalt“ ist etwas aus der Mode gekommen. Historisch geht der Begriff bis in die Antike zurück. Im Mittelalter trugen verheiratete Frauen ein Schlüsselbund als sichtbares Zeichen ihres Rechtes. Es war besonders für Ehefrauen bedeutungsvoll, da sie außerhalb der Schlüsselgewalt für verpflichtende Rechtsgeschäfte unter der Vormundschaft ihres Ehemannes standen.. Heute ist der Begriff eher auf die gemeinsame Führung des Haushalt ausgelegt und auf Bedarfsgeschäfte des täglichen Lebens ausgelegt, für die sich beide Partner gegenseitig verpflichten können. Zu dieser Haushaltsführung gehört im Mindesten etwa der Einkauf von Lebensmitteln und etwa auch der Kleidung für die gemeinsamen Kinder. Bei der Kleidung für die Frau wird es da schon schwieriger. Ist das noch ein Geschäft des täglichen Lebens wie der Einkauf von Lebensmitteln? Die Grenzen sind verschwommen. Sie hängen von den wirtschaftlichen und sozialen Verhältnissen des jeweiligen Ehepaares ab.

Die Frau des Generaldirektors kann im Rahmen der Schlüsselgewalt größere Einkäufe tätigen als die Frau eines schlichten Fabrikarbeiters. Die Frau des Arbeiters wird im Rahmen der Schlüsselgewalt ein Kleid kaufen können, aber kein Abendkleid eines französischen Modeschöpfers. Das Besondere an diesem Geschäft ist, dass die Frau es tätigt, aber vom Mann bezahlt werden muss. Nur

---

[305] JurBüro 1983, 1902 f.

wenn der Mann zahlungsunfähig ist, wird auch die Frau verpflichtet, bei der jedoch meist nichts zu holen ist.

Nach der 1. Eherechtsreform sieht das BGB in § 1357 I BGB (früher Schlüsselgewalt) für beide Ehegatten vor, dass jeder Ehegatte berechtigt ist,[306] Geschäfte zur angemessenen Deckung des Lebensbedarfs der Familie mit Wirkung auch für den anderen Ehegatten zu besorgen. In der Regel werden durch solche Geschäfte nach § 1357 I S. 2 BGB dann beide Ehegatten berechtigt und verpflichtet. Diese gesetzliche Regelung ist auf die nichteheliche Lebensgemeinschaft nicht entsprechend anwendbar.[307] Es handelt sich nämlich um eine spezielle Norm des Eherechts, die zu einer generellen Haftungsgemeinschaft der Ehegatten, die eine Rechtsgemeinschaft bilden, führt. Die Partner der nichtehelichen Lebensgemeinschaft bilden aber keine (Rechts-) Gemeinschaft, so dass der Anknüpfungspunkt für eine entsprechende Anwendung des § 1357 BGB entfällt.

3. Haftung der Partner

Das Zusammenleben der Partner in der nichtehelichen Lebensgemeinschaft führt, da die nichteheliche Lebensgemeinschaft Haushalts-, Wirtschafts- und Vermögensgemeinschaft ist, im täglichen Leben zu zahlreichen vermögensrechtlichen Problemen. Viele der auftauchenden Fragen ergeben sich auch bei Ehegatten. Jedoch sind manche Sachverhalte gesetzlich geregelt, während für die Partner der nichtehelichen Lebensgemeinschaft Lösungen nach den allgemeinen Regeln des Schuld- und Sachenrechts gefunden werden müssen.

Die Frage der Haftung der Partner ist zwar von erheblichem Gewicht, es darf aber nicht übersehen werden, dass die aus den (schuldrechtlichen) Beziehungen der Partner entstehenden Rechtsprobleme in der Regel während des Bestehens der nichtehelichen Lebensgemeinschaft ohne Relevanz sind. Sie erlangen erst Bedeutung mit Auflösung der nichtehelichen Lebensgemeinschaft und der sich daran anschließenden vermögensrechtlichen Auseinandersetzung. Andererseits darf man aber nicht verkennen, dass für Dritte die Frage, welcher Partner der nichtehelichen Lebensgemeinschaft haftet, bei Vermögenslosigkeit des einen Partners von entscheidender Bedeutung sein kann.

Allgemein ist festzustellen, dass sich grundsätzlich der Partner nur selbst rechtsgeschäftlich verpflichten kann und demgemäß in der Regel auch nur für von ihm selbst eingegangene Verpflichtungen haftet. Handelt der eine Partner

---

[306] Dieter Schwab, Familienrecht; siehe auch im thematischen Rahmen: Dieter Schwab, Die eingetragene Lebenspartnerschaft. Text, amtliche Materialien, Abhandlungen, S. 409.

[307] MünchKomm/Wacke, Nach § 1302 Rn. 23; Staudinger/Strätz, Anh. 65 zu §§ 1297 ff.; Soergel/Lange Nehel LG Rn. 20.

für den anderen oder für sich und den anderen, kommt eine Haftung des anderen nur in Betracht, wenn ein Zurechnungstatbestand vorliegt. Dabei kann es sich um ausdrücklich oder stillschweigend eingeräumte gesetzliche oder vertragliche Vertretungsmacht handeln.[308]

Sind die Partner eine Verpflichtung gemeinsam eingegangen, haften im Zweifel gem. § 427 BGB beide als Gesamtschuldner, und sind auch beide als Gesamtgläubiger berechtigt. Hat ein Partner den anderen als Erfüllungsgehilfe hinzugezogen, haftet er gem. § 278 BGB für dessen Verschulden nach den allgemeinen Regeln. Ist der andere Partner – ausnahmsweise – weisungsgebunden, kommt eine Haftung für den Verrichtungsgehilfen nach § 831 BGB in Betracht.

3.1. Haftung der Partner gegenüber Dritten

Grundsätzlich gelten für die Partner einer nichtehelichen Lebensgemeinschaft gegenüber Dritten die allgemeinen Regeln. Fügt also einer der Partner einem Dritten mit einer für den Partner ausgeübten Tätigkeit einen Schaden zu, haftet der handelnde Partner – bei Vorliegen der Voraussetzungen – selbst nach § 823 BGB. Jeder Partner haftet grundsätzlich auch nur für seine eigenen Schulden.

Ob außerdem auch der andere Partner haftet, hängt davon ab, ob diesem das Handeln zugerechnet werden kann. Insoweit gilt:

Bestehen zwischen Partnern vertragliche Beziehungen(z. B. Arbeitsvertrag zwischen den Partnern) sowie ebenfalls zwischen dem geschädigten Dritten und nicht handelnden Partner, haftet dieser ggf. für den handelnden Partner, wenn jener Erfüllungsgehilfe im Sinne des §831 BGB ist.

Bestehen keine vertraglichen Beziehungen, kann der nicht handelnde Partner ggf. haften, wenn der Handelnde Verrichtungsgehilfe im Sinne des § 831 BGB ist. Hier sind auf die nichteheliche Lebensgemeinschaft hinsichtlich der für die Anwendung des § 831 BGB erforderliche Weisungsgebundenheit dieselben Grundsätze anzuwenden wie bei der Beurteilung eines mitarbeitenden Ehegatten. Danach greift die Haftung des § 831 BGB nur ein, wenn eine schädigende Tätigkeit im Rahmen eines Über- und Unterordnungsverhältnisses erfolgt.[309]

Das wird man z.B. annehmen bei der Mitarbeit eines der Partner in der Arztpraxis des anderen, nicht hingehen, wenn bei einer gesellschaftlichen Veranstaltung innerhalb des Familien- und Bekanntenkreises der eine dem anderen

[308] Bernd Rüthers, Ehe und Familie im Wandel des Zeitgeistes: Die Gestaltungsfreiheit des Gesetzgebers hat verfassungsrechtliche Grenzen, in: Frankfurter Allgemeine Zeitung (FAZ) Nr. 115 (18.05.2000), S.15.

[309] Soergel/Lange, Nehel LG Rn. 21.

Handreichungen macht und es dabei zu einem (Grill-) Unfall kommt,[310] auch nicht, wenn die Partner innerhalb eines Geschäftsbetriebes aufgrund eines zwischen ihnen bestehenden Geschäftsvertrages zusammenarbeiten.

3.2. Haftung der Partner untereinander

Die Partner haften untereinander grundsätzlich nach den allgemeinen Regeln. Verletzt also der eine Partner den anderen, kommt eine Haftung nach § 823 BGB im Betracht.[311] Haben die Partner miteinander Verträge geschlossen, wird auch insoweit grundsätzlich das allgemeine (Vertrags-)Recht Anwendung finden. Bei den Partnern der nichtehelichen Lebensgemeinschaft kann jedoch ein reduzierter Haftungsmaßstab eingreifen und somit § 276 I BGB, wonach für Vorsatz und (leichte) Fahrlässigkeit gehaftet wird, unanwendbar sein. Aus den §§ 1664, 1359, 708 BGB lässt sich nämlich der allgemeine Rechtsgedanke ableiten, dass, wenn (Vertrags-) Partner in enger persönlicher Verbundenheit zueinander stehen, mit Nachlässigkeiten und Fehlern des anderen, den man sich selbst ausgesucht hat, zu rechnen ist.[312] In diesen Bereichen wird die Haftung daher auf den in § 277 BGB angeführten Maßstab Haftung nur für eigenübliche Sorgfalt und damit nur für großes Verschulden reduziert.

Da bei den Partnern einer nichtehelichen Lebensgemeinschaft ebenfalls solch eine enge persönliche Verbundenheit besteht, haften daher auch diese, soweit es um Angelegenheiten des Zusammenlebens und die Deliktshaftung geht, nur für eigenübliche Sorgfalt und damit gem. § 277 BGB nur für grobe Fahrlässigkeit.[313] Grobe Fahrlässigkeit ist dann anzunehmen, wenn einfachste, ganz nahe liegende Überlegungen nicht angestellt werden, die erforderliche Sorgfalt[314] also in einem besonders schweren Maß verletzt wird.

Obwohl von der h. M. eine Übertragung der Haftungsbeschränkung auf die nichteheliche Lebensgemeinschaft bejaht wird, sollte in einem Partnerschaftsvertrag zur Klarstellung ein reduzierter Haftungsmaßstab festgelegt werden. Das könnte etwa so formuliert werden: „Die Haftung für gegenseitige Schäden

---

[310] OLG Düsseldorf MDR 1990, 1117.

[311] OLG Koblenz NJW-RR 1995, 24 [Verletzung der Lebensgefährtin bei freundschaftlicher Rangelei].

[312] H. Grziwotz, § 10 Rn. 40; Strätz, FamRZ 1980, 301, 307,f.; MünchKomm/Wacke, Anh. zu § 1302 Rn. 25; Soergel/Lange, Nehel LG Rn. 28; Soergel/Hochloch, Nachtrag Nehel LG Rn. 43.

[313] OLG Oldenburg NJW 1986, 2259.

[314] MünchKomm/Wacke, Anh. zu § 1302 Rn. 25; MünchKomm/Wache, §1359 BGB Rn.17ff.; Staudinger/Strätz, Anh. zu §§ 1297ff. Rn. 69; de Witt/Huffmann, Rn. 146; Rogalski, AnwBl 1983, 358, 364.

erfolgt nur mit derjenigen Sorgfalt, die in eigenen Angelegenheiten angewendet wird (§ 277 BGB):“

Für Schäden an dem oder durch den gemeinsam benutzen Hausrat reduziert sich der Haftungsmaßstab darüber hinaus auch noch durch eine sachgerechte Anwendung der §§ 599, 680, 690, 277 BGB.[315] In diesen Fällen, in denen der eine (Vertrags-) Partner dem anderen seine Sachen uneigennützig zur Verfügung stellt oder in Obhut nimmt, verlangt das Gesetz nämlich ebenfalls nur die Sorgfalt, die er in eigenen Sachen anzuwenden pflegt.

Die Haftungserleichterung gilt jedoch- ebenso wie bei Ehegatten- grundsätzlich nicht im Straßenverkehr. In diesem Bereich darf sich niemand auf die eigenübliche Sorgfalt berufen.[316] Ob sich der somit für Schäden des anderen im Bereich des Straßenverkehrs haftende Partner der nichtehelichen Lebensgemeinschaft – im Gegensatz zum haftenden Ehegatten –aber darauf berufen kann, der andere Partner dürfte seinen Anspruch nicht geltend machen, wird in Rspr. und Lit. nicht einheitlich beantwortet. Verursacht aber ein Partner, der erst seit ca. drei Monaten im Besitz der Fahrerlaubnis ist, bei einer Gefälligkeitsfahrt für den anderen Partner einen Schaden an dem ihm von dem anderen überlassenen Kfz, soll stillschweigender Ausschluss der Haftung für leichte Fahrlässigkeit- auch für typische Anfängerfehler- in Betracht kommen, wenn die Fahrt allein dem besonderen Interesse des Kfz-Eigentümers diente.[317]

Der reduzierte Haftungsmaßstab greift auch nicht, wenn die Partner über das normale Zusammenleben hinaus in ein rechtliches Verhältnis zueinander eintreten, so z. B. bei einem Dienstvertrag. In diesem Bereich gilt der normale Haftungsmaßstab des § 276 BGB, nach dem in diesem Bereich auch Ehegatten haften.

Haben die Partner untereinander eine Abrede über den Gebrauch empfängnisverhütender Mittel getroffen, die von einem der Partner nicht eingehalten wird, begründet die „abredewidrige“ Geburt eines Kindes weder vertragliche noch deliktische Schadensersatzansprüche.[318]

---

[315] MünchKomm/Wacke, Anh. zu § 1302 BGB Rn. 25; Soergel/Lange, Nehel LG Rn. 28, Strätz, FamRZ 1980, 301, 307f.; Grziwotz, § 10 Rn. 40.

[316] BGHZ 63, 5 [für Ehegatten].

[317] OLG Celle FamRZ 1992, 941, 942; AG Köln NJW-RR 1993, 1183, 1184 erwähnt beiläufig diese Möglichkeit, in dem Fall ging es aber nur um eine gemeinsame Reise von zwei Personen.

[318] BGH NJW 1986, 2043.

3.3. Haftung für Steuerschulden des je anderen Partners

Grundsätzlich haftet für Steuerschulden der Steuerschuldner. Wer Steuerschuldner ist, bestimmen nach § 43 Abgabeordnung die Steuergesetze. Das ist z. B. für die Einkommensteuer nach § 1, 2 ff EStG derjenige, der der Einkommensteuer unterliegende Einkünfte hat. Die Haftung eines anderen und damit auch des Partners einer nichtehelichen Lebensgemeinschaft ist grundsätzlich ausgeschlossen.

Etwas anders gilt, wenn sich der eine Partner an einer Steuerhinterziehung oder Hehlerei des anderen Partners beteiligt hat. Dann haftet nach § 71 Abgabeordnung auch er für die verkürzte Steuer.

4. Schadensrecht und nichteheliche Lebensgemeinschaft

Das Bestehen einer nichtehelichen Lebensgemeinschaft kann im Schadensrecht in mehrfacher Hinsicht Auswirkungen auf Schadensersatzansprüche des nicht verletzten anderen Partners und der Kinder haben. Im Einzelnen gilt:

1) Wird das Rechtsgut eines Partners von einem Dritten verletzt, so kann dieser nach allgemeinen Grundsätzen Schadensersatz verlangen.[319] Im Vertragsrecht wird sich häufig die Frage stellen, ob ein Vertrag, den einer der Partner geschlossen hatte, auch Schutzwirkung für den anderen Partner entfaltet. Hier gelten die allgemeinen Regeln.
2) Im Deliktsrecht ist Voraussetzung für einen Schadensersatzanspruch die Verletzung eines eigenen Rechtsguts [320](Leben, Körper, Gesundheit, Freiheit, Eigentum, sonstiges Recht, vgl. § 823 I BGB). Hier ist insbesondere von Bedeutung, welche Ansprüche bei Verletzung oder Tötung eines Partners für den anderen Partner und gemeinschaftliche Kinder entstehen. Das BGB regelt in den §§ 842, 843, 844 II, 845 BGB allgemein die Anspruchsvoraussetzungen, die Art und den Umfang von Schadensersatzansprüchen bei Verletzung oder Tötung einer Person.[321] Diese allgemeinen Regeln lassen sich jedoch nicht ohne weiteres auf die nichteheliche Lebensgemeinschaft übertragen, da in diesem Zusammenhang auch familienrechtliche Beziehungen eine Rolle spielen.

---

[319] Soergel/Lange, Nehel LG Rn. 55; Staudinger/Strätz, Anh. zu §§ 1297ff. Rn. 219.

[320] Staudinger/Strätz, Anh. zu §§ 1297ff. Rn. 220.

[321] Alexandra Messerle, Zivilrechtliche Probleme der nichtehelichen Lebensgemeinschaft, JuS 2001, S.28ff.

4.1. Schadensersatz bei Auflösung der nichtehelichen Lebensgemeinschaft

Jedem Partner ist jederzeit die einseitige Auflösung der nichtehelichen Lebensgemeinschaft möglich.[322] Aus der Auflösung der nichtehelichen Lebensgemeinschaft lässt sich grundsätzlich eine besondere Schadensersatzverpflichtung nicht ableiten. Sie gibt es nämlich auch bei Vermögensgemeinschaften nach den §§749, 2041 BGB nicht,[323] die Partner können sich zudem auch nicht – wie etwa bei einem Verlöbnis – auf einen Vertrauenstatbestand berufen.

Etwas anders gilt, wenn zwischen den Partnern vertragliche Regelungen getroffen sind, z. B. ein Gesellschaftsvertrag. In diesem Fall können sich ggf. wegen der Auflösung der nichtehelichen Lebensgemeinschaft Schadensersatzansprüche ergeben. Diese erfassen dann aber nur den Bereich, der nach den vertraglichen Regelungen den Grundsätzen des Gesellschaftsrechtes unterliegt.[324] Schließlich kann sich eine Schadensersatzpflicht aus § 826 BGB ergeben. Dazu reicht es aber nicht aus, dass der eine Partner den anderen durch die Trennung in finanzielle Schwierigkeiten bringt. Es muss sich vielmehr um besonders gelagerte Ausnahmefälle handeln, die die Annahme der Sittenwidrigkeit rechtfertigen. Das kann gegeben sein bei folgenden Beispielen:

wenn sich der eine Partner von dem anderen zur Finanzierung einer größeren Anschaffung noch einen beträchtlichen Geldbetrag zuwenden lässt, obwohl er bereits bei der Entgegennahme der Zuwendung entschlossen ist, den anderen zu verlassen;[325]

wenn der eine Partner den anderen durch Lügen zu ihn schädigenden Vermögensdispositionen veranlasst;[326]

wenn einer der Partner nach Auflösung der nichtehelichen Lebensgemeinschaft ein gemeinsames Konto insgesamt oder teilweise „abgeräumt“ hat.

Die einseitige Auflösung der nichtehelichen Lebensgemeinschaft kann trotz der grundsätzlich gegebenen Beendigungsfreiheit auch dann schadensersatzpflichtig sein, wenn die nichteheliche Lebensgemeinschaft zur Unzeit oder schikanös und ohne einen nach Treu und Glauben anzuerkennenden Grund aufgelöst wird.

---

[322] Münch Komm/Wacke, Nach § 1302 Rn. 44; Staudinger/Strätz, Anh. 77 zu §§ 1297ff.

[323] Bettina Schacht, Zuwendungen Dritter an die Partner einer nichtehelichen Lebensgemeinschaft, S. 203.

[324] Alexander Lüderitz, Familienrecht, § 5 Rn. 100.

[325] OLG Celle NJW 1983, 1065 [für Autokauf].

[326] BGH Fam RZ 1960, 192.

Ein ggf. zu gewährender Schadensersatz richtet sich der Höhe nach nicht auf das Erfüllungsinteresse, sondern wegen der personalen Struktur des aufgelösten Verhältnisses[327] nur auf den tatsächlich erlittenen Vermögensschaden.

4.2. Schadensersatz bei Verletzung eines Partners

Nach §§ 823, 842, 843 I BGB wird einem Verletzten der Schaden ersetzt, der dadurch eintritt, dass seine Erwerbsfähigkeit vermindert oder eine Vermehrung seiner Bedürfnisse eingetreten ist.[328] Dieser Anspruch umfasst auch Ausfälle, die einer Ehefrau oder einem Ehemann entstehen, weil sie infolge der erlittenen Verletzung in der ehelichen Haushaltsführung beeinträchtigt sind und daher z. B. eine Hilfskraft in Anspruch nehmen müssen. Dieser Anspruch kann auch den Partner einer nichtehelichen Lebensgemeinschaft geltend machen, wenn er in der eigenen Versorgung beeinträchtigt ist,[329] dass er seine Hausarbeit ganz oder teilweise nicht mehr erledigen kann. Wegen Beeinträchtigung der Haushaltstätigkeit für den Partner und die Kinder kann nach h. M. nur wegen des auf die Kinder entfallenden Anteils Ersatz verlangt werden.[330]

Der nicht verletzte andere Partner hat allenfalls einen Ersatzanspruch, wenn er wegen eines Schocks selbst beeinträchtigt worden ist. Nicht ersetzt verlangen kann hingegen der Partner den Schaden, der ihm dadurch entstanden ist, dass er einen bereits gebuchten gemeinsamen Urlaub wegen einer Unfallverletzung seines Partners der nichtehelichen Lebensgemeinschaft abgesagt hat. Hier handelt es sich um eine bloß mittelbare Schädigung; die Grundsätze des Ersatzes von Schockschäden sind nicht entsprechend anwendbar.[331]

Auch Kinder haben keinen eigenen Ersatzanspruch wegen Beeinträchtigung ihrer Eltern in der Haushaltsführung,[332] sondern nur wenn ein Schockschaden vorliegt.

---

[327] BGH NJW- RR 1999, 573.

[328] Vgl. BGHZ 50, 304.

[329] OLG Düsseldorf, VersR 1992, 1418; Palandt/Thomas, § 843 Rn. 8; Raiser, NJW 1994, 2672; Staudinger/Strätz, Anh. zu §§ 1297ff. Rn.168; Soergel/Lange, Nehel LG Rn. 56.

[330] OLG Köln zfs 1984, 132.

[331] AG Langen zfs 1995, 325 [für Eheleute].

[332] Grundlegend BGHZ (GrS) 50, 304= NJW 1968, 1823. Zur Anrechnung einer Berufsunfähigkeitsrente s. BGH, NJW 1985, 735= FamRZ 1985, 261= MDR 1985, 660= VersR 1985, 356.

4.3. Schadensersatz bei Tötung eines Partners

Wird einer der Partner getötet, kann der andere grundsätzlich keinen Schadensersatz nach § 844 II BGB verlangen,[333] da eine gesetzliche Unterhaltspflicht nicht besteht. Etwas anderes kann bei Tötung des männlichen Partners gelten, wenn dieser zum Unterhalt aus Anlass der Geburt nach § 1615 l BGB verpflichtet ist (Unterhaltsanspruch der Mutter wegen Betreuung eines gemeinsamen Kindes). Dies ist der einzige Fall, in dem der eine Partner der nichtehelichen Lebensgemeinschaft dem anderem ggf. von Gesetzes wegen zu Unterhalt verpflichtet ist.

Der überlebende Partner hat auch keinen Anspruch aus § 845 BGB wegen entgangener Dienste. Voraussetzung für diesen Schadensersatzanspruch wäre nämlich, dass dem Partner durch den Tod die anderen Dienstleistungen entzogen worden sind, zu denen der Getötete kraft Gesetzes verpflichtet war. Eine Dienstleistungspflicht im Sinne des § 845 BGB besteht aber noch nicht einmal unter Ehegatten, so dass schon ihnen kein Ersatzanspruch nach § 845 BGB zusteht.[334] Das gilt dann aber erst recht für Partner in einer nichtehelichen Lebensgemeinschaft. Gemeinschaftliche Kinder der Partner haben gesetzliche Unterhaltsansprüche gegen ihre Eltern und zwar als nichteheliche gegenüber dem Vater und der Mutter.[335] Sie können also, wenn Vater oder Mutter getötet wurden, wegen des damit wegfallenden Unterhaltsanspruchs nach § 844 II BGB Ersatz verlangen. Der Anspruch besteht aber nur, wenn ein leiblicher Elternteil getötet würde. Handelt es sich bei dem Getöteten um ein Stiefelternteil, gibt es keinen Ersatz, da es keinen gesetzlichen Anspruch gibt.

Die Höhe des dem Kind aus § 844 II BGB zustehenden Schadensersatzanspruches richtet sich nach dem Umfang der gesetzlichen Unterhaltspflicht.[336] Der entfallende Unterhaltsteil ist im Einzelnen zu bewerten. Dafür kann, da es sich um nichteheliche Kinder handelt, der sog. Regelbedarf als Ausgangspunkt genommen werden.

Kinder haben keinen Anspruch aus § 845 BGB wegen entgangener Dienste.

---

[333] OLG Düsseldorf VersR 1992, 1418.

[334] BGH NJW, 1980, 2196; OLG Stuttgart VersR, 1973, 1077.

[335] FamRZ 1980, 776, 778; BGH VersR 1991, 428; OLG Celle NZV 1997, 232; MünchKomm/Mertens, § 845 Rn. 2; RGRK/Bonjong; § 845 Rn. 1; Staudinger/Röthel; § 845 Rn.7.

[336] OLG Frankfurt FamRZ 1984, 790.

II. Die Lebensgemeinschaft, vermögensrechtliche Zuordnungsfragen im polnischen Recht

1. Die rechtliche Situation von Lebensgefährten in vermögensrechtlichen Zuordnungsfragen

Im polnischen Recht ist die Situation von Lebensgefährten unreguliert und unklar, deswegen wird das auch zur Diskussion unter den Wissenschaftlern führen. Dieses Kapitel soll sich mit der Situation von Lebensgefährten bezüglich vermögensrechtlicher Zuordnungsfragen befassen. Außerdem sollen auch der Rechtstatus (seine Probleme und Zweifel) erörtert werden.

Das Kapitel gestaltet sich folgendermaßen:

Zuerst widmet es saß dem Miteigentum zwischen Lebensgefährten, dessen Charakter, die Bedeutung und grundlegende Unterschiede sowie Ähnlichkeiten mit einer Ehegemeinschaft. Als nächstes geht es um Beziehungen zwischen dem Inhaber und dem Sachbesitzer, gegenseitige Berechtigungen und Verpflichtungen.

Letztendlich werden Sachrechte dargestellt, welche die Lebensgefährten betreffen.

2. Das Miteigentum

Es gibt keinerlei Zweifel, dass infolge verschiedenartiger Rechtssituationen zwischen Lebensgefährten ein Miteigentumsverhältnis entstehen kann.[337] Diese Ansicht überwiegt sowohl unter Rechtswissenschaftlern als auch unter Praktikern. Diese einfache Feststellung führt jedoch zur Entstehung von anderen Problemen und Zweifeln, welche zu heftigen Diskussionen vor Gerichten –sowohl in Polen als auch im Ausland – führen. Dazu scheint in erster Linie der Charakter des Miteigentums von Lebensgefährten zu gehören. Zu dieser Sache hat sich bereits mehrfach das Oberste Gericht geäußert. Eine wichtige und grundsätzliche These bezüglich der Miteigentumsfrage hat das Oberste Gericht im Beschluss vom 30. Januar 1986 formuliert.[338] Es hat festgestellt, dass von den Lebensgefährten gemeinsam geleistete Aufwendungen während ihres Zusammenlebens zugunsten eines von ihnen abgerechnet werden sollten, gemäß den Vorschriften zur Auf-

---

[337] A. Szlęzak, Stosunki majątkowe między konkubentami (Vermögensverhältnisse zwischen Lebenspartnern), S.91.

[338] Das Urteil des Oberster Gerichts vom 30.01.1986 OSPiKA 1987, Pos. 117.

hebung des Miteigentums. Doch in der Begründung des o. g. Beschlusses stellt das Gericht fest, dass im Falle, dass die Lebensgefährten ein gemeinsames Vermögen erwirtschaftet haben sollten, würden Vorschriften über das Miteigentum nur bruchstückhaft angewendet werden im Vergleich zu gemeinsam erworbenen Gütern.

Doch der letzte Abschnitt dieser Begründung steht absolut nicht im Einklang mit dem Tenor des Beschlusses. Man könnte daraus folgern, dass der Beschluss sich nur auf die Aufwendungen eines der Lebensgefährten zugunsten seines Eigentums bezieht. Doch die Begründung weist auf das Vorhandensein eines Miteigentums zwischen den Lebensgefährten, obwohl hier gleichzeitig darauf hingewiesen wird, dass nicht jeder Erwerb einer Sache von Rechten durch die Lebensgefährten eine Vergrößerung des Vermögens beider darstellt. Der o. g. Beschluss besagt, dass zum Entstehen eines Miteigentums der Beweis, dass die betreffende Sache während der Dauer der Lebensgemeinschaft erworben wurde, nicht aus. Darüber hinaus muss noch bewiesen werden, wie weit der Umfang von Ansprüchen und Rechten eines jeden Lebensgefährten auf die erworbene Sache ist; denn nicht immer beträgt er die Hälfte. Diese Auffassung wird jedoch von vielen Rechtswissenschaftlern kritisiert. Denn allein die Tatsache des miteinander Lebens und der gemeinsam getätigten wirtschaftlichen Unternehmungen kann nicht allein als Begründung des Entstehens eines Miteigentums gelten. Es kann durchaus sein, dass eine Person, die in einer Lebensgemeinschaft mit einer anderen Person lebt, eine Sache tatsächlich aus eigenen finanziellen Mitteln erwirbt. Es wäre dann unverständlich, warum eine Sache, die während der Dauer des Zusammenlebens gekauft wurde, das Miteigentum des Käufers und seines Lebensgefährten wäre.[339]

Die obige Darstellung verdeutlicht sehr treffend den Unterschied zwischen einer Lebensgemeinschaft und einer Ehe. In einer Ehe gehört jede während der Dauer dieser Ehe erworbene Sache von Rechts wegen zum gemeinsamen Vermögen der Eheleute. Und es hat hier keine Bedeutung, ob die finanziellen Mittel für den Erwerb einer Sache z. B. aus dem Lohn eines der Eheleute stammen oder ob sie aus der gemeinsamen Kasse herrühren. Anders ist es in einer nichtehelichen Lebensgemeinschaft: Nur die aus gemeinsamen Mitteln erworbene Sache stellt ein Miteigentum dar. Die Anteile am Miteigentum zwischen Lebensgefährten sind nicht immer gleich. Dies hängt von den tatsächlichen Umständen ab. Infolgedessen kann jeder Lebensgefährte, wenn ihm das Recht des Miteigentums zusteht, beliebig über erworbene Sachen verfügen, sie verkaufen, belasten oder darauf verzichten. Es scheint, diese Lösung ist besser als die Kon-

---

[339] Mirosław Nazar, Rozliczenia majątkowe konkubentów (Vermögensabrechnungen zwischen Lebenspartnern), S.35ff.

struktion, die für die eheliche Lebensgemeinschaft geschaffen wurde. Vor allen Dingen erleichtert sie die Abrechnungen unter den Partnern nach Auflösung der Lebensgemeinschaft. Bei Ehescheidungen streiten sich sehr oft die Ehepartner um die Rechte an einzelnen Vermögensgütern. Bei nichtehelichen Lebensgemeinschaften scheint das alles einfacher zu sein. Denn es ist von vornherein klar, wer Eigentümer einer Sache ist oder welche Anteilsrechte er an erworbenen Sachen besitzt. Doch auch hier kann man Streitigkeiten nicht ganz ausschließen, was die Höhe der jeweiligen Anteile eines jeden von beiden anbetrifft.

3. Abrechnungen zwischen dem Eigentümer und dem Besitzer

Die Situation beginnt jedoch dann komplizierter zu werden, wenn einer der Lebensgefährten Eigentümer von Mobilien oder Immobilien ist und der andere nur deren Besitzer oder Mitbesitzer und auch Ausgaben dafür trägt.

Gemäß Art. 224 § 1 des Zivilgesetzes ist der Eigenbesitzer einer Sache in gutem Glauben nicht verpflichtet, für die Nutzung dieser Sache zu bezahlen, und er trägt auch nicht die Verantwortung weder für deren Nutzung, noch für deren Abnutzung oder deren Verlust. Er erwirbt auch den Besitz an natürlichen Nutzungen, die während des Besitztums von der eigentlichen Sache abgetrennt worden sind, und es bleiben ihm auch erhalten die zivilrechtlichen Nutzungen, wenn diese in dieser Zeit erforderlich waren.

Doch man muss die Frage erwägen, ob man einen Lebensgefährten als redlichen Eigenbesitzer einer Sache anerkennen kann, wenn er sich als deren Eigentümer, obwohl die Sache seinem Partner gehört oder notabene mit gehört. Es liegt nahe, dass dies der Fall ist. Er kann als Eigenbesitzer betrachten werden, wenn er über die Sache verfügt und sich wie deren Besitzer aufführt. Er besitzt das sog. Corpus Animus. Doch geschieht das auch in gutem Glauben? Angenommen die Lebensgemeinschaft sei relativ dauerhaft und die Beziehungen stützen sich auf gegenseitiges Vertrauen. Dann könnte der Lebenspartner als redlicher Eigenbesitzer anerkannt werden. Stellt man gar die These auf, dass der Lebensgefährte eine Sache nutzt, die während der Partnerschaft seinem Partner gehört, so ist er in Wirklichkeit ein unmittelbarer Fremdbesitzer. Er nutzt die Sache aufgrund eines nicht formalen Vertrags, z.B. eines Leihvertrags. Die hier erörterten Rechte und Pflichten könnten dann gemäß Artikel 230 des Zivilgesetzbuches auf ihn angewendet werden, falls nichts anderes aus dem geschlossenen Vertrag hervorgeht. Als Folge der Anerkennung „in gutem Glauben" ist er nicht verantwortlich für einen Schaden, den der Eigentümer davonträgt, weil dieser die tatsächliche Gewalt über die Sache verloren hat. Der Partner hätte nicht einmal die Pflicht, den Schaden wieder gut zu machen, der aufgrund einer Beschädigung, der Zerstörung oder eines schuldhaften Verlustes entstanden sind. Als Konsequenz daraus wird man ihm auch das Recht zuerkennen, den für die Sache aufgebrachten Aufwand zurückzufordern, der dann notwendig werden könnte, wenn der Aufwand durch die eingenommenen Erträge nicht gedeckt wäre oder wenn der Aufwand den Wert der Sache zum Zeitpunkt ihrer Rückgabe an den Eigentümer erhöhen würde. Dieses ist im Artikel 226 des Zivilgesetzbuches geregelt. Dieses Recht hat der Gesetzgeber dem Besitzer in bösem Glauben nicht zugesprochen. Er kann nur die Rückzahlung der notwendigen Aufwandskosten für die Sache verlangen, und zwar nur in der Höhe der Summe, durch die sich der Eigentümer grundlos auf Kosten des Besitzers bereichern würde.[340]

Als Aufwand gelten hier alle möglichen Investitionen und Ausgaben für die Sache wie verschiedenartige Verbesserungen, Anbauten, ein Umbau oder eine Renovierung der Sache. Es sollte jedoch beachten werden, dass solange die Sache nicht an den Eigentümer zurückgegeben wurde, ist die Forderung zur Aufwandsrückzahlung zu früh,[341] denn die Höhe des Aufwands wird nach dem Wert der Sache zum Zeitpunkt ihrer Übergabe berechnet,[342] und der gute oder der schlechte Glaube bezieht sich auf den Zeitpunkt, an dem der Aufwand für die Sache erfolgt ist. Solange die Sache in der Verfügungsgewalt des Eigentümers ist, kann dieser – gemäß Art. 227 des Zivilgesetzbuches – wenn er in gutem Glauben handelt, den ursprünglichen Stand der Dinge wieder herstellen sowie alle Dinge wegnehmen, die er mit der Sache verbunden hat und dies sogar dann, wenn diese zum Bestandteil der strittigen Sache geworden sind. Doch im Fall eines Besitzers im bösen Glauben kann der rechtmäßige Eigentümer der Sache die angebrachten Gegenstände zurückhalten und dem Besitzer deren Wert und die angefallenen Arbeitskosten zurückzahlen. Es kann auch eine Geldsumme sein, die der Werterhöhung der Sache entspricht.[343]

Die o. e. Ansprüche des Eigentümers gegenüber dem Eigenbesitzer sowie die des Besitzers gegenüber dem Eigentümer (z.B. auf Rückzahlung des Aufwands) verjähren gemäß Art. 229 des Zivilgesetzbuches mit Ablauf eines Jahres ab dem Tag der Rückgabe der Sache.

Der Artikel 231 des Zivilgesetzbuches ist hier auch sehr beachtenswert. Er sieht vor, dass der Eigenbesitzer in gutem Glauben, der ober- oder unterirdisch ein Gebäude oder eine andere Einrichtung gebaut hat, deren Wert erheblich hö-

---

[340] Artikel 226 § 2 des Zivilgesetzbuches.

[341] Das Urteil SN (des Obersten Gerichts) vom 12.12.1967, III CRN 356/67, OSN 1968, Pos.148.

[342] Das Urteil SN (des Obersten Gerichts) vom 13.04.1983, IV CR 67/83, OSN 1983, Pos.11.

[343] Artikel 227 § 2 des Zivilgesetzbuches.

her ist als der des dafür beanspruchten Grundstücks, kann verlangen, dass der Eigentümer das vom Eigenbesitzer beanspruchte Grundstück auf ihn überträgt bei entsprechender Zahlung.

Wird nun der Lebenspartner als Eigenbesitzer in gutem Glauben anerkannt, so erwirbt er gemäß der o. g. Vorschrift Rechte von einem besonderen Gewicht. Doch sein guter Glaube muss zum Zeitpunkt der Errichtung des Gebäudes oder der Einrichtung vorhanden sein und sich auf den Besitz und nicht auf das Recht auf den Gebäudebau beziehen. In gutem Glauben ist eine Person, die aus gerechtfertigten Gründen (unter den gegebenen Umständen) davon überzeugt ist, dass ihr ein solches Recht der Verfügungsgewalt über das Grundstück zusteht und sie diese Verfügungsgewalt auch tatsächlich ausübt.[344]

Dieses Recht steht weder einem unmittelbaren Fremdbesitzer, noch einem Pächter zu.[345] Diese können, gemäß § 2 des besagten Artikels, das Eigentum an dem Grundstück erwerben, wenn sie den Eigentümer nach dessen deutlicher Aufforderung entsprechend entlohnen.

In Bezug auf eine Lebensgemeinschaft und in Abhängigkeit davon, wer das Gebäude errichtet hat (hat dies einer der Lebenspartner auf dem Grundstück des anderen errichtet oder haben es beide Lebenspartner auf dem Grundstück eines von ihnen gemeinsam getan), könnte im ersten Fall der o. e. Artikel 231 § 1 des Zivilgesetzbuches Anwendung finden, auch wenn der Lebenspartner wüsste, dass das Grundstück seinem Partner gehört. Im zweiten Fall könnte Folgendes gelten: Wenn die Lebenspartner das Gebäude gemeinsam auf dem Grundstück eines von ihnen gebaut haben, so steht einem von ihnen ein Anteil am Miteigentum des Gebäudes zu, dem anderen aber – darüber hinaus – das Eigentum des Grundstücks. Doch von Bedeutung wäre dies alles erst bei einer tatsächlichen Auflösung der Lebensgemeinschaft und der Vermögensverrechnung nach deren Ende.

4. Andere Sachenrechte

Das Zivilgesetzbuch, das ganzheitlich die sachrechtlichen Verhältnisse reguliert, berücksichtigt auch die persönliche Dienstbarkeit bestimmter natürlicher Personen. Die entsprechenden Regulierungen sind in den Artikeln 296 bis 305 des Zivilgesetzes zu finden. Und obwohl in keiner der Vorschriften sich der Gesetzgeber unmittelbar auf Lebenspartner bezieht, könnte man meinen – unter Berücksichtigung der sprachlichen und der teleologischen Auslegung –, dass einige

---

344 Jan Winiarz, Kodeks cywilny z komentarzem (Zivilgesetzbuch mit Kommentar), Band II, S.199-200.

345 Das Urteil SN (des Obersten Gerichts) vom 18.11.1950, C 221/50, „PiP" 1951, Nr. 4, Pos. 743.

dieser Vorschriften auch auf nichteheliche Lebensgemeinschaften Anwendung finden.

Dieser Teil der Arbeit soll sich vor allem auf den Artikel 301 § 1 des Zivilgesetzbuches und seine weittragende Bedeutung für Lebensgemeinschaften konzentrieren. Die besagte Vorschrift stellt klar und deutlich fest: Wenn jemand eine Wohnungsdienstbarkeit hat, kann er seinen Ehegatten und minderjährige Kinder in die Wohnung aufnehmen. Andere Personen kann er nur dann aufnehmen, wenn diese von ihm unterhalten werden oder für die Haushaltsführung notwendig sind. Minderjährige Kinder können in der Wohnung auch nach Erreichen der Volljährigkeit bleiben. Es kann nicht abgestritten werden, dass die Wohnungsdienstbarkeit praktisch eine persönliche Hauptdienstbarkeit darstellt. Sie kann im Rahmen von Leibrenten auftreten, bei Schenkungsverträgen (Immobilien) oder beim Übertragen eines landwirtschaftlichen Betriebs an den Nachfolger.[346]

Die Wohnungsdienstbarkeit ist die Berechtigung einer namentlich benannten natürlichen Person zum Bewohnen eines klar bestimmten Lokals während der Vertragszeit und zu den vertraglichen Bedingungen. Es ist ein Recht, das der Befriedigung persönlicher Wohnbedürfnisse eines Berechtigten dient und einen Alimentationscharakter hat.[347]

Obwohl die besagte Vorschrift eine konkret benannte Person berechtigt, ein Lokal zu den vereinbarten Bedingungen zu nutzen, so ist sie auch nicht gleichgültig für Personen, die dem Berechtigten sehr nahe stehen. Vor allem kann die Person mit Wohnungsdienstbarkeit seinen Ehegatten und die minderjährigen Kinder in die Wohnung aufnehmen. Dieser Aspekt wirft keinerlei Zweifel auf.

Der Gesetzgeber Sicht auch die Möglichkeit vor, dass andere Personen in die Wohnung aufgenommen werden, doch nur dann, wenn diese Personen von dem Inhaber einer Wohnungsdienstbarkeit unterhalten werden oder wenn sie für die Haushaltsführung gebraucht werden.[348] Durch die Aufnahme anderer Personen in seine Wohnung überträgt der Berechtigte seine Berechtigung, welche grundsätzlich nicht übertragbar ist, auf diese Personen nicht.

Auch das Oberste Gericht hat sich mehrfach zu Wort gemeldet in Fragen der persönlichen Dienstbarkeit, insbesondere der Wohnungsdienstbarkeit. In seinem Urteil 5. April 1985 hat es festgestellt, dass der Artikel 301 des Zivilgesetzbuches das darin bezeichnete gemeinsame Ausübungsrecht durch die dort genannten Subjekte zulässt. Doch dies ist eine Abweichung von dem in Artikel 300 des

---

[346] Edward Gniewek, Kodeks cywilny. Księga druga. Własność i inne prawa rzeczowe (Zivilgesetzbuch, Eigentum und andere Sachenrechte), Band II, S.243.

[347] Jan Winiarz, Kodeks cywilny z komentarzem (Zivilgesetzbuch mit Kommentar), Band II, S. 246.

[348] Artikel 301 § 1 des Zivilgesetzbuches.

Zivilgesetzbuches genannten Prinzip, der Charakter der persönlichen Dienstbarkeit sei unveräußerlich oder nicht übertragbar. Es gibt keinen Zweifel, dass die im Artikel 301 § 1 des Zivilgesetzbuches genannte Vorschrift sich auch auf einen berechtigten Lebenspartner bezieht, falls dieser finanziell unterstützt oder zur Haushaltsführung benötigt wird. Damit wird dem Lebenspartner ein minimaler rechtlicher Schutz zugesichert.

III. Zwischenergebnis

Die güterrechtlichen Beziehungen zwischen Partnern einer nichtehelichen Lebensgemeinschaft sind im deutschem Bürgerlichen und polnischem Gesetzbuch nicht geregelt. Dadurch, dass diese Gemeinschaft zwischen Mann und Frau gerade keine Ehe darstellt und auch nicht darstellen soll, ist es nicht angebracht die gesetzlichen Ausgestaltungen des Güterrechts analog anzuwenden.

Im Grundsatz bleibt jede Person der nichtehelichen Gemeinschaft Inhaber des eigenen Vermögens. Alles, was innerhalb des Zusammenlebens erwirtschaftet wird, fließt in das Vermögen desjenigen, der es erwirtschaftet. Das Vermögen wird unabhängig und selbständig voneinander verwaltet. Soweit sind Gemeinsamkeiten im deutschen und polnischen Recht zur Gütertrennung festzustellen. Es stellt sich aber die Frage, ob Vermögensgegenstände, die während der Lebensgemeinschaft erworben werden, im gemeinsamen Eigentum beider Partner stehen. Hier zeigt sich besonders das Fehlen einer gesetzlichen Regelung. Innerhalb einer Ehe werden im gesetzlichen Güterstand die Gegenstände, die aus einem Geschäft zur Deckung des Lebensbedarfs eingebracht werden, insbesondere Hausratsgegenstände- im Allgemeinen gemeinsames Eigentum beider Ehegatten. In der nichtehelichen Lebensgemeinschaft bleibt bei Mitbesitz nur die sachenrechtliche Vermutung des Eigentums. Dabei wird die Widerlegung dieser Vermutung problematisch, wenn eine zu hohe Schwelle praktisch zur Annahme einer Art Gütergemeinschaft führt. Natürlich bleibt die Möglichkeit, dass die nichtehelichen Güterverhältnisse von den Partnern in Anlehnung an das geregelte Güterrecht durch Vertrag vereinbart werden. Allerdings sind solche Vereinbarungen eher die Ausnahme. Deshalb ist davon auszugehen, dass auch Ausgleichansprüche für erbrachte Leistungen nicht bestehen, soweit nicht etwas anderes ausdrücklich oder konkludent vereinbart ist. Im polnischen Recht entsteht das Miteigentum eigentlich nicht automatisch (von sich selbst), nur der Tatsache wegen, dass die Lebensgemeinschaft selbst existiert, aber abhängig von allen begleitenden Umständen ist, kann es entstehen und verschiedene Formen und Gestalten annehmen. Wenn es aber schon existiert, wird es immer einen Charakter vom Bruchteilemiteigentum und nie einen inklusiven besitzen. Im gleichen Kapitel geht es um die Frage von Abrechnungen zwischen dem Eigentümer und dem Halter von Gegenständen. Die Frage ist höchst schwierig und kann in einigen Sätzen nicht zusammengefasst werden. Hier sei daran erinnert, dass das höchste Qualitätsgewicht auf dem Gericht liegt. Denn allein das Gericht soll über die Frage des guten oder bösen Glaubens des Lebenspartner- des Gegenstandsbesitzers entscheiden, ob dieser, im Allgemeinen und eventuell, für keinen eigenen Gegenstand Geldausgaben getragen hat. Es sind aber schwierige Fragen, die individuell, von den begleitenden Umständen abhängig, behandelt werden.

Die Bestimmung der vermögensrechtlichen Zuordnungsfragen im deutschen und polnischen Recht der von den Partnern besessenen Gegenstände wirft lediglich bei den beweglichen Sachen Schwierigkeiten auf, nicht aber bei den Immobilien, denn hier bietet das Grundbuch eine ausreichende Möglichkeit der jeweiligen Zuordnung.

Als Grundsatz kann im deutschen und polnischen Recht festgelegt werden, dass jeder der Partner Eigentümer der von ihm in die Lebensgemeinschaft mitgebrachten Sachen bleibt. Anders als in deutschem Recht sieht es bei Sachen aus, die erst während des Zusammenlebens erworben werden. Hierfür werden die §§ 929 ff. BGB herangezogen, wobei auch hier wieder über eine Einzelfallabwägung ermittelt werden muss, ob nun der Partner, der die Sache anschafft, in fremdem Namen, in eigenem oder gar für beide tätig wird, denn maßgeblich dafür ist die innere Willensrichtung des Handelnden, wenn dem Veräußerter, die Person des Erwerbers gleichgültig ist.[349] Hierfür müssen sowohl die allgemeinen Auslegungsregeln als auch die Regeln über das „Geschäft für den, den es angeht“ herangezogen werden. Ferner wird neben den allgemeinen Auslegungskriterien auch ein von Rechtsprechung und Literatur entwickeltes auf den Rechtsgedanken des § 1362 II BGB gestütztes Konstrukt herangezogen, nach dem derjenige Eigentum erwirbt, für dessen Gebrauch die Sache bestimmt ist. Ebenfalls bekommt nur derjenige in Anlehnung an die §§ 1374 II, 1418 II Nr.2 BGB eine Erbschaft, ein Vermächtnis oder eine Schenkung, dem der Zuwendende persönlich nahe stand.[350]

Umstritten dagegen ist die Fallgruppe, wenn ein Partner etwas was für die gemeinsame Beziehung anschafft. Einerseits wird hier die Finanzierung als Abgrenzungskriterium für die Entstehung von Miteigentum genutzt, d.h. nur derjenige erhält Alleineigentum, der den Gegenstand mit eigenen Mitteln anschafft,

---

[349] Palandt/Bassenge, § 929 Rn. 25; Erman/Michalski, § 929 Rn. 26.

[350] Detlef Burhoff, Handbuch der nichtehelichen Lebensgemeinschaft, Rn. 400.

es sei denn, aus den konkreten Umständen ergibt sich etwas anderes.[351] Andere stellen lediglich auf den Gesichtspunkt des gemeinsamen Gehörens ab und leiten daraus die Entstehung von Miteigentum ab. Bei gemeinsamer Finanzierung hingegen entsteht regelmäßig Miteigentum. Die allgemeine Unklarheit verdeutlicht nur zu genau, dass es weder eine Regel noch eine generelle Vermutung für den Erwerb von Alleineigentum in diesem Fall gibt. Entscheidend ist und bleibt die konkrete Einigung mit dem Veräußerter unter Würdigung aller Gesamtumstände des Einzelfalls.

Um im Falle eines Prozesses die Eigentumsstellung aufzuzeigen, greift hier die Eigentumsvermutung nach § 1006 BGB. Danach wird das Bestehen von Miteigentum im Zweifel mit gleichen Anteilen vermutet, wenn die Partner Mitbesitzer der Sache sind (Abs. 1) oder waren (Abs. 2).

Im Unterschied zu dem polnischen Gesetzbuch gibt es hier die Schlüsselgewalt nach § 1357 und es wird nur derjenige verpflichtet und berechtigt, der gehandelt hat.[352] Stellvertretung hingegen ist, wie die meisten allgemeinen Regelungen des BGB, auch hier anwendbar, so dass eine Bevollmächtigung des einen Teils durchaus zulässig ist. Dennoch muss diese ausdrücklich erfolgen, weil im bloßen Zusammenleben noch keine stillschweigende Bevollmächtigung zur Mitverpflichtung liegt, auch wenn der Dritte ausreichend über die Regeln der Duldungs- und Anscheinsvollmacht geschützt ist. Eine Haftung als Gesamtschuldner gem. §§ 421 ff. BGB kommt nur in Betracht, wenn beide sich verpflichtet haben. Eine Haftung nach § 278 BGB bzw. § 831 BGB für das Verhalten des Partners ist durchaus geboten.

Sollte im deutschen Recht der eine Partner dem anderen einen Schaden zufügen, so begrenzt sich seine Haftung auf die nach § 277 BGB eigenübliche Sorgfalt.[353] Im Übrigen hat sich jeder im Falle einer engen persönlichen Verbundenheit auf die gewöhnlichen Nachlässigkeiten des anderen einzustellen und muss mit dessen Fehlern rechnen (§§708, 1359, 1664 BGB). Jene Haftungsbeschränkung erstreckt sich ganz allein auf deliktische Schädigungen.

Eine Einbeziehung des nicht geschädigten Partners kommt nur bei Verträgen mit Schutzwirkung zugunsten Dritter in Betracht, ansonsten bleibt nur der, der Vertragspartner ist, schadenersatzberechtigt. Bei deliktischen Schadenersatzansprüchen bleiben beide gleich berechtigt. Ein Anspruch aus §§ 842, 843 BGB steht dem Verletzten zu. Uneinigkeit besteht jedoch dahingehend, ob er auch einen Anspruch auf Erwerbsschaden i.S.d. §§ 842, 843 I Alt. 1 BGB hat. Es

---

[351] Hausmann/Hohloch, Das Recht der nichtehelichen Lebensgemeinschaft, S.79.

[352] Jochen Duderstadt, Die nichteheliche Lebensgemeinschaft, S.51.

[353] MünchKomm/Wacke, Nach § 1302; Hausmann/Hohloch, Das Recht der nichtehelichen Lebensgemeinschaft, S.79.

wird angeführt, dass die Haushaltsführung hier nicht in Erfüllung einer Unterhaltsverpflichtung wie in der Ehe geleistet wird. Andererseits stellt die Tätigkeit im Haushalt eine wirtschaftliche Verwendung der Arbeitskraft dar und der Anspruch stellt nun mal auf die tatsächlich erbrachte Leistung und nicht das Hintergrundsverhältnis ab. Dennoch sollte bei einer Befürwortung des Ersatzanspruchs sehr zurückhaltend die Festlegung der Dauer der Ersatzrente stattfinden.[354] Vom Grundsatz, dass nur derjenige Schadensersatz verlangen kann, der in eigenen Rechtsgütern verletzt wurde, wird dahingehend eine Ausnahme gemacht, dass der Partner nach § 823 BGB Schadenersatz verlangen kann, wenn er selbst durch das Miterleben des Vorfalls, der zur Verletzung des anderen geführt hat, einen Schock erlitten hat. Dabei gilt jedoch, dass nur besonders schwere körperliche Auswirkungen, die über die üblichen Folgen hinausgehen, ersatzfähig sind.

Als letztes wird nun die miet- und wohnungsrechtliche Situation im deutschen und polnischen Recht zwischen den ehemaligen Lebenspartnern erörtert. Wenn im deutschen Recht beide Partner gegenüber dem Vermieter den Mietvertrag unterzeichnen, sind beide aus dem Vertrag verpflichtet und berechtigt. Sie sind z.B. beide verpflichtet, den Mietzins zu zahlen[355]. Der Auszug eines Partners aus der gemeinsam genutzten Wohnung ändert an diesem Umstand nichts[356]. Das Mietverhältnis kann lediglich durch Kündigung des Mietvertrages beendet werden. Diese muss jedoch von beiden Partnern, da sie jeweils zu selben Teilen Mieter sind, erklärt werden. Im Gegensatz zu den Verhältnissen, wo beide Partner Eigentümer bzw. Mieter sind, ändert sich die rechtliche Situation, wenn nur einer der Partner den Mietvertrag mit dem Vermieter geschlossen hat und der andere lediglich in die Wohnung mit aufgenommen wurde. Eine Vereinbarung eines Mietverhältnisses der Partner untereinander kann nicht schon aus dem späteren Zusammenleben geschlossen werden. Der Rechtsprechung zufolge hat der mit aufgenommenem Partner nicht die Stellung eines Untermieters.[357] Dieser kann folglich nach Auflösung der Lebensgemeinschaft nicht die Räumung der Wohnung verlangen, da ihm kein Recht zum Besitz über die Beendigung der Lebensgemeinschaft hinaus zusteht. Wird ihm jedoch der Mitbesitz entzogen, indem seine Sachen von dem Partner vor die Tür gestellt werden und das Wohnungsschloss ausgetauscht wird, genießt der betroffene Partner wiederum Besitzschutz gemäß § 861 BGB. Der Partner, der gleichzeitig auch Mieter der Wohnung ist, muss zunächst einen Räumungstitel gemäß § 864 II

---

[354] Hausmann/Hohloch, Das Recht der nichtehelichen Lebensgemeinschaft, S.101.

[355] AG Bad Homburg NJW-RR 1992, S.1035.

[356] OLG Düsseldorf, FamRZ 1998, S. 739- 740, AG Dortmund NZM 2001, S.94-95.

[357] LG Wiesbaden FamRZ 1960, S.152- 153, AG Hamburg, NJW-RR 1989, S.271.

BGB erwirken. Der Mieter hat also kein Selbsthilferecht. Gegenüber dem Verlangen auf Räumung seitens des Mieters kann der andere Partner nach der ZPO Räumungsschutz aber auch Vollstreckungsschutz gemäß §§ 721, 765a ZPO beantragen.

Ferner soll auf die Bedeutung der Dienstbarkeit der Wohnung für Lebensgemeinschaften hingewiesen werden. Der polnische Gesetzgeber hat nämlich eine sehr wichtige Sache vorausgesehen: Der Wohnungsmieter kann mit ihm nicht verwandte Personen in die Wohnung aufnehmen, wenn er ihnen ständig den Unterhalt gewährt und diese für die Führung des Haushalts gebraucht werden.

Die meisten Probleme in vermögensrechtlicher Hinsicht im deutschen und polnischen Recht treten jedoch erst mit Beendigung der nichtehelichen Lebensgemeinschaft auf. Hierbei werden dann zur Lösung gesetzliche Regelungen über die Gesellschaft bürgerlichen Rechts- bezogen auf Vermögenspositionen sowie Rechtsfiguren wie der Wegfall der Geschäftsgrundlage oder ähnliches- zur Ausgleichung erbrachter Leistungen herangezogen.

Zusammenfassend kann man sagen, dass der großen Fülle an Regelungen zum ehelichen Güterrecht eine ebenso große Leere zum nichtehelichen Güterrecht gegenübersteht. Inwieweit eine Rechtsentwicklung dahingehend einsetzt, ist noch nicht ersichtlich.

Kapitel 3 – Vertragliche Gestaltungsmöglichkeiten der Partner

I. Verträge und Ansprüche der nichtehelichen Lebensgemeinschaften im deutschen Recht

1. Verträge und gesetzliche Ansprüche bestehender nichtehelicher Lebensgemeinschaften

Zu unterscheiden ist die nichteheliche Lebensgemeinschaft von der Ehe und der Lebenspartnerschaft. Bei der Ehe handelt es sich um eine rechtliche Bindung auf Lebenszeit zwischen Mann und Frau. Die Lebenspartnerschaft stellt eine „gleichgeschlechtliche Ehe" dar. Demgegenüber wollen die Partner der nichtehelichen Lebensgemeinschaft gerade keine rechtliche Bindung.

Die Formen nichtehelicher Lebensgemeinschaften sind mannigfach. Bei jungen Leuten wird zunehmend die Ehe auf Probe praktiziert, um Frühscheidungen zu vermeiden. Die Nichteheliche Lebensgemeinschaft kann aber auch eine Alternative für Paare sein, die grundsätzlich nie heiraten wollen oder aufgrund schlechter Scheidungserfahrung nicht ein zweites Mal heiraten wollen, oder dass einer oder beide noch anderweitig verheiratet sind.

1.1. Vertragliche Ansprüche

Das Nichtwollen einer rechtlich dauerhaften Bindung für das Zusammenleben bedeutet aber nicht, dass sie im rechtsfreien Raum leben. Die Partner können einzelne Fragen durch Vertrag regeln oder auch einen umfassenden Vertrag über ihr Zusammenleben schließen. Vor allem im Hinblick auf die vermögensrechtlichen Fragen wird dies in Betracht kommen.[358]

Für Partnerschaftsvereinbarungen als solche bestehen keine Formvorschriften. Die Einhaltung einer bestimmten Form ist deshalb nur dann erforderlich, wenn sie sich aus allgemeinen Vorschriften ergibt.[359]

Vertragliche Regelungen sind beschränkt auf wirtschaftliche und vermögungsrechtliche Angelegenheiten. Der Abschluss unterhaltsrechtlicher Ver-

---

[358] Herbert Grziwotz, Partnerschaftsvertrag für die nichteheliche und nicht eingetragene Lebensgemeinschaft.

[359] Wolfram Waldner, Eheverträge, Scheidungs- und Partnerschafts- Vereinbarungen, S. 140.

einbarungen ist ebenso möglich wie die Übertragung einzelner Gegenstände o-der testamentarischer Erbeinsetzung des nichtehelichen Lebenspartners.

1.2. Gesetzliche Ansprüche

Haben die Partner keinerlei Vertrag geschlossen, stellt sich die Frage, welches Recht auf die Nichteheliche Lebensgemeinschaft anwendbar ist.

1.3. Unterhaltansprüche

Eine direkte Anwendung eherechtlicher Vorschriften auf nichteheliche Lebensgemeinschaften scheidet nach herrschender Ansicht gänzlich aus.

Eine analoge Anwendung widerspräche den für die Ehe als Rechtsverhältnis geschaffenen Form und Typenzwang, sowie dem verfassungsrechtlichen Schutzgebot nach Art. 6 GG.[360]

Gesetzliche Unterhaltsverpflichtungen der Lebenspartner einer nichtehelichen Lebensgemeinschaft bestehen nicht. Die 1601ff. BGB setzen eine Verwandtschaft in gerader Linie voraus. Die §§ 1360, 1361 BGB setzen eine Eheschließung voraus. Ohne vertragliche Verpflichtung bestehen damit keinerlei Ansprüche. Eine Ausnahme enthält § 1615 l BGB, wonach im Regelfall für die Zeit von drei Jahren nach der Geburt eines nichtehelichen Kindes der das Kind betreuende Elternteil (der auch der Vater sein kann) einen Unterhaltsanspruch gegen den anderen Elternteil hat.[361]

1.4. Vermögensrechte

Die Vorschriften über die Vermögensordnung innerhalb einer Ehe werden ebenfalls nicht entsprechend angewendet. Insbesondere sind dies § 1357 BGB („Schlüsselgewalt“), § 1359 BGB („Sorgfaltspflicht“), § 1362 BGB („Eigentumsvermutung“) und §§ 1365 ff BGB. Hier bejaht man eine so genannte Innengesellschaft[362] (näheres unten bei der Auseinandersetzung der nichtehelichen Lebensgemeinschaft).

---

[360] Thomas Rauscher, Familienrecht, S.437.

[361] Wolfram Waldner, Eheverträge, Scheidungs- und Partnerschafts- Vereinbarungen, S.153.

[362] Gerd Weinreich, Die Vermögensrechtliche Auseinandersetzung der nichtehelichen Lebensgemeinschaft, Familie, Partnerschaft und Recht 2001, S.29ff.

2. Allgemeines Schuld- und Sachenrecht

Auf Grund des nichtanwendbaren Ehe- und Verlöbnisrechts liegt das Hauptaugenmerk der Auseinandersetzung bezüglich der Vermögensausgleichung bei Auflösung der nichtehelichen Lebensgemeinschaft in der Anwendung der allgemeinen Vorschriften des Schuld- und Sachenrechts. Dabei sind vor allem die bestehenden engen persönlichen Verbindungen zwischen den Partnern bei der Vertrags- und Gesetzesauslegung zu berücksichtigen.

2.1. Ausdrückliche Verträge

2.1.1. Schuldverträge

Hinsichtlich der Vermögensausgleichung bei Auflösung der nichtehelichen Lebensgemeinschaft sind primär die Konsequenzen, welche in einem ausdrücklichen Vertrag geregelt wurden, zu betrachten.[363] In derartigen Verträgen können die nichtehelichen Lebenspartner Einzelleistungen oder aber auch komplette Teilbereiche ihres Zusammenlebens und Zusammenwirkens zum Gegenstand eines schuldrechtlichen Zwecks bei Auflösung der Lebensgemeinschaft machen. So kann ebenso vertraglich festgehalten werden, dass bestimmte Zuwendungen ausdrücklich als Schenkung oder als Darlehen getätigt werden.

Beispiel: Überträgt ein Partner seiner Lebensgefährtin durch einen notariellen Vertrag ein Drittel des Grundstücks, auf dem gemeinsam ein Einfamilienhaus gebaut werden soll, gegen Zahlung eines Betrages von 45.000 € nach Baufortschritt, so handelt es sich dabei um einen kaufähnlichen Vertrag oder um einen Gesellschaftsvertrag.[364]

2.1.2. Versorgungsverträge

Die Partner einer nichtehelichen Lebensgemeinschaft können ebenso Verträge über die Altersversicherung oder Versorgung des wirtschaftlich schwächeren Teils abschließen. Wird ein solcher Vertrag vollzogen, handelt es sich bei den erbrachten Leistungen nicht mehr um Schenkungen. Bei Auflösung der nichtehelichen Lebensgemeinschaft ist eine Anpassung des Vertrages nach § 313 BGB oder eine bereicherungsrechtliche Rückabwicklung durchaus möglich. Dies ist jedoch nur dann der Fall, wenn die Versorgung einzig auf den langfristigen Bestand der Lebensgemeinschaft versprochen war. Dabei sind Leistungen

---

[363] Staudinger/Strätz, Anh. zu §§ 1297 ff. BGB Rn. 44ff.

[364] Hausmann/Hohloch (Hrsg.), Das Recht der nichtehelichen Lebensgemeinschaft, S. 238.

ausgenommen, die nach dem Scheitern der nichtehelichen Lebensgemeinschaft auf freiwilliger Basis weiter erbracht worden sind.

Beispiel: Widerruft der Lebensgefährte die Bezugsberechtigung seiner Partnerin aus einer Lebensversicherung auch nach Auflösung der Lebensgemeinschaft nicht, sondern zahlt die Versicherungsbeiträge unverändert weiter, so sind Ausgleichsansprüche seiner Erben hinsichtlich der nach seinem Tode an die Lebensgefährtin ausgezahlten Lebensversicherungssumme ausgeschlossen.[365]

2.1.3 Auseinandersetzungsverträge

Sollten die Partner ausschließlich Leistungen zur Verwirklichung des Zusammenlebens erbringen wollen, besteht auch hier nach dem Grundsatz der Privatautonomie die Möglichkeit einer vertraglichen Ausgleichregelung bei Auflösung der nichtehelichen Lebensgemeinschaft.

Ein ausdrücklicher Partnerschaftsvertrag ist daher unbedenklich. Dieser gilt nur, solange sie diese Verträge auf das vermögensrechtliche beziehen, z. B. ein Gesamtausgleich des gemeinsam erwirtschafteten Vermögens. Enthält der Vertrag auch Vertragsstrafen für den Fall der Auflösung der Gemeinschaft, so verstößt dieser gegen die guten Sitten, § 138 I BGB. Ob ein Vertrag dann sittenwidrig nach § 138 I BGB ist, muss sehr sorgfältig geprüft werden. Beispielsweise kann man vereinbarte Abfindungen, wenn die Lebensgemeinschaft z. B. 10 Jahre bestand, nicht einfach als sittenwidrige Vertragsstrafe ablehnen.

Nach dem geltenden deutschen Recht sind Lebenspartner nicht daran gehindert eine Gesellschaft bürgerlichen Rechts (GbR) zu vereinbaren. Der Zweck würde hierbei die Erfüllung ihrer materiellen Lebensbedürfnisse darstellen, z. B. Wohnung und Haushaltsführung. Gleichwohl ist es dem Lebenspartner möglich Verträge abzuschließen, die zum Ziel die im Gesetz geregelten ehelichen Güterstände haben. Es sei angemerkt, dass für die Ehe kein Rechtsmonopol besteht, welches eine derartige Wahl des Vertrages verbietet. Die Lebenspartner können sich also für den Fall der Trennung vertraglich so stellen, als hätten sie in einer Zugewinngemeinschaft nach §§ 1363 ff. BGB gelebt. Bei einer solchen vertraglichen Vereinbarung kann demzufolge eine analoge Anwendung der §§ 1372 ff. BGB stattfinden.

2.1.4. Stillschweigende Verträge

Wenn es an einer ausdrücklichen Regelung mangelt, ist es nicht ausgeschlossen, aus konkludenten Verhalten der Lebenspartner während ihres Zusammenlebens

---

[365] BGH FamRZ 1997, 1141, 1142.

auf eine Verpflichtung zum Vermögensausgleich zu schließen. Solche Fälle sind im wahren Leben überwiegend anzutreffen.

Haben beide Lebenspartner eine bewusste Vermischung der Vermögenssphären vermieden, so kann nach Auflösung der nichtehelichen Lebensgemeinschaft eine erwünschte Schlussabrechnung nicht als unvereinbar mit der Art der Lebensgemeinschaft verweigert werden. Im Falle von Ausgleichsansprüchen aus einer beendeten Lebensgemeinschaft setzen diese keineswegs die Grundsätze der Beweisermittlung im Zivilprozess außer Kraft. Kommen die Gerichte bei der Ermittlung zu dem Bild der nichtehelichen Lebensgemeinschaft, welches der 11. Zivilsenat des BGH in seiner Rechtsprechung darlegte, ist der Schluss durchaus berechtigt, dass beide Partner auf einen Ausgleich keinen Wert legen.

2.1.5. Auseinandersetzung aus dem Gesellschaftsvertrag

Die herrschende Ansicht, sowohl in der Rspr. als auch in der Literatur, hält eine generelle Anwendung der §§ 705 ff. BGB auf nichteheliche Lebensgemeinschaften nicht für möglich.[366] Dies dürfte im ersten Augenblick etwas verwundern, da im Abschnitt der Auseinandersetzungsverträge vorgetragen wurde, dass einer Vereinbarung nichtehelicher Lebenspartner als Gesellschaft des bürgerlichen Rechts nach dem geltenden Recht nichts entgegenstehe. Im Eherecht stelle das lebenslange eheliche Zusammenleben keinen „gemeinsamen Zweck" im Sinne des § 705 BGB dar. Demzufolge ist eine Anwendung des §§ 705 ff. BGB, zusätzlich neben dem spezialgesetzlichen Regelungen in den §§ 1353 ff. über das Verhältnis von Eheleuten ausgeschlossen. Sollten die Anstrengungen der Ehepartner jedoch über das gewöhnliche Zusammenleben hinausgehen, z. B. Schaffung größerer Vermögenswerte, sieht jene herrschende Ansicht nun wiederum keine Bedenken für einen solchen konkreten Zweck die §§ 705 ff. BGB Anwendung finden zu lassen. Derartiges wird im rechtlichen als Innengesellschaft bezeichnet. Diese Argumentation projiziert die herrschende Ansicht auch auf die nichteheliche Lebensgemeinschaft. Erwerben jene Lebenspartner ein Objekt bestimmten Wertes in der Absicht dieses, neben der gemeinsamen Nutzung, auch gemeinschaftlich zu besitzen bzw. das Eigentumsrecht daran inne zu haben, so wird auch hier nach herrschender Ansicht eine Innengesellschaft bejaht. Diese wird auch dann bejaht, wenn das Wertobjekt formal nur einen von ihnen gehört. Diese Ansicht, auch wenn sie vorherrschend sein mag, erscheint jedoch teilweise als bedenklich. Die Ehe und das Eherecht hat als lex specialis Vorrang. Bei einem Zweck, welcher über die Regelungen des Eherechts hinausgeht, tritt bei Anwendung der §§ 705 ff. BGB das Recht der Gesellschaft bürgerlichen

[366] BGHZ 77, 55; BGH FamRZ 1981, 1010; BGH FamRZ 1985, 1232; Derleder NJW 1980, 547; Coester-Waltjen NJW 1988, 2085, 2088 f.

Rechts in Konkurrenz zu dem Eherecht. Die gemeinsame Grundlage bleibt jedoch für beide Ehepartner bestehen. Bei der nichtehelichen Lebensgemeinschaft fehlt es an einer solchen rechtlichen Grundlage. Hier sollte daher das Zusammenleben, also das Miteinanderwohnen und das gemeinsame Wirtschaften, als Zweck für eine Gesellschaft bürgerlichen Rechts nach § 705 BGB ausreichen. Hinzu kommt, dass nach gängiger Meinung Innengesellschaften bei nichtehelichen Lebensgemeinschaften gleichen Voraussetzungen für die zulässige Anwendung der §§705 ff. BGB zu unterwerfen wie ehelichen, erscheint daher für zu streng und somit an deren Vertretbarkeit zweifelhaft.

3. Ansprüche nach Auflösung der nichtehelichen Lebensgemeinschaft

Die nichteheliche Lebensgemeinschaft ist ein aliud gegenüber Ehe oder Verlöbnis. Hier stehen die persönlichen Beziehungen der Partner im Vordergrund. Persönliche und wirtschaftliche Leistungen werden nicht gegeneinander aufgerechnet. Grundsätzlich nimmt jeder Partner die in seinem Eigentum stehenden Sachen mit. Sachen, die ein Partner in die nichteheliche Lebensgemeinschaft eingebracht hat kann er auch wieder mitnehmen.[367] Hausratsgegenstände, die während des Zusammenlebens angeschafft worden sind, können nicht nach familienrechtlichen Vorschriften beurteilt werden.[368]

Die Nichtabrechnung und Nichtrückforderbarkeit von Verwendungen auf das Vermögen des Partners und Zuwendungen an den Partner gehören ebenso zum Wesen der nichtehelichen Lebensgemeinschaft wie ihre rechtliche Unverbindlichkeit und jederzeitige Auflösbarkeit.[369]

3.1. Ausgleich von Vermögenszuwendungen

Das gilt selbst dann, wenn Leistungen eines Partners an den anderen Partner während der Dauer der Beziehung dazu führen, dass dadurch auch nach Ende der Beziehung noch ein erheblicher Vermögenszuwachs beim anderen Partner zu verzeichnen ist. Von diesem Grundsatz werden jedoch Ausnahmen bezüglich einzelner Vermögenspositionen gemacht.[370]

---

367 Peter Derleder, Vermögenskonflikte zwischen Lebensgefährten bei Auflösung ihrer Gemeinschaft, NJW 1980, S.545- 552.

368 Helmut Seidl, Familienrecht. S.295.

369 Gerrit Langenfeld, Münchener Vertragshandbuch, S.636.

370 Wilfried Schlüter, BGB-Familienrecht, S.300- 301.

3.1.1. Grundsätze der Innengesellschaft

Die Auseinandersetzung nach gesellschaftlichen Kriterien kommt nur dann in Betracht, wenn über Leistungen zur Sicherung der Existenz der Lebensgemeinschaft hinaus erhebliche Aufwendungen zum Erwerb bzw. zur Schaffung von Vermögensgegenständen gemacht worden sind. Es kommt hingegen nicht auf die Dauer des Zusammenlebens an.

Wollten die Parteien mit dem Erwerb eines Vermögensgegenstandes einen Wert schaffen, der nach ihrer Vorstellung wirtschaftlich beiden zusammen gehören soll, finden die gesellschaftsrechtlichen Grundsätze der §§ 731 BGB bis 735 BGB Anwendung. Das gilt auch dann, wenn der Vermögensgegenstand im Eigentum nur eines von ihnen steht.

3.1.2. Bereicherungsrecht

Zur Abwicklung von Zuwendungen regelmäßig nicht geeignet, da hier zwischen Leistung und Gegenleistung eine direkte finale Abhängigkeit bestehen muss. Es genügt nicht, dass die Zweckbestimmung, also z.B. die Fortsetzung der Partnerschaft oder die Erbeinsetzung durch den anderen Partner, lediglich der Beweggrund der Leistung geblieben ist, mag das Motiv vom Partner auch erkannt worden sein oder für ihn erkennbar gewesen sein.[371]

aa) § 812 I 1 Alt. 1 ist nicht anwendbar, da die Zuwendung einen Rechtsgrund in einer so genannten unbenannten Zuwendung hat.

bb) § 812 I 2 Alt. 1 ist nicht anwendbar, da die nichteheliche Lebensgemeinschaft nicht Rechtsgrund für die Leistung ist.

3.1.3. Schenkungen

Auch für schenkungsweise Zuwendungen gilt, dass sie grundsätzlich nicht zu erstatten sind, auch dann nicht, wenn die Partnerschaft endet.

Eine Rückforderung ist nur möglich, wenn der Beschenkte sich „groben Undanks" schuldig gemacht hat § 530 I BGB.[372] Nur ausnahmsweise kommt ein Rückgabeanspruch wegen Wegfalls der Geschäftsgrundlage in Betracht.[373] Ein solcher grober Undank liegt aber nicht allein darin, dass der beschenkte Partner die Initiative zur Trennung ergriffen oder diese verursacht hat, da die jederzeiti-

---

[371] Gerrit Langenfeld, Münchener Vertragshandbuch, S.636.

[372] Dirk Täger, Die Behandlung gemeinschaftsbezogener Zuwendungen nach Auflösung nichtehelicher Lebensgemeinschaft, S.150.

[373] Wolfram Waldner, Eheverträge, Scheidungs- und Partnerschafts- Vereinbarungen, S.151.

ge Auflösbarkeit zum Wesen der nichtehelichen Lebensgemeinschaft gehört und mit ihr gerechnet werden muss.[374]

II. Verträge und gesetzliche Ansprüche bestehender nichtehelicher Lebensgemeinschaften im polnischen Recht

1. Schuldverhältnisse zwischen den Lebensgefährten

Die nichteheliche Lebensgemeinschaft ist eine ins Leben gerufene Gemeinschaft u. a. wegen naher persönlicher Bindungen zwischen den Beteiligten. Die Qualität dieser Bindungen, deren Beständigkeit während des Zusammenlebens und Veränderungen in dieser Sphäre können auf vielerlei Weise die Qualifizierung der verabredeten Beziehungen zwischen den Lebensgefährten beeinflussen.[375] Es darf nicht vergessen werden, dass die nichteheliche Lebensgemeinschaft sowie die Bedeutung der Bindungen zwischen denen diese eingehenden Lebenspartnern grundsätzlich einen Einfluss auf die Interpretation ihrer Willensbekundungen und die Gestalt des geschlossenen rechtlichen Verhältnisses haben kann. Die Gestaltung der persönlichen Verhältnisse zwischen den Lebenspartnern hat ebenfalls einen tatsächlichen Einfluss auf das Gefüge des sie verbindenden Rechtsverhältnisses, auf seine Entwicklung, seine Dauer oder auch seine Auflösung.

In der Praxis stellen viele Vermögensverfügungen bei Schenkungen, einer unentgeltlichen Rente sowie anderer begründeter rechtlicher Verfügungen eine natürliche solide Basis dar. Heutzutage verwundern nicht Vermögensverfügungen eines Ehegatten zugunsten des anderen oder die Beschenkung von Nachkommen, möglicherweise wegen persönlicher, familiärer sowie rechtlicher Bindungen.

Anders ist es, wenn einer Person eine andere mit einem bedeutenden Vermögen beschenkt, ohne überhaupt mit ihr verwandt zu sein oder eine von Rechts wegen fremde Person. Verhältnisse persönlicher oder emotionaler Natur sind oft

---

[374] Diederichsen, NJW 1983, 1017, 1022.

[375] Andrzej Szlęzak, Stosunki majątkowe między konkubentami (Vermögensverhältnisse zwischen Lebenspartnern), S.52.

der Anstoß zu derartigen Tätigkeiten, die für den Verfügenden nicht immer vorteilhaft sind.

Vor allem basieren Verträge zwischen Lebenspartnern am häufigsten auf präsumtiven Willensbekundungen, oft auf mündlichen Vereinbarungen, gestützt auf Vertrauen. Selten werden bei Verträgen Bedingungen festgeschrieben, z.B. bei Entlohnungen für eine ausgeführte Arbeit, einen realisierten Auftrag oder erbrachte Dienstleistungen. Die Konsequenz daraus: Vor ordentliche Gerichte gebrachte Streitigkeiten zwecks Feststellung der Rechte und Pflichten der Parteien mit derartigen Verträgen.

Als Beispiel soll der Artikel 735 des Zivilgesetzbuches dienen, in dem der Grundsatz der Entlohnung eines Auftrags (und auch von Dienstleistungen) formuliert wird, wenn nichts anderes aus dem Vertrag oder aus bestimmten Umständen beim Vertragsabschluss hervorgeht. Doch sollten diese bestimmten Umstände bei einer Lebensgemeinschaft nichtehelicher Art als einer besonderen persönlichen Beziehung, ja fast einer familiären, nicht zutreffen und einen Verzicht auf Entlohnung eines Auftrags rechtfertigen?

Es scheint, dass diese Frage ohne eine eingehende Prüfung des Status quo nicht zu beantworten ist. Dies ist abhängig von bestimmten Umständen, die mit einem Vertragsabschluss einhergehen, vom Grad des Engagements des Beteiligten, seiner persönlichen Charakterzüge und seiner Kräfte. Wäre dieser Grad wesentlich, sollte eine Entlohnung befürwortet werden. Wäre er jedoch unscheinbar, sollte man auf eine Entlohnung verzichten. Verträge zwischen Lebensgefährten enthalten in der Regel viele anderen zivilrechtlichen Verträge, benannte und unbenannte. Im Rahmen eines geschlossenen Vertrages findet man selten Elemente nur eines einzigen Pflichtverhältnisses. Denn eine Entlohnung z.B. für ein Werk oder bei Dienstleistungen kann die Form von Unterhaltsmitteln, der Wohnung oder der Verpflegung annehmen. Eine derartige Situation zieht oft viele Probleme nach sich bei Beendigung einer Lebensgemeinschaft, wenn Streitigkeiten im Gerichtssaal entschieden werden. Die Pflicht zu einer Klärung lastet dann auf dem Gericht. Meistens setzen die Gerichte voraus, dass zwischen den Parteien ein „komplexer Vertrag“[376] mit vielen anderen einhergehenden zivilrechtlichen Verträgen geschlossen wurde. Dabei können Leistungen der Parteien eventuell beliebig von ihnen gewählt werden. Doch dies kommt noch im weiteren Teil der Arbeit zur Sprache.

---

[376] Andrzej Szlęzak, Stosunki majątkowe między konkubentami (Vermögensverhältnisse zwischen Lebenspartnern), S.54-55.

2. Gesellschaftsvertrag

Gemäß Artikel 860 § 1 des Zivilgesetzbuches verpflichten sich die Gesellschafter durch einen Gesellschaftsvertrag, ein gemeinsames wirtschaftliches Ziel zu erreichen, und zwar mithilfe bestimmter Mittel, insbesondere durch das Einbringen von Einlagen. Es ist ein zivilrechtliches Vertragsverhältnis. Doch ist es nur das? Könnte es auch eine bestimmte Gesellschafterorganisation sein?

Auf diese und auch andere Probleme soll in diesem Teil der Untersuchung eingegangen werden. Nichteheliche Lebensgemeinschaften werden manches Mal als ein Gebilde angesehen, das einem zivilrechtlichen Vertragsverhältnis ähnelt. Doch es ist keine typische Gesellschaft des bürgerlichen Rechts. Eher kommt die nichteheliche Lebensgemeinschaft einer inneren Gesellschaft des bürgerlichen Rechts nahe, welche nur die Verhältnisse zwischen den Gesellschaftern (hier: Lebenspartnern) regelt und nach außen nicht als eine Organisation auftritt, sondern es sind einzelne Personen, die selbständig für Verpflichtungen verantwortlich sind und selbständig Rechte erwerben. Sie sind auch nicht berechtigt, eine Gesellschaft zu vertreten.[377] Eine derartige Gesellschaftskonstruktion wurde früher vom Gesetzgeber zugelassen. Doch diese Vorschriften wurden abgeschafft. Eine Gesellschaft, die allein die inneren Verhältnisse der Gesellschafter regelte, hieß früher eine „stille Gesellschaft". Es scheint, dass diese Konstruktion die Struktur der Verhältnisse in Lebensgemeinschaften am besten widerspiegeln würde. Denn sie handeln mit einem eng bezeichneten Ziel in Absprache miteinander, und sie haben bestimmte innerlich angenommene Regeln, was das eigene Vermögen anbetrifft. Auch eine Lebensgemeinschaft ist grundsätzlich nach diesem System aufgebaut. Ebenso wie eine Gesellschaft des bürgerlichen Rechts[378] keine juristische Persönlichkeit besitzt (diese können nur ihre Teilhaber besitzen, und in Wirklichkeit sind diese verantwortlich für zivil- und öffentlich-rechtliche Verpflichtungen der Gesellschaft), so kann auch eine Lebensgemeinschaft nach außen hin nicht als ein gesondertes Rechtsgebilde auftreten.

Trotz der oben dargestellten Meinung wirft das Problem der juristischen Persönlichkeit einer Gesellschaft des bürgerlichen Rechts in der Rechtslehre und der Rechtsprechung eine Reihe von Zweifeln auf. Gemäß dem Urteilsspruch des Obersten Gerichts vom 22. Januar 1996 steht einer Gesellschaft des bürgerlichen

---

377 Anna Jędrzejewska, Typy spółki cywilnej (Die Arte des Gesellschaftsvertrag), S.10.

378 Das Urteil SN (des Obersten Gerichts) vom 26.01.1996, CZP 111/95, OSN 1996, Nr.5, Pos. 63.

Rechts die Parteifähigkeit in einem Verfahren vor dem Wirtschaftsgericht bezüglich einer wirtschaftlichen Tätigkeit zu.[379]

Ein Gesellschaftsverhältnis entsteht als Ergebnis eines Vertragsabschlusses. Dies ist die einzige konstitutive Tatsache, die eine Gesellschaft ins Leben ruft.[380] Obwohl eine größere Anzahl von Gesellschaftern (es müssen mindestens zwei sein) zugelassen ist, so bleibt nach Meinung vieler Vertreter der polnischen Rechtslehre ein Gesellschaftsvertrag immer ein zweiseitiger Vertrag. Es wird angenommen, dass auf der einen Seite ein Gesellschafter steht und auf der anderen alle übrigen.[381] Diese recht kurze Charakteristik einer Zivilgesellschaft dränge den Gedanken auf, dass ein Vertrag zwischen Lebenspartnern (einen sog. Lebensgemeinschaftsvertrag) grundsätzlich mit einem Vertrag einer Zivilgesellschaft verglichen werden kann, jedoch unter einem Vorbehalt: Dies wäre eher das Gebilde einer sog. „stillen Gesellschaft“ (die Vorschriften dazu wurden ja im Handelsgesetzbuch gestrichen), die die inneren Verhältnisse zwischen den Teilhabern (hier: Lebensgefährten) betrifft. Ebenso wie die frühere „stille Gesellschaft“ wird ein Vertrag zwischen Lebenspartnern keine rechtlichen Folgen auf Seiten dritter Personen nach sich ziehen, und seine grundsätzliche und einzige Bedeutung bezieht sich eben auf die Teilhaber (Lebenspartner).

Doch die zwischen Lebenspartnern bestehenden emotionalen Bindungen werden in den meisten Fällen zu einem Argument bei der Auflösung von den nichtehelichen lebenspartnerschaftlichen Gesellschaften. Zweifellos können Lebenspartner untereinander eine Gesellschaft bürgerlichen Rechts gründen, mit dem Ziel ist, bestimmte materielle Vorteile zu erlangen. Doch ihre persönlichen Bindungen sowie deren Entwicklungsrichtung üben in den meisten Fällen einen entscheidenden Einfluss auf derartige Gesellschaften aus. Denn wenn sich die Bindungen lösen, zerfällt die Lebensgemeinschaft. Selten entschließen sich die Teilhaber zum Fortführen ihrer gemeinsamen Geschäfte. Die obigen Erwägungen würden jedoch die Lebensgemeinschaft nur auf ein materielles, ein wirtschaftliches Element reduzieren unter Ausschluss der persönlichen Elemente oder psychologischer Gesichtspunkte, welche für das Existieren und den Inhalt einer nichtehelichen Lebensgemeinschaft von erstrangiger Bedeutung sind.[382]

---

[379] Das Urteil SN (des Obersten Gerichts) vom 07.07.1993, III CZP 87/93, OSP 1994, Nr. 11, Pos.204; Das Urteil SN (des Obersten Gerichts) vom 28.02.1995, III CZP 21/95, OSN 1995, Nr. 7-8, Pos.104; Das Urteil SN (des Obersten Gerichts) vom 11.01.1996, III CZP 161/95, OSN 1996, Nr.4, Pos.53.

[380] Krzysztof Pietrzykowski, Kodeks cywilny. Komentarz (Das Zivilgesetzbuch. Der Kommentar) Band II, S.493.

[381] Władysław Wiśniewski, Prawo o spółkach (Das Gesellschaftsrecht), S.65.

[382] Wolfram Müller-Freienfels, Economic Success and Legal System, S.237.

Trotz all dem und vom rationalen Standpunkt aus gesehen, kann man zwei einander nahestehenden Personen nicht das Recht absprechen, eine Zivilgesellschaft zu gründen, um bestimmte Profite daraus zu ziehen. Dies steht nicht im Widerspruch zu den Zielen einer nichtehelichen Lebensgemeinschaft selbst und kann Teil einer Lebensgemeinschaft sein.[383] Außerdem ist für die Existenz eines Gesellschaftsvertrags ein unmittelbares wirtschaftliches Ziel von Bedeutung und nicht verdeckte Motive bei der Gründung einer Gesellschaft, z.B. die Absicht, eine Beziehung im nichtmateriellen Sinn zu festigen.[384]

3. Ersatzansprüche

Im Titel VI des Zivilgesetzbuches hat der Gesetzgeber eine Reihe von Vorschriften unterbracht, die einen angerichteten Schaden und die dafür zu tragende Verantwortung betreffen. Unter den Rechten, die einem unmittelbar Geschädigten oder den Mitgliedern seiner Familie zustehen (z.B. im Artikel 444 § 1, § 2 und § 3 des Zivilgesetzbuches, wonach die Pflicht besteht, einem Geschädigten den Schaden zu ersetzen durch Zahlung aller damit verbundenen Kosten oder einer Rente an den Geschädigten oder im Artikel 445 des Zivilgesetzbuches, wonach dem Geschädigten eine Genugtuung für erlittenes Leid zusteht), wurde aus der Sicht einer Lebensgemeinschaft ein äußerst wichtiges Recht genannt, das dem Artikel 446 des Zivilgesetzbuches zu entnehmen ist.

Danach gilt Folgendes: Wenn als Folge einer Körperverletzung oder einer gesundheitlichen Zerrüttung der Geschädigte verstirbt, so wird der Schädigende dazu verpflichtet, die Heilungs- und Beerdigungskosten demjenigen zu erstatten, der diese Kosten getragen hat. Eine Person jedoch, gegenüber welcher der Verstorbene eine gesetzliche Unterhaltspflicht hatte, kann diese von der verpflichteten Person zur Schadenswiedergutmachung eine Rente verlangen, deren Höhe den Bedürfnissen des Geschädigten sowie den Verdienst- und den Vermögensmöglichkeiten des Verstorbenen entsprechen, und zwar für die Zeit der vorgesehenen Unterhaltspflicht. Die gleiche Rente können andere nahe stehenden Personen verlangen, denen der Verstorbene Mittel zum Lebensunterhalt gewährte, wenn aus den Umständen hervorgeht, dass dies die Grundsätze des gesellschaftlichen Zusammenlebens erfordern.

Die obige Vorschrift gibt Lebensgefährten praktisch die Möglichkeit, eine Rente vom Schädigenden zu verlangen, falls der Geschädigte infolge des Schadens verstarb. Das ist gewissermaßen eine Ausnahme von der Regel, wonach

[383] Andrzej Szlęzak, Stosunki majątkowe między konkubentami (Vermögensverhältnisse zwischen Lebenspartnern), S.91.

[384] Marty Schmid, La situation, S.169 ff.

Ersatzansprüche nur den unmittelbar geschädigten Personen zustehen.[385] Die Forderungen aus Artikel 446 § 1 des Zivilgesetzbuches, d.h. die Erstattung der Heil- und Beerdigungskosten steht demjenigen zu, der sie aufgebracht hat, unabhängig davon, ob er Erbnehmer des Geschädigten ist oder nicht. Dieses ist fast so etwas wie eine Sterbebeihilfe, die in dieser Arbeit bereits erwähnt wurde. Zu den Beerdigungskosten gehören auch Ausgaben, die den Bräuchen im Umland des Verstorbenen entsprechen, so z.B. gemäßigte Kosten für Trauerkleidung, die während der Beerdigung einer nahe stehenden Person angelegt und auch längere Zeit nach deren Tod getragen wird, was in vielen Milieus unserer Gesellschaft üblich ist.[386] Es wäre jedoch verfrüht, die Deckung der Kosten für eine Grabsteinaufstellung zu fordern.

Zweifellos betreffen die in diesem Teil der Arbeit besprochenen Ersatzansprüche ebenso den Lebenspartner. Zu einer solchen Interpretation des Artikels 446 § 2 des Zivilgesetzbuches berechtigt die Formulierung „nahe stehende Person".

Entsprechend dem Urteil des Obersten Gerichts vom 02. Dezember 1970 können eine Frau oder ein Mann, die keine Ehe geschlossen haben, als berechtigte Personen nach Artikel 446 § 2 angesehen werden, wenn die nach dieser Vorschrift erforderlichen Voraussetzungen erfüllt sind (eine freiwillige und ständige Gewährung des Lebensunterhalts), insbesondere dann, wenn aus den Umständen hervorgeht, dass dieses die Grundsätze des gesellschaftlichen Zusammenlebens erfordern. Eine Lebensgefährtin kann als Familienmitglied angesehen werden, wenn ihre Bindung keiner anderen Familie schadet. Die Tatsache der Existenz dieser Lebensgemeinschaft in nichtehelicher Form sollte nicht den Grundsätzen des gesellschaftlichen Zusammenlebens widersprechen, gerade wenn eine solche faktische Bindung einen ständigen Charakter hat und schon längere Zeit besteht.[387]

Ein sachlicher Anspruch hat fakultativen Charakter. Wichtig ist die Tatsache, dass diese Vorschrift die Begründetheit eines Anspruchs nicht von einer Notlage des Berechtigten abhängig macht,[388] allein nur von den geforderten Bedingungen, d.h. der Verstorbene habe den ihm nahe stehenden Personen freiwillig und ständig den Lebensunterhalt bestritten, und für die Zuerkennung einer Entschädigungsrente sprechen die Grundsätze des gesellschaftlichen Zusam-

---

[385] Gerard Bieniek, Komentarz do kodeksu cywilnego (Das Zivilgesetzbuch, Der Kommentar), Band I, S.446.

[386] Das Urteil des Obersten Gerichts vom 07.03.1969, II PR 641/68, OSNCP 1970, Nr.2, Pos.33.

[387] Das Urteil des Obersten Gerichts vom 02.12.1970, II CR 341/70.

[388] G. Bieniek, Das Zivilgesetzbuch, Der Kommentar, S.451.

menlebens.[389] Es reicht also aus, dass der Verstorbene ständig und freiwillig für den tatsächlichen Unterhalt – z.B. seiner Lebensgefährtin – aufgekommen ist, und diese Mittel die einzigen waren, die der Berechtigte erhalten hat.

Der Artikel 446 § 3 des Zivilgesetzbuches spricht davon, dass das Gericht darüber hinaus den Familienmitgliedern des Verstorbenen eine entsprechende Entschädigung zusprechen kann, wenn nach seinem Tode eine bedeutende Verschlechterung der Lebenssituation seiner Angehörigen eingetreten ist. Das Oberste Gericht hat mit seinem Urteil vom 13. April 2005 darauf hingewiesen, dass Verwandtschaft nicht das einzige Kriterium ist, um als Familienmitglied zu gelten (laut der o. g. Vorschrift).[390] Man sollte hier die „theologische Anwendung" verwenden. Den Begriff „Familie" kann folgendermaßen definiert werden: Die kleinste gesellschaftliche Gruppe, die miteinander verbunden ist durch das Gefühl der Nähe und der Gemeinsamkeit – sowohl persönlicher als auch wirtschaftlicher –, die nicht nur aus der Verwandtschaft hervorgeht,[391] und die Konkretisierung dessen, wer im jeweiligen Fall ein Familienmitglied ist, obliegt dem Spruchgericht den gegebenen Umständen entsprechend. Darüber hinaus hat das Oberste Gericht darauf hingewiesen, dass ein sehr nahe stehendes Familienmitglied – je nach Situation – nicht unbedingt ein nächster Verwandter sein muss. Diese Anschauung bestätigt den Standpunkt, dass die Verwandtschaft weder ein grundsätzliches noch das einzige Kriterium für das Nahestehen oder die Zugehörigkeit zur Familie ist.[392]

Diese Feststellung hat eine sehr wichtige Bedeutung aus Sicht einer nichtehelichen Lebensgemeinschaft sowie deren rechtlichen Schutz, denn es spricht den Lebenspartnern Rechte zu, die de facto Familienmitgliedern zustehen. Das o. e. Urteil des Obersten Gerichts stellt vor allem einen riesigen Schritt in Richtung einer rechtlichen Regelung von Lebensgemeinschaften und wenigstens einer partiellen Gleichstellung der Rechte von Lebenspartnern mit denen von rechtmäßigen Ehegatten.

---

[389] Der Artikel 446 § 2 des Zivilgesetzbuches.

[390] Das Urteil des Obersten Gerichts vom 13.04.2005, IV CK 648/04, OSNC 2006, Nr.3, Pos.54.

[391] Das Urteil des Obersten Gerichts vom 18.11.1961, II CR 325/61, OSNC 1963, Nr.2, Pos.32; Das Urteil des Obersten Gerichts vom 10.12.1969, III PRN 77/69, OSNCP 1970, Nr.9, Pos.160.

[392] Das Urteil des Obersten Gerichts vom 13.04.2005, IV CK 648/04, Nr.9, Pos.32.

4. Ansprüche aus ungerechtfertigter Bereicherung

Wer ohne rechtliche Grundlage einen materiellen Vorteil auf Kosten einer anderen Person erlangt hat, ist zur Herausgabe dieses Vorteils in Naturalien verpflichtet, und sollte dies nicht möglich sein zur Rückerstattung des Wertes (Artikel 405 des Zivilgesetzbuches).

Die Verpflichtung zur Herausgabe des Vorteils umfasst nicht nur einen unmittelbar erlangten Vorteil, sondern auch alles, was beim Veräußern, beim Verlust oder Beschädigung anstelle dieses Vorteils oder als Schadenswiedergutmachung erlangt wurde.[393]

Über die Notwendigkeit die o. g. Vorschrift auch auf die Beziehungen zwischen Lebenspartnern anzuwenden, hat sich das Oberste Gericht mehrfach geäußert. Wenn das Problem der Vermögensabrechnung nach Beendigung einer dauerhaften faktischen Verbindung nicht gesetzlich geregelt wurde und die Notwendigkeit, derartige Abrechnungen vorzunehmen keinerlei Zweifel aufkommen lässt, müssen demnach diese Abrechnungen auf einer Rechtsgrundlage basieren.[394]

In einem solchen Fall zeigt die Rechtslehre folgende Möglichkeiten: Entsprechende (analoge) Anwendung der Vorschriften zur ehelichen Gütergemeinschaft, Anwendung der Vorschriften zum Miteigentum in Bruchteilen und Aufhebung dieses Miteigentums, Anwendung dieser Vorschriften bei einer Gesellschaft des bürgerlichen Rechts sowie Anwendung dieser Vorschriften bei einer unbegründeten Bereicherung.

Nach Meinung des Obersten Gerichts sollte die Möglichkeit der Anwendung von Vorschriften zur Aufhebung der ehelichen Gütergemeinschaft in Bezug auf die hier untersuchten Lebensgemeinschaften kategorisch abgelehnt werden, denn sogar eine analoge Anwendung dieser Vorschriften würde de facto, wenn auch nur in einem gewissen Maß, die Institution der Ehe mit nicht formalen Beziehungen gleichstellen. Und dafür gibt es keine Rechtsgrundlage.[395]

Was die übrigen Möglichkeiten anbelangt, ist das Problem weiterhin offen und bis heute nicht gelöst. Bis auf den heutigen Tag wurde keine einheitliche Praktik zu den Vorschriften über die Aufhebung des Miteigentums erstellt. Im

---

[393] Der Artikel 406 des Zivilgesetzbuches.

[394] Das Urteil des Obersten Gerichts vom 16.05.2000, II CR 325/61, OSNCP 1963, Nr.2, Pos.32; Das Urteil des Obersten Gerichts vom 10.12.1969, III PRN 77/69, OSNCP 1970, Nr.9, Pos.160.

[395] Das Gesetz des Obersten Gerichts vom 30.01.1986, III CZP 79/85, OSNCP 1987, Nr.1, Pos.2.

Gesetz vom 30.01.1985 lässt das Oberste Gericht diese Möglichkeit zu, doch mit dem Urteil vom 21.11.1997 schließt es diese Möglichkeit aus.[396]

Man erwähnt auch die Zulässigkeit der Vermögensabrechnungen zwischen Lebenspartnern, gestützt auf die Vorschriften zur unbegründeten Bereicherung[397] sowie auf die Existenz einer Rechtsgrundlage zur Durchführung bestimmter Vermögensversicherungen in der Zeit des Bestehens einer Lebensgemeinschaft und gleichzeitig schließt man die Möglichkeit aus, auf die Institution einer unbegründeten Bereicherung zu verweisen.[398]

Die oben angeführte Rechtsprechung bringt ein gewisses Chaos in diese Problematik. Es scheint, der vernünftigste Ausweg aus diesem Dilemma wäre zu überlegen, ob man nicht die gezeigten Möglichkeiten auf jeweilige Einzelfälle anwenden könnte. Im Beschluss des Obersten Gerichts vom 30. Januar 1970, III CZP 62/69[399] wird gezeigt, dass bezüglich der Ansprüche aufgrund der Aufwendungen eines der Lebenspartner für die im gemeinsamen Haushalt befindlichen Vermögensgegenstände, welche dem anderen Lebenspartner gehören, die Vorschriften zur grundlosen Bereicherung Anwendung finden sollten.[400]

Das o. g. begründet in vollem Umfang die Behauptungen, dass eine Anwendung der Vorschriften hinsichtlich der grundlosen Bereicherung für die Abrechnungen zwischen Lebenspartnern nicht ausgeschlossen ist.

5. Verträge zwischen den Lebensgefährten

Es unterliegt keinem Zweifel, dass sich die Lebensgefährten in verschiedenartigen Verpflichtungsverhältnissen befinden können. Hier sind folgende Verträge zu nennen: Der Werkvertrag oder auch der Auftragsvertrag, welche sehr häufig abgeschlossen werden. Der Werkvertrag wird in den Artikeln 627 ff. des Zivilgesetzbuches geregelt. Beim Werkvertrag wird der Auftragnehmer verpflichtet, ein bestimmtes Werk auszuführen, und der Auftraggeber verpflichtet sich, den Lohn dafür zu bezahlen. Das Wesen dieses Vertrags ist sein Ergebnis. Parteien in diesem Vertrag sind: Derjenige, der durch seine Anstrengungen, seine Sorgfalt und seine Arbeit das Werk vollendet (Auftragnehmer) und derjenige, für den das Werk ausgeführt werden soll (Auftraggeber). Zwischen den Parteien besteht

---

396 Das Urteil des Obersten Gerichts vom 21.11.1997, I CKU 155/97, „Wokanda“ 1998, Nr.4.

397 Das Urteil des Obersten Gerichts vom 26.06.1974, III CRN 132/74.

398 Der Beschluss des Obersten Gerichts vom 30.01.1986, III CRN 132/74.

399 Der Beschluss des Obersten Gerichts vom 30.01.1970, III CZP 62/69, „Rechtliche, ökonomische und soziologische Bewegung“, 1970, Nr.4.

400 Andrzej Szlęzak, Konkubinat a bezpodstawne wzbogacenie (Die nichteheliche Lebensgemeinschaft und die Grundlosigkeitsbereicherung), RPEiS 1989, S.107.

kein Abhängigkeits- oder Unterordnungsverhältnis.[401] Das Obige begründet den Standpunkt, dass Lebenspartner beliebig Verträge mit Dritten abschließen können, in denen sie entweder Auftragnehmer oder Auftraggeber sind. Sie können auch Werkverträge untereinander abschließen; der eine ist hier Auftraggeber und der andere – wegen seiner Fähigkeiten oder Kompetenzen – der Auftragnehmer. Es gibt jedoch keine erkennbare Möglichkeit, Werkverträge zwischen Lebenspartnern als eine besondere Art von Verträgen zu begreifen. In den zwischenmenschlichen Beziehungen der Lebenspartner gibt es so etwas nicht wie eine Auftragsausführung und eine Bezahlung dafür. Dabei handelt es sich eher um eine besondere persönliche Beziehung, gestützt auf eine starke emotionale Bindung und hier sollte voneinander als Gegenleistung nichts verlangt werden. Außerdem besteht zwischen den Lebenspartnern eine gewisse Abhängigkeit, welche bei Werkverträgen ausgeschlossen ist. In einem Werkvertrag besteht ein verpflichtendes Verhältnis mit einem konsensuellen, entgeltlichen und auf Gegenseitigkeit beruhenden Charakter, und hier kann nicht die Rede sein von irgendeiner Unterordnung einer Partei.

Lebenspartner können jedoch einander beauftragen, bestimmte Tätigkeiten auszuführen, darin auch Rechtsgeschäfte gemäß den Vorschriften über Auftragsverträge.[402] Gemäß Artikel 734 des Zivilgesetzbuches verpflichtet sich der Auftragnehmer zur Ausführung eines Rechtsgeschäfts für den Auftraggeber. Gegenstand des Auftragvertrags ist ein entgeltliches oder unentgeltliches Rechtsgeschäft.[403]

Von grundsätzlicher Bedeutung ist die Tatsache, dass die Parteien im Vertrag eine Klausel unterbringen können, welche besagt, dass der Auftragnehmer das Rechtsgeschäft in seinem eigenen Namen tätigt.[404] Fehlt eine derartige Klausel, wird davon ausgegangen, dass das Geschäft im Namen des Auftraggebers gemacht wurde.

Es können Zweifel aufkommen, wenn für die Ausführung eines Geschäfts eine bestimmte Art von Bevollmächtigung verlangt wird, z.B. sollte beim Immobilienkauf eine notarielle Urkunde erstellt werden. Denn bei der Auftragserteilung für derartige Geschäfte ist eine notarielle Urkunde nicht notwendig.[405] Der Auftragsvertrag setzt im Grundsatz ein sog. verhältnismäßiges Entgelt vo-

---

[401] K. Pietrzykowski, Kodeks cywilny. Komentarz (Das Zivilgesetzbuch. Der Kommentar) Band II, S.180.

[402] Siehe: die Artikel 734-751 des Zivilgesetzbuches.

[403] Witalis Ludwiczak, Umowa zlecenia (Beauftragsvertarg), S.79.

[404] K. Pietrzykowski, (wie Anm.357), Das Zivilgesetzbuch. Der Kommentar, S.327.

[405] Das Urteil SN (des Obersten Gerichts) vom 27.06.1975, III CZP 55/75, OSN 1976, Nr.4, Pos.75.

raus.[406] Darüber hinausgehen die Vorschriften des Zivilgesetzbuches im Artikel 735 § 1 von der Vermutung eines Auftragsentgelts aus. Dies bedeutet, dass dem Auftragnehmer eine Entlohnung für getätigte Rechtsgeschäfte zusteht, sogar dann, wenn die Parteien dieses Problem im Vertrag nicht deutlich geklärt haben. Denn eben das Fehlen eines Entgelts sollte im Auftrag ersichtlich sein.[407]

In einer Lebensgemeinschaft bekommt das o. E. eine ganz andere Bedeutung. Als Entgelt kann in diesem Fall das Entgelt der anderen Partei angesehen werden, quasi anstelle unseres Entgelts.

Eine Gerichtsentscheidung, ob es im jeweiligen Fall tatsächlich um einem zivilrechtlichen Vertrag geht, ist außerordentlich schwierig und kompliziert. Denn das, was in einem anderen zivilrechtlichen Verhältnis nicht als „Art des Entgelts" für eine getätigte Dienstleistung angesehen werden kann, bekommt bei einer Lebensgemeinschaft eine ganz andere Bedeutung. Abhängig von den Begleitumständen kann als Art des Entgelts die Leistung anderer Dienste angesehen werden, ebenso wie die Zusicherung einer Wohnung, der Unterhalts- und der Verpflegungskosten. Wegen des Nichtvorhandenseins einer Verpflichtung des Auftragnehmers, dass er im Rahmen der ihm aufgetragenen Tätigkeiten ein Fachmann sein oder berufliche Erfahrungen haben muss, kann jede juristische oder natürliche Person Auftragnehmer sein, also auch der Lebensgefährte. Recht wichtig ist hier auch der Artikel 745 des Zivilgesetzbuches, demgemäß ist eine Situation möglich, in welcher mehrere Personen gemeinsam einen Auftrag erteilen oder annehmen. In diesem Fall ist die Verantwortung gegenüber der anderen Partei solidarisch. Die obige Vorschrift schafft tatsächlich die Möglichkeit, dass in verpflichtenden Verhältnissen beim Auftragsvertrag auch Lebensgefährten auftreten können und dies sowohl auf Seiten des Auftraggebers als auf Seiten des Auftragnehmers. Sie wären dann solidarisch verantwortlich für die Ausführung der von ihnen angenommenen Pflichten im Bereich der Auftragsausführung oder der Zahlung einer Vergütung. Anders sieht die Lage aus, wenn eine Person ohne Auftrag eine fremde Sache durchführt. In diesem Fall ist diese Person – gemäß Artikel 752 des Zivilgesetzbuches – verpflichtet, zum Vorteil und nach dem wahrscheinlichen Willen der sie beauftragenden Person tätig zu sein und diese Tätigkeit mit gebührender Sorgfalt auszuführen. Es scheint, dass eine derartige Situation am häufigsten bei Lebensgefährten auftreten kann. Denn wenn zwei Personen dauerhaft miteinander verbunden sind, sowohl emotional aber auch wirtschaftlich, wäre eine Auftragserteilung für nur einen von ihnen nicht möglich.

---

[406] Jan Szczerski, Komentarz (Der Kommentar), Band II, S.1544.

[407] Krzysztof Pietrzykowski, Kodeks cywilny. Komentarz (Das Zivilgesetzbuch. Der Kommentar) Band II, S.328.

Hier ist die Rede von einer Situation, in der ein Lebensgefährte für einen anderen Lebensgefährten tätig ist, ohne eine formale Berechtigung oder eine Rechtspflicht dafür zu haben. Treffend und eindrucksvoll wird in der Literatur verdeutlich: Die Einmischung in fremde Angelegenheiten erfolgt aus dem Eigentrieb der handelnden Person.[408]

Im Grunde entstammt dies dem römischen Recht, des sog. negotiorum gestio. Im Prinzip stehen die Systeme des Zivilrechts der Geschäftsführung ohne Auftrag wohlwollend gegenüber; im schlechtesten Fall wird dieses toleriert.[409]

Im Verständnis des Zivilgesetzbuches sind fremde Sachen sowohl faktische Handlungen als auch Rechtsgeschäfte, die durchgeführt werden in vollem Bewusstsein dessen, dass die Handlung die Rechtssphäre einer dritten Person betrifft, die diese Handlung hätte selbst tätigen können, wenn nicht bestimmte Umstände dazu geführt hätten, dass der Handelnde für die besagte Person tätig wird. Die dritte Person, für welche die Handlung getätigt wird, kann auch eine beliebige natürliche oder juristische Person sein, sogar ein nasciturus[410] oder eine angehende juristische Person.[411]

Die Bedingung, eine fremde Sache ohne Auftrag zu führen, ist ein Nutzen für die Person, in deren Sache man tätig ist. Diesen Nutzen soll man sowohl objektiv als auch subjektiv bewerten. Der Nutzen soll vor der Aufnahme der Tätigkeit sowie bei der Schlussabrechnung vorhanden sein.[412]

Jeder in fremder Sache ohne Auftrag Handelnde, darunter auch der Lebenspartner, welcher für seinen Partner handelt, sollte geleitet werden von dem wahrscheinlichen, hypothetischen Willen der anderen Person. Und wenn er diese Person kennt, muss er sie respektieren und in seinem Handeln auch mit erforderlicher Sorgfalt vorgehen.

Dies sind nicht die einzigen Verpflichtungen, die er erfüllen muss. Gemäß Artikel 753 des Zivilgesetzbuches sollte der Handelnde „im Rahmen des Möglichen“ die andere Person über sein Handeln informieren oder es wenigstens versuchen.

Nach Benachrichtigung dieser Person sollte er auf deren Aufträge warten oder die Tätigkeit solange weiter führen, bis diese Person sich selbst damit befassen kann. Auch ist der Handelnde verpflichtet, Rechnungen aus seiner Tätigkeit vorzulegen und alles vorzuzeigen, was er für die andere Person erreicht hat.

408 Witalis Ludwiczak, Prowadzenie cudzych spraw bez zlecenia (Geschäftsführung ohne Auftrag), S.5.

409 K. Pietrzykowski, Das Zivilgesetzbuch. Der Kommentar, S.345.

410 M. Nestrorowicz, Komentarz (Der Kommentar), Band II, S.693.

411 Das Urteil SN (des Obersten Gerichts) vom 10.02.1959, I CR 1229/58, OSP 1959, Nr.11, Pos.296.

412 Das Urteil SN (des Obersten Gerichts) vom 11.07.1968, II CR 266/68 PUG 1969, S.346.

Mit dieser Tätigkeit sind auch gewisse Rechte – auch finanzielle – verbunden. Der Handelnde kann verlangen, belegte Ausgaben und Aufwendungen samt Zinsen erstattet zu bekommen. Es geht um Ausgaben und Aufwendungen, die mit der Tätigkeit zusammenhängen und notwendig gewesen sind.

Erst der Artikel 754 des Zivilgesetzbuches legt die Grenzen der zulässigen Ingerenz in fremde Sachen fest. Es ist der Wille des Vertretenen, wenn er nicht gegen das Gesetz oder gegen die Grundsätze des gesellschaftlichen Zusammenlebens verstößt. Dieses tritt dann ein, wenn der Handelnde weiß, dass die betroffene Person gar nicht will, dass die Sache weiter geführt wird oder nicht wünscht, dass der Handelnde die Sache weiterführt.[413] Ein Verhalten gegen den Willen der anderen Person wird zur Folge haben, dass der Handelnde seine für die Sache aufgewandten Ausgaben nicht erstattet bekommt. Er wird dann auch für jeglichen Schaden, den er mit seiner Tätigkeit angerichtet hat, haftungspflichtig.

Schließlich sollte noch auf Folgendes hingewiesen werden: Wenn die Bindungen und Verhältnisse zwischen den Lebenspartnern sich auf gegenseitiges Vertrauen stützen, so dass einer von ihnen faktisch für den anderen handeln kann, kann er auch rechtmäßig wichtige und effektive Rechtsgeschäfte zum Vorteil seines Lebenspartners führen. Diese Tätigkeiten, die dann von der anderen Person bestätigt werden, gelten infolge dessen als Aufträge.[414]

III. Zwischenergebnis

Die nichteheliche Lebensgemeinschaft wird im deutschen und polnischen Recht entweder durch Trennung der Partner, Eheschließung oder durch den Tod eines der Partner aufgelöst. Bei der Beendigung der nichtehelichen Lebensgemeinschaft durch Trennung der Partner wird im Folgenden auf die Vermögensauseinandersetzung eingegangen, speziell dabei auf den Grundsatz der Nichtausgleichung und auf Rechtsgrundlagen für Ausgleichsansprüche. Zunächst jedoch soll sich der Beendigungsfreiheit zugewandt werden: Jedem Partner steht das Recht zu, die nichteheliche Lebensgemeinschaft form- und fristlos aufzulösen. Etwaige vertragliche Vereinbarungen, die dieses Recht einschränken oder gar ausschließen, sind nichtig.[415] Gleiches gilt bezüglich möglich vereinbarter Vertragsstra-

[413] K. Pietrzykowski, Das Zivilgesetzbuch. Der Kommentar, S.349.
[414] Der Artikel 756 des Zivilgesetzbuches.
[415] OLG Hamm NJW 1988,S. 2474.

fen. Eine andere Beurteilung würde dem im BGB geltenden Grundsatz zuwiderlaufen, wonach rechtsgeschäftlich eingegangene Dauerverpflichtungen immer kündbar sind. Einer möglichen vertraglichen Bindung auf Lebenszeit, welche so möglich wäre, steht jedoch Art. 6 GG entgegen. Eine lebenslange Bindung bleibt ausschließlich dem Rechtsinstitut der Ehe vorbehalten. Bei dem Grundsatz der Nichtausgleichung handelt es sich um einen vom 11. Zivilsenat des BGH entwickelten Grundsatz für die vermögensrechtliche Abwicklung von nichtehelichen Lebensgemeinschaften.[416] Dabei soll ein Gesamtschuldnerausgleich gem. § 426 I BGB bei Trennung der nichtehelichen Lebenspartner ausgeschlossen werden. Nach Ansicht des BGH stehen bei einer nichtehelichen Lebensgemeinschaft „die persönlichen Beziehungen derart im Vordergrund, dass sie auch das die Gemeinschaft betreffende vermögensmäßige Handeln der Partner bestimmen und daher nicht nur in persönlicher, sondern auch in wirtschaftlicher Hinsicht grundsätzlich keine Rechtsgemeinschaft besteht".[417] Vereinbaren beide Partner nicht etwas Besonderes, fänden persönliche und wirtschaftliche Leistungen keine gegenseitige Aufrechnung. Bezüglich einer Ausgleichung könne es sich dabei lediglich um Solidarität handeln. Eine Rechtspflicht hierzu besteht allerdings nicht. Nach Ansicht des 11. Zivilsenats des BGH gilt jener Grundsatz gleichwohl für Leistungen, welche über die Trennung hinausgehen und zu einer anhaltenden Besserung im Vermögen des anderen führen. Dies gilt für die erbrachten Leistungen auch bei der Annahme, dass diese in Erwartung einer länger andauernden Lebensgemeinschaft gerade deswegen getätigt wurden. „Wer mit einer Partnerschaft keine rechtlich dauerhafte Bindung eingehen wolle, übernehme so auch das Risiko, dass er wirtschaftliche Leistungen erbringt, die er dann nicht selbst mit voll ausnutzen und dennoch nicht ersetzt verlangen kann". [418] Der Rechtsprechung zufolge handelt es sich bei der nichtehelichen Lebensgemeinschaft um einen „rein tatsächlichen Vorgang".[419] Daraus kann man folgern, dass jegliche Zuwendungen der Partner untereinander einzig dem außerrechtlichen Bereich zuzuordnen sind.

Dieser Ansicht der Rechtsprechung steht eine nicht weniger überzeugende Kritik gegenüber.

Macht ein Partner dem anderen eine Zuwendung, so geschieht dies nicht ohne zumindest in gegenständlicher Hinsicht eine Rechtsfolge herbeiführen zu wollen. Eine Änderung von Rechten ist jedoch nur innerhalb einer Rechtsordnung möglich. Würde die rechtliche Grundlage fehlen, würde jede Zuwendung

---

[416] Leitentscheidung vom 24. März 1980, BGHZ 77, 55=FamRZ 1980, 664.

[417] BGHZ 77, 55, 58f.; seither ständige Rspr.

[418] BGH NJW 1983,1055 = FamRZ 1983, S.349.

[419] BGH FamRZ 1996, 1141, 1142; BGH FamRZ 1997, S. 1533- 1544.

mit der Möglichkeit der Rückforderung belastet sein. Ferner würde das Eingehen einer nichtehelichen Lebensgemeinschaft einen konkludenten Rechtsschutzverzicht bedeuten. Somit wäre schon dadurch eine Rechtsfolge nicht tragbar.

Die Rechtsprechung betont weiter die „Dominanz der persönlichen Beziehungen zwischen den Partnern einer nichtehelichen Lebensgemeinschaft".[420] Der 11. Zivilsenat selbst zieht hier die Parallele zum Rechtsinstitut Ehe, wo jene Dominanz ebenso im Vordergrund steht. Hier käme man nicht auf die Idee, innerhalb der Beziehung zwischen den Ehepartnern sowie in deren Vermögensbeziehungen auf einen rechtsfreien Raum zu schließen. Der Eheschluss stellt vielmehr eine Qualifikation bezüglich der Zuwendungen zwischen den Ehepartnern dar. Gleichwohl hilft diese auch nach Auflösung der Ehe mit der Lehre vom Wegfall der Geschäftsgrundlage.

Daraufhin stellt sich die Frage, ob ein gerechter Vermögensausgleich im deutschen und polnischen Recht zwischen einer aufgelösten nichtehelichen Lebensgemeinschaft praktisch überhaupt möglich sein kann.

Nach Auflösung des längeren Zusammenlebens ist es praktisch nicht möglich, seitens der Gerichte die exakten, gemeinsamen Haushalts- und Lebensführungsbeträge ermitteln zu lassen, um daraufhin Ausgleichsansprüche geltend machen zu können. Zudem kann es ungerechtfertigt sein, einzelne spektakulärere Leistungen zum Ausgleich bringen zu wollen, wenn diese zum Beispiel für umfangreiche Betreuungs- und Haushaltsdienste als Gegenleistung getätigt wurden. Auf diese Weise kann hier bereits von einem wertmäßigen Ausgleich gesprochen werden. Dabei gleichermaßen anzunehmen, dass besonders wertvolle Zuwendungen von jedem Vermögensausgleich auszuschließen sind, ist äußerst problematisch. Auch die nichteheliche Lebensgemeinschaft basiert auf der engen persönlichen Bindung der Partner. Die zum Teil erheblichen Zuwendungen der Partner untereinander, z. B. die Finanzierung des Hausbaus auf einem Grundstück, begründen sich zum einen auf dem Vertrauen gegenüber dem anderen einer lang anhaltenden Dauer der Lebensgemeinschaft und somit auf einer fortdauernden Nutzungsmöglichkeit derselben. Dies hat zur Folge, dass der begünstigte Partner im Falle der Auflösung der Lebensgemeinschaft nicht ohne weiteres jene formale Rechtsposition für sich beanspruchen kann. Mit derartigen Fällen beschäftigen sich die Gerichte überwiegend. Hierbei führt nicht die Versagung des Ausgleichs, sondern die Aufrechterhaltung der bestehenden Vermögensverteilung nach der Auflösung der Lebensgemeinschaft zu einem ungerechten Ergebnis. Hier wird deutlich, dass auch bei nichtehelichen Lebensgemeinschaften praktische Schwierigkeiten bezüglich des Vermögensausgleichs bei Auflösung der Lebensgemeinschaft bestehen. Diese sind auch nicht geringer zu

[420] Hausmann/Hohloch (Hrsg.), Das Recht der nichtehelichen Lebensgemeinschaft, S.230.

bewerten als die nach einer Scheidung einer Ehe in Gütertrennung. Ein genereller Ausschluss von Ausgleichsansprüchen kann daher nicht gerechtfertigt werden. Man kann somit auch schlussfolgern, dass der „Grundsatz der Nichtausgleichung“ der komplexen Wirklichkeit des Lebens nicht gerecht wird.

Ein gerechtes Ergebnis im Interesse beider kann daher nur unter Berücksichtigung der von beiden Partnern getroffenen Regelungen bezüglich des Vermögens und der Differenzierung der erbrachten Leistungen hinsichtlich ihres Zwecks gefunden werden. Bei der Differenzierung der Aufwendungen hinsichtlich des Zwecks sind dreierlei Bereiche zu betrachten.

Ein Ausgleich für Leistungen, die dem tagtäglichen Zusammenleben gedient haben, z. B. Dienstleistungen im Haushalt, übliche Betreuungs- und Pflegedienste, aber auch finanzielle oder gegenständliche Unterhaltsbeiträge (Mietzins für die gemeinsame Wohnung), scheiden in jedem Fall aus. Diese haben den ihnen bestimmten Zweck vollends erreicht und können rückwirkend nicht als zwecklose Aufwendung betrachtet werden. Eine objektive Gleichwertigkeit der Unterhaltsbeiträge ist in diesen Fällen unerheblich. Hinzu kommt, dass sich rückwirkend nur schwer feststellen lässt, welcher Partner in welchem Umfang zum gemeinsamen Unterhalt beigetragen hat. Selbst etwaige Mehrleistungen dienten einzig dem bezweckten Erfolg einer Grundlage in wirtschaftlicher Hinsicht zur Verwirklichung des nichtehelichen Zusammenlebens. Ebenso spielt es keine Rolle, ob die Leistungen aus Barmitteln oder mit Hilfe von Krediten aufgebracht worden sind.

Übersteigen die Leistungen eines oder beider Partner den üblichen Unterhalt und führen dabei zur Bildung oder Mehrung von Vermögenswerten bei einem oder beiden Partnern, kann ein möglicher Ausgleichsanspruch nicht gänzlich verwehrt werden. Hierbei müssen die Vermögenswerte die Auflösung der nichtehelichen Lebensgemeinschaft überdauern.[421]

Es kommt hier auf die von den Partnern verfolgten Ziele und der vermögensrechtlichen Organisation der Lebensgemeinschaft an. Wirtschafteten erkennbar beide Partner zur Erfüllung des Lebensunterhalts und Schaffung bzw. Mehrung der Güter, können die Beiträge beider nicht ungleich behandelt werden. Besteht jedoch die Übereinkunft, dass z.B. der Mann seine Einkünfte für die Tilgung eines Darlehens für die zum Miteigentum erworbene Immobilie verwenden soll, die Frau hingegen mit ihren Einkünften den laufenden Lebensunterhalt bestreitet, so wäre es nicht gerechtfertigt, dem Mann auf Grund seiner

---

421 Zutr. OLG Karlsruhe NJW 1994,S. 948. mit Anm. von Grziwotz: „Im Streitfall geht die Verschaffung des Miteigentums für die Beklagte an dem Baugrundstück durch den Kläger über die Zuwendungen im Rahmen einer nichtehelichen Lebensgemeinschaft hinaus, so dass nicht davon ausgegangen werden kann, die Leistung sollte ersatzlos von demjenigen erbracht werden, der hierzu in der Lage war.

Tilgungsleistungen bezüglich des Darlehens einen Ausgleichsanspruch zu gewähren, der Frau hingegen keinen. In der Lebenswirklichkeit existiert kein Typ der nichtehelichen Lebensgemeinschaft, für den die Nichtaufrechenbarkeit persönlicher und wirtschaftlicher Leistungen charakteristisch ist.[422] Sind beide Partner erwerbstätig gewesen und haben sie dabei ihre Vermögenswerte auch während des Zusammenlebens bewusst getrennt gehalten, so können auch hier Ausgleichsansprüche nicht im Ganzen verwehrt werden. Zuwendungen ohne Gemeinschaftsbezug sind jene Leistungen, die nicht im Interesse der Verwirklichung des Zusammenlebens vollbracht wurden. Sie sind allein dem Partner zu Gute gekommen.

Wegen der weitgehenden Nichtregelung der nichtehelichen Lebensgemeinschaften im deutschen und polnischen Recht, liegt es nahe, dass beide Partner einen Partnerschaftsvertrag untereinander schließen und sich somit selbst eine rechtliche Grundlage aufbauen. Dieser Vertrag regelt allerdings nur Rechte und Pflichten im Innenverhältnis der Partner. Dabei können im deutschen und polnischen Recht für einen solchen Partnerschaftsvertrag alle Arten von Schuldverträgen verwendet werden. Im deutschen Recht ist ihr Regelungsgehalt aber durch § 138 BGB begrenzt, der keine Regelung bezüglich des personalen Bereichs duldet. Danach ist ein Partnerschaftsvertrag nach § 138 BGB sittenwidrig, wenn ausschließlich sexuelle Motive für die Zuwendung bestimmend waren oder dadurch die Erfüllung von Unterhaltspflichten gefährdet, ein Erbvertrag ausgehöhlt oder gesetzliche Erb- oder Pflichtteilsrechte in anstößiger Weise beeinträchtigt werden. Ferner darf die Geltung des Eherechts nicht vereinbart werden.[423]

Zu beachten ist aber, dass aus dem reinen Zusammenleben der Partner noch nicht gefolgert werden kann, dass sie konkludent einen „Zusammenlebensvertrag“ mit umfassenden Rechten und Pflichten geschlossen haben.

Zusammenfassend kann gesagt werden, dass es im deutschen und polnischen Recht keine Gründe dafür gibt, dass die Lebenspartner solche Verträge miteinander nicht abschließen dürfen; wobei hier aber ein verderblicher Einfluss auf das persönliche Leben der Lebenspartner gegeben sein kann, vor allem dann, wenn das wirtschaftliche Unternehmen keine erwarteten Ergebnisse (Gewinne) und umgekehrt zeigt. Auch ist es unerwünscht, dass die nichteheliche Lebensgemeinschaft nur zwecks wirtschaftlicher Gewinne besteht, obwohl Gewinne mit dieser Institution nicht im Widerspruch stehen.

---

[422] vgl. OLG Düsseldorf FamRZ 1992, S. 670-671.
[423] MünchKomm/Wacke, § 1302 Rn.15.

Kapitel 4 – Rechtsfragen und -probleme hinsichtlich der Kinder nichtehelicher Lebenspartner

I. Verhältnis zwischen ehelichen und nichtehelichen Kindern im deutschen Recht

Seit den sechziger und siebziger Jahren des zwanzigsten Jahrhunderts nahm die Verbreitung einer neuen Form von nichtehelichen Lebensgemeinschaften (unverheiratete Paare) nicht nur in Deutschland, sondern in vielen europäischen und außereuropäischen Staaten zu.[424]

Kinder, deren Eltern unverheiratet zusammenleben, sind nichtehelich. Der Gesetzgeber verwendet aber nicht mehr den Begriff „nichteheliches Kind".

Diese Kinder hießen sogar noch in unserem Grundgesetz (Art. 6) bis 1979 „uneheliche Kinder". Da diese Vorsilbe „un" im Sprachgebrauch nicht selten einen abwertend-negierenden Charakter, wie z.B. bei Ungehorsam und Unrecht, hat, wurde diese Bezeichnung in „nichteheliche Kinder" geändert.

Nach Art. 6 V GG sind den nichtehelichen Kindern durch die Gesetzgebung gleiche Bedingungen für ihre leibliche und seelische Entwicklung und Stellung in der Gesellschaft zu schaffen wie den ehelichen.[425] Der Gesetzgeber versuchte, dieser Forderung zunächst mit dem Gesetz über die rechtliche Stellung der nichtehelichen Kinder vom 19. August 1969 nachzukommen (Nichtehelichengesetz BGBl. I 1969, 1243).[426] Dennoch wurde das gesellschaftliche Ungleichverhältnis zwischen einer ehelichen und einer nichtehelichen Geburt nicht beseitigt.

Nach Art. 8 der Europäischen Menschenrechtskonvention (EMRK) hat jedermann unter anderem Anspruch auf Achtung seines Familienlebens (right to respect for his family life/droit de la vie familiale).[427]

---

[424] Anne Röthel, Nichteheliche Lebensgemeinschaft- Neue Rechtsfragen und Regelungsaufgaben im In- und Ausland, S.511 ff.

[425] Andreas Roth, Die aktuelle Bedeutung des Art. 6 V GG für das Recht des nichtehelichen Kindes, FamRZ 1991, S.139ff.

[426] Anders BVerfG, 29.07.1968, BVerfGE 24. S. 119, 135 ff., das sich auf eine Prüfung des Art. 6 II GG beschränkt; zum Verhältnis von Abs. 1 und Abs. 5 vgl. BVerfG, 29.01.1969, BVerfGE 25, S. 167, 195f.

[427] Mirosław Nazar, Cywilnoprawne zagadnienia Konkubinatu (Die zivilrechtlichen Voraussetzungen für die nichteheliche Lebensgemeinschaft), S.103-113.

Aus diesem Grunde machte auch der Europäische Gerichtshof für Menschenrechte in seiner Entscheidung Marckx/ Belgien vom 13.6.1979 (NJW 1979, 2449) keinen Unterschied zwischen einer ehelichen und einer nichtehelichen Familie und entschied:

„Eine unterschiedliche Behandlung „nichtehelicher" Kinder gegenüber „ehelichen" Kindern verletzt Art. 8 in Verbindung mit Art. 14 EMRK, wenn sie nicht nach Einschätzung durch den Gerichtshof durch objektive und vernünftige Gründe gerechtfertigt ist".

Der Gerichtshof erkannte an, dass es an sich legitim, sogar verdienstvoll sei, der traditionellen Familie Hilfe und Ermutigung zuzuwenden. Die Mitglieder der „nichtehelichen" Familie müssten aber die Garantie des Art. 8 EMRK genauso wie die Mitglieder der traditionellen Familie genießen.[428]

Allerdings erst lange nach den entsprechenden Entscheidungen des BVerfG hat der Gesetzgeber das Kindschaftsrecht neu geregelt und dabei mehr oder weniger berücksichtigt, dass eine Familie heute nicht mehr unbedingt aus Ehefrau, Ehemann und Kindern besteht, sondern oft nur aus Mutter, Kind und Lebensgefährte, aus Vater, Kind und Lebensgefährtin, aus Mutter, Vater und Kind, wobei Vater und Mutter nicht verheiratet sind, oder aus Lebensgefährte, Lebensgefährtin und Kindern von verschiedenen, früheren Lebensgefährten oder Lebensgefährtinnen.[429]

Nicht zur Stärkung der nichtehelichen Lebensgemeinschaft sondern zum Wohle des nichtehelichen Kindes, traten am 1. Juli 1998 einige wesentliche Neuerungen in Kraft, die sich aber auf nichteheliche Lebensgemeinschaften in einer positiven Weise auswirken, so dass man die Behauptung wagen könnte, sie haben indirekt im Kindschaftsrecht zumindest die Form des nichtehelichen Zusammenlebens anerkannt, welches „eheähnlich" ist. Als Leitgedanken der neuen Gesetze stehen von nun an bei allen familienrechtlichen Entscheidungen das Kindeswohl im Mittelpunkt,[430] sowie ein Anspruch des Kindes auf Eltern, auf die Mutter als auch auf den Vater.[431] Seit dem 01.07.1998 wurden das Namensrecht, sowie das Sorgerecht und die Unterhaltsansprüche geändert.

Nach der relativ weitgehenden Gleichstellung des nichtehelichen Kindes führt die Anwendung des Kindschaftsrechtes durch den juristischen Berater zu keinen größeren Schwierigkeiten mehr.

---

[428] Christiane Schreiber, Die nichteheliche Lebensgemeinschaft, S.165.

[429] Finn Zwißler, Die Nichteheliche Lebensgemeinschaft, S. 127.

[430] Alexander Bergmann, Murad Ferid, Dieter Henrich (Hrsg.), Internationales Ehe- und Kindschaftsrecht mit Staatsangehörigkeitsrecht, 186. Lf., Verlag für Standesamtswesen, S.1-81.

[431] Ebd. Finn Zwißler, Die nichteheliche Lebensgemeinschaft, Grunslagen und Muster für die anwaltliche Praxis, S.128.

1. Namensrecht

Bei nichtehelicher Lebensgemeinschaft trägt jeder Partner seinen Geburtsnamen, d.h. sie müssen keine Erklärung gegenüber dem Standesbeamten über einen gemeinsamen Namen oder einen Doppelnamen abgeben.

Daraus gestaltet sich die Schwierigkeit der Wahl des Nachnamens des gemeinsamen Kindes.

1.1. Wahl des Nachnamens beim gemeinsamen Sorgerecht

Das Kind erhält den Ehenamen seiner Eltern als Geburtsname. Führen die Eltern keinen Ehenamen und steht ihnen die Sorge gemeinsam zu, so bestimmen die Eltern durch Erklärung gegenüber dem Standesbeamten den Namen zum Geburtsnamen des Kindes, § 1617 I BGB, den der Vater oder die Mutter zur Zeit der Erklärung führt.

Treffen die Eltern keine Bestimmung innerhalb eines Monats nach der Geburt des Kindes, kann das Amtsgericht, Familiengericht, das Recht zur Bestimmung des Nachnamens einem Partner alleine übertragen und dabei eine Frist zur Ausübung der Namensbestimmung setzen § 1617 II BGB.

Wenn innerhalb dieser Frist keine Namensbestimmung erfolgt, erhält das Kind den Namen des Elternteils, welchem das Gericht das Namensbestimmungsrecht übertragen hatte.

Die Namensbestimmung gilt um unterschiedliche Namen sämtlicher weiteren Kinder, allerdings nur, soweit sie von beiden Partnern gemeinsam stammen zu vermeiden § 1617 I BGB.[432]

1.2. Wahl des Namens bei alleinigem Sorgerecht

a) Was den Nachnamen des Kindes betrifft, ist das Gesetz eindeutig: Das Kind, nicht miteinander verheirateter Eltern erhält automatisch den Namen, den der allein sorgeberechtigte Elternteil zum Zeitpunkt der Geburt des Kindes geführt hat (§ 1617a I BGB).[433]

Ist die Mutter nicht mit dem Vater verheiratet und wurde keine gemeinsame Sorgerechtserklärung abgegeben,[434] so steht ihr die elterliche Sorge allein

---

432 Finn Zwißler, Die nichteheliche Lebensgemeinschaft, Grunslagen und Muster für die anwaltliche Praxis, S.145.

433 Jochen Duderstadt, Die nichteheliche Lebensgemeinschaft, S. 35.

434 Helmut Büttner, Unterhalt für die nichteheliche Mutter, FamRZ 2000, 781ff

zu und das Kind erhält automatisch den Namen der Mutter, den diese zum Zeitpunkt der Geburt des Kindes führt.[435]

Das kann sowohl ihr Geburtsname sein, als auch ein Ehename aus einer Ehe mit einem anderen Mann, der nicht Elternteil des Kindes ist. Ehenamen werden also durchaus auch auf Abkömmlinge übertragen, die nicht von dem ursprünglichen Namensträger abstammen.[436]

Kommt es erst später zum gemeinsamen Sorgerecht, kann innerhalb von 3 Monaten nach wirksamer Abgabe der Sorgeerklärung der Nachname des Kindes geändert werden gem. § 1617b BGB.

b) Der Elternteil, dem die elterliche Sorge für ein Kind allein zusteht, kann dem Kind durch Erklärung gegenüber dem Standesbeamten den Namen des anderen Elternteils erteilen, sofern dieser damit einverstanden ist. Entgegen früheren Regelungen, aufgrund derer schon aus dem Namen des Kindes zwingend auf die uneheliche Geburt des Kindes geschlossen werden konnte, ist dies heute wegen der verschiedenen Wahlmöglichkeiten sowohl bei verheiratetem wie bei unverheiratetem Zusammenleben nicht mehr möglich § 1617a II BGB.[437]

1.3. Vermeidung von Doppelnamen bei Kindern

Ausdrücklich wird darauf hingewiesen, dass für das gemeinsame Kind kein Doppelname als Nachname bestimmt werden kann.

Es ist nur möglich, entweder den Namen des einen Partners oder den des anderen zu wählen. Unzulässig ist allerdings nur die Neubildung eines Doppelnamens aus den Nachnamen beider Partner. Führt beispielsweise die Mutter zur Zeitpunkt der Geburt bereits einen Doppelnamen, so kann auch dieser Doppelname als Nachname des Kindes bestimmt werden.

---

[435] Felix Odersky, Kommentar zum nichtehelichen Gesetz, S. 6.

[436] Christiane Schreiber, Die nichteheliche Lebensgemeinschaft : Bestandsaufnahme, Rechtsvergleich, Gestaltungsvorschläge, S.168.

[437] Christiane Schreiber, Die nichteheliche Lebensgemeinschaft : Bestandsaufnahme, Rechtsvergleich, Gestaltungsvorschläge, S.168.

1.4. Nachnamen des Kindes bei Heirat der nichtehelichen Eltern

Heiratet ein Elternteil, dem die elterliche Sorge zusteht, so kann dem Kind der neue Ehename des Ehegatten, der nicht die elterliche Sorge hat, erteilt werden (§ 1618 BGB).

Der gewählte Ehename kann dem von dem Kind bereits geführten Namen vorangestellt oder hinten angefügt werden.

Auch so kann es zu der grundsätzlich unerwünschten Bildung von Doppelnamen bei Kindern kommen.

1.5. Nachnamen des nichtehelichen Kindes, wenn die Mutter bei dessen Geburt noch verheiratet ist

- Gemäß § 1616 BGB erhält das Kind den Ehenamen, welchen seine Mutter führt, wenn die Mutter bei der Geburt des Kindes noch verheiratet ist.[438]

- Gemäß § 1355 V BGB darf die Mutter ihren Geburtsnamen wieder annehmen oder den Ehenamen nach der Scheidung der Ehe weiterführen.

- Gemäß § 1617c II BGB erstreckt sich die Namenänderung auf das Kind, wenn das Kind noch nicht fünf Jahre alt ist.[439]

2. Das elterliche Sorgerecht

Was ist elterliche Sorge?

Nach der gesetzlichen Bestimmung von § 1626 I BGB ist die elterliche Sorge das Recht und die Pflicht des Vaters und der Mutter, für das minderjährige Kind zu sorgen.

Diese elterliche Sorge umfasst sowohl die Sorge für die Person des Kindes (Personensorge) als auch für das Vermögen (Vermögenssorge).[440]

---

[438] Finn Zwißler, Die nichteheliche Lebensgemeinschaft, Grunslagen und Muster für die anwaltliche Praxis, S.147.

[439] Finn Zwißler, Die nichteheliche Lebensgemeinschaft, Grunslagen und Muster für die anwaltliche Praxis, S.147.

[440] Harald Oelkers, Das neue Sorgerecht in der familienrechtlichen Praxis, FuR 1999, S.349ff.

Personensorge

Sie umfasst insbesondere das Recht und die Pflicht, das Kind zu pflegen,[441] zu erziehen und seinen Aufenthalt zu bestimmten (Aufenthaltsbestimmungsrecht).

Vermögenssorge

Sie umfasst die Verwaltung des Kindesvermögens, im weitesten Sinne also des Eigentums und der Einkünfte.[442]

2.1. Gemeinsames Sorgerecht

- Für eheliche Kinder:
  Die Eltern haben die gemeinsame Sorge für das Kind von Geburt an § 1626 BGB.

- Für nichteheliche Kinder:
  Gemäß § 1626a I BGB besteht die Möglichkeit, dass beide Elternteile die gemeinsame Sorge für das Kind übernehmen, wenn sie:

(1) erklären, dass sie die Sorge gemeinsam übernehmen wollen (Sorgeerklärung)

oder

(2) einander heiraten.

Liegen diese Voraussetzungen nicht vor, hat die Mutter die elterliche Sorge nach § 1626 a II BGB.[443]

---

441 OLG Brandenburg, FamRZ 2000, S.1033.

442 Kurt Schellhammer, Familienrecht nach Anspruchsgrundlagen, S.435.

443 BVerfG, 29.1.2003 – 1 BvL 20/99 – in NJW 2003, 955.

2.2. Sorgeerklärung

Die Sorgeerklärung ist gesetzlich geregelt.

Sie kann nicht unter Zeitbestimmung oder unter einer Bedingung des § 1626b I BGB abgegeben werden. Möglich ist aber die Abgabe der Sorgeerklärung schon vor der Geburt des Kindes § 1626b II BGB.[444]

Das gemeinsame Sorgerecht nichtehelicher Eltern ist gleichbedeutend mit dem gemeinsamen Sorgerecht verheirateter Eltern, wenn die Sorgeerklärung wirksam erteilt wurde. Die Sorgeerklärung ist von den Eltern selbst abzugeben und sie öffentlich zu beurkunden, § 1626 BGB. Zuständig für die öffentliche Beurkundung ist gemäß § 59 I S.1 Nr. 8 SGB VIII das Jugendamt oder gemäß § 20 I BNotO der Notar.[445] Die Eltern sind grundsätzlich an die einmal wirksam erteilte Sorgeerklärung gebunden. Die einmal abgegebene Sorgeerklärung kann nur geändert werden in Fällen des

(1) Kindesmissbrauchs gemäß § 1666 BGB

und

(2) im Falle einer Trennung gemäß § 1671 BGB.

Leben die Eltern getrennt, kann das Familiengericht die Sorge ganz oder teilweise einem Elternteil allein übertragen.[446] Erforderlich hierzu ist ein Antrag. Dem Antrag wird grundsätzlich nur stattgegeben, wenn der andere Elternteil einverstanden oder zu erwarten ist, dass die Aufhebung der gemeinsamen Sorge und die Übertragung auf den Antragsteller dem Wohle des Kindes am besten entspricht. Dies sind dieselben Voraussetzungen wie bei verheirateten Eltern.

Wird über den Entzug der elterlichen Sorge über ein nichteheliches Kind wegen Gefährdung seines Wohls entschieden, ohne den Vater des Kindes gemäß § 50a FGG anzuhören, so liegt darin ein wesentlicher Verfahrensmangel.[447]

Bei einer nichtehelichen Geburt hatte der Vater bis zu der am 01.07.1998 in Kraft getretenen Neuregelung des Kindschaftsrechtes kein elterliches Sorgerecht und konnte ein solches gemeinsam mit der Mutter auch nicht erlangen.

---

[444] Vgl. hierzu Deutsches Institut für Vormundschaftswesen e.V., Gutachten vom 11.04.2000, DA Vorn 2000, S. 320ff.

[445] Jochen Duderstadt, Die nichteheliche Lebensgemeinschaft, S. 47.

[446] Finn Zwißler, Die nichteheliche Lebensgemeinschaft, Grundlagen und Muster für die anwaltliche Praxis, S. 137.

[447] OLG Köln, FamRZ 99, 531.

Soweit sich die Eltern einig waren, hat der Vater zwar in vielen Fällen faktisch die elterliche Sorge für das gemeinsame Kind ausgeübt.[448]

War jedoch das Einverständnis mit der Mutter nicht zu erzielen, führte bisher kein Weg an dem Sorgerechtsausschluss vorbei, selbst dann nicht, wenn die Beziehungen zu dem Kind und umgekehrt besonders eng waren.

Die seit langem heftig geführte Kontroverse zu einem gemeinsamen Sorgerecht der Eltern eines nichtehelichen Kindes hat das Bundesverfassungsgericht in seiner Entscheidung vom 07. Mai 1991 (NJW 1991, 1944) teilweise beendet.[449]

Das Gericht hat deutlich gemacht, dass es gegen Art.6 II GG verstieße, wenn eine gemeinsame Ausübung der elterlichen Sorge durch den Vater und die Mutter eines nichtehelichen Kindes selbst dann von Gesetzes wegen ausgeschlossen sei, wenn die Eltern mit dem Kind zusammenleben würden, beide bereit und der Lage seien, die elterliche Verantwortung zu übernehmen und dies dem Kindeswohl entspräche.

Ein gemeinsames Sorgerecht sei darüber hinaus geeignet, beiden Eltern die Verantwortung für das Kind deutlich zu machen und zur stetigen Beziehung beizutragen.

2.3. Annahme als Kind

Die Regelungen zur Adoption eines Kindes wurden durch das am 01.07.1989 in Kraft getretene KindRG geändert.

Durch die Neuregelung im KindRG ist die Möglichkeit entfallen, sein eigenes nichteheliches Kind zu adoptieren.[450] Der Gesetzgeber meint, dass wegen der nunmehr vorhandenen Gleichstellung von ehelichen und nichtehelichen Kindern hierfür kein Bedürfnis mehr bestehe.

Für nicht gemeinsame Kinder ist auch kein gemeinsames Sorgerecht möglich. Insoweit bleibt nur der Weg über eine Adoption.

Die Annahme eines minderjährigen Kindes ist nur zulässig, wenn sie dem Wohl des Kindes dient und zu erwarten ist, dass zwischen den Adoptierenden und dem Kind ein Eltern- Kind- Verhältnis entsteht § 1741 I S.1 BGB. Die Annahme (früher Adoption) eines volljährigen Kindes ist geregelt in §§ 1767 ff. BGB.

---

[448] Christiane Schreiber, Die nichteheliche Lebensgemeinschaft : Bestandsaufnahme, Rechtsvergleich, Gestaltungsvorschläge, S. 174.

[449] Christiane Schreiber, Die nichteheliche Lebensgemeinschaft : Bestandsaufnahme, Rechtsvergleich, Gestaltungsvorschläge, S. 174.

[450] Rainer Frank, Die Neuregelung des Adoptionsrechts, FamRZ 1998, S. 393-399.

Ein Ehepaar kann ein Kind grundsätzlich nur gemeinschaftlich annehmen § 1741 II S.2 BGB.[451]

Ein Ehegatte kann aber sein nichteheliches Kind oder ein Kind seines Ehegatten allein annehmen § 1741 II S.3 BGB.

Auch wenn ein Ehegatte geschäftsunfähig oder nur beschränkt geschäftsfähig ist, kann der andere Ehegatte ein Kind allein adoptieren § 1741 II S.4 BGB.

Jemand der nicht verheiratet ist, kann ein Kind (nur) allein adoptieren § 1741 II S.1 BGB.

Stets sind die Kindesinteressen zu berücksichtigen nach § 1745 BGB. Erforderlich ist die Einwilligung des Kindes, wenn es vierzehn Jahre alt ist. Wenn es geschäftsunfähig oder noch keine vierzehn Jahre alt ist, dann ist eine Einwilligung des gesetzlichen Vertreters notwendig und bei unterschiedlicher Staatsangehörigkeit die Genehmigung des Vormundschaftsgerichts § 1746 BGB.

Die Annahme eines Kindes durch einen Ehegatten allein bedarf der Einwilligung seines Ehegatten § 1749 I S.1 BGB. Diese kann u.U. durch das Vormundschaftsgericht ersetzt werden § 1749 I S.1 BGB.

Auch bei der Adoption eines Verheirateten ist die Einwilligung seines Ehegatten erforderlich § 1749 II BGB.

Der Adoptierende muss ferner mindestens 21 bzw. 25 Jahre alt sein. § 1743 BGB (Mindestalter).

3. Umgangsrecht

Wenn die Partner der nichtehelichen Lebensgemeinschaft mit ihren gemeinschaftlichen Kindern wie eine „normale Familie" zusammenleben macht das Umgangsrecht des Vaters keine Probleme, da ausreichende Kontakte zwischen Vater und Kind gegeben sind. Schwierigkeiten ergeben sich in der Regel erst, wenn die nichteheliche Lebensgemeinschaft durch Trennung der Partner aufgelöst wird.

3.1. Frühere Regelung

Nach § 1705 S. 1 BGB stand der Mutter das Sorgerecht für gemeinsame Kinder grundsätzlich allein zu,[452] so dass sich nach der Trennung der Partner gem. § 1711 I BGB auch das Umgangsrecht des Vaters mit seinem Kind bestimmte.

---

[451] Karlheinz Muscheler, Das Recht der Eingetragenen Lebenspartnerschaft, S. 342.

[452] Eberhard Ziegler/Karl-Heinz Mäuerle, Familienrecht, S. 268.

Gegen den Willen der Mutter konnte sich der Vater ein Umgangs- oder Besuchsrecht nur unter besonderen Voraussetzungen durch Entscheidung des Vormundschaftsgerichts nach § 1711 II BGB erkämpfen.

Das Verfahren stellte sich als äußerst problematisch dar. Mit einer positiven Entscheidung konnte immer dann gerechnet werden, wenn sich nach langjährigem Zusammenleben in einer Familie ohne Ehe eine wahre Vater-Kind- Beziehung herausgebildet hatte und der Vater den Umgang aus echtem Interesse am Kind anstrebte. Die Chancen des Vaters sanken jedoch, wenn Spannungen zwischen den Eltern bestanden.

3.2. Regelung seit 1998

Nach der Neuregelung des § 1684 BGB heißt es: „Das Kind hat das Recht auf Umgang mit jedem Elternteil; jeder Elternteil ist zum Umgang mit dem Kind verpflichtet."

Während in der Vergangenheit das Umgangsrecht nur Teil des verfassungsrechtlich geschützten Elternrechts war, hat das am 01.07.1998 in Kraft getretene KindRG das Schwergewicht stärker auf das Kind verlagert und diesem ein Recht auf Umgang mit seinen beiden Eltern gewährt.[453] Eine Verpflichtung auf Seiten des Kindes besteht nach dem Wortlaut des Gesetzes nicht.[454] Um seinen Anspruch in der Praxis durchzusetzen, kann das Kind auf Hilfe und Vermittlung des Jugendamtes zurückgreifen.[455]

Das Umgangsrecht kann ausgeschlossen oder eingeschränkt werden, soweit dies zum Wohle des Kindes erforderlich ist. Eine dauernde oder längerfristige Einschränkung des Umgangsrechts darf nur erfolgen, wenn sonst das Wohl des Kindes gefährdet würde. Möglich ist es auch, dass das Umgangsrecht von der Anwesenheit eines Dritten (einer Einzelperson oder eines Trägers der Jugendhilfe) abhängig gemacht wird (§ 1684 IV BGB). Eine solche Regelung ist dann wichtig, wenn z.B. bei der Trennung der Eltern Gewalt oder sexueller Missbrauch vermutet wurde.

Zu den Pflichten des sorgeberechtigten Elternteils gehört auch, den Umgang mit dem anderen Elternteil zu versagen, wenn dem Kind dadurch Gefahren drohen, wie z.B. wenn ein oder beide Elternteile psychisch gestört sind oder dass

---

453 Hausmann/ Hohloch (Hrsg.), Das Recht der nichtehelichen Lebensgemeinschaft, S.480-481.

454 Barbara Mutke, Britta Tammen, Das neue Kindschaftsrecht – Entwicklungen, Meinungen, Tendenzen, S. 39.

455 Christiane Schreiber, Die nichteheliche Lebensgemeinschaft: Bestandsaufnahme, Rechtsvergleich, Gestaltungsvorschläge, S. 179.

die Mutter das Kind nicht zum Vater in die Drogenszene geben kann. Derartige Konfliktfälle erfordern meist eine gerichtliche Entscheidung.[456]

Während nach alter Regelung es dem Wohle des Kindes entsprechen musste, dass der Vater das Umgangsrecht ausübt, findet es nach der neuen Gesetzesfassung immer statt, solange es dem Kindeswohl nicht widerspricht. Eine Gefährdung des Kindeswohls wird in der Rechtsprechung[457] grundsätzlich weder in einem geringen Alter des Kindes gesehen noch in der Tatsache, dass das sich anbahnende Vater-Kind-Verhältnis zum neuen Lebensgefährten der Mutter gestört werden könnte.

Durch § 1685 BGB wurde das Umgangsrecht auch auf andere Personen erweitert, mit denen das Kind längere Zeit in häuslicher Gemeinschaft gelebt oder eine besondere Beziehung aufgebaut hat.

Der nichteheliche Lebensgefährte der Mutter der Kinder gehört nicht zu den umgangsberechtigten Personen.[458]

Das Umgangsrecht soll eine Entfremdung des Kindes von dem nicht sorgeberechtigten Elternteil verhindern. Besonders wichtig sind daher die zeitliche Gestaltung des Umgangsrechts und die Berücksichtigung der jeweiligen Einzelfallsituation.

Der Ort und der zeitliche Umfang des Umgangskontaktes sind dem Alter und dem Entwicklungsstand des Kindes anzupassen. Üblich sind zwei Besuche im Monat, bei größeren Kindern mit Übernachtung. Bei kleinen Kindern kann der Besuch auch in der Wohnung des Sorgeberechtigten stattfinden.

Nach § 1685 BGB haben die Großeltern und Geschwister ein Recht auf Umgang mit dem Kind, wenn dieser Umgang dem Wohl des Kindes dient. Besteht keine Bindung zwischen dem Kind und seinen Großeltern, dann kommt ein solcher Umgang mit dem Kind nur in Betracht, wenn er für dessen Entwicklung förderlich ist. Bei Meinungsverschiedenheiten über das Umgangsrecht haben die Eltern das vorrangige Bestimmungsrecht, und die Großeltern müssen dieses Vorrecht anerkennen.

Kinder sollen möglichst mit ihren Geschwistern zusammen aufwachsen. Eine Trennung der Geschwister ist grundsätzlich zu verhindern. Wenn sich die Eltern getrennt haben, die Geschwister aber zusammenbleiben können, dann vermittelt ihnen dies das Gefühl einer fortbestehenden Gemeinschaft und mildert den Schmerz über das Zerbrechen der Familie.[459] Die Geschwisterbindung

---

[456] Witold Cwiek, Konkubinat, S. 53-54.

[457] OLG Karlsruhe FamRZ 1999, 184.

[458] OLG Bamberg FamRZ 1999, 810.

[459] Annegret Will, Macht und Gleichheit, Die Reform des nichtehelichen Kindschaftsrecht aus der Perspektive der nichtehelichen Mutter, S. 156-165.

ist bei dem Übergang der elterlichen Sorge auf einen Elternteil von ausschlaggebender Bedeutung.

Anders ist es, wenn das in der nichtehelichen Lebensgemeinschaft lebende Kind einen Mann oder eine Frau außerhalb der Lebensgemeinschaft zum Vater oder zur Mutter hat. Dann besteht ein beiderseitiges Umgangsrecht zwischen dem Kind und dem Außenstehenden Elternteil, während der Partner des mit dem Kind nicht verheiratet zusammenlebenden Elternteils den faktischen Umgang mit dem Kind hat, aber weder ein Umgangsrecht noch eine Umgangspflicht.[460]

Mit Satz 2 des Abs. 2 zieht § 1684 BGB einen Dritten als Obhutsperson in die Umgangsbeziehung ein; das kann der mit dem Kind nicht verwandte nichteheliche Partner sein. Damit ist dieser aber nicht geradezu in den Kreis der Umgangsberechtigten aufgenommen, weil die Erweiterung der Umgangsberechtigung auf Dritte in § 1685 II BGB geregelt ist. Ohne ein Recht zum Umgang zu haben, kann der nichteheliche Partner des Elternteils beanspruchen, dass sein faktischer Umgang mit dem Kind nicht beeinträchtigt wird, auch nicht von dem Außenstehenden Elternteil. Umgekehrt muss der mit dem Kind zusammenlebende Partner des Elternteils alles unterlassen, was den Umgang zwischen dem Kind und dem Außenstehenden Elternteil erschwert. Gegebenenfalls kann das FamG gemäß § 1684 III BGB auch an den Partner Anordnungen zur Erfüllung dieser Pflicht richten.[461]

Jeder Elternteil kann vom anderen Elternteil Auskunft über die persönlichen Verhältnisse des Kindes verlangen. Dieser Auskunftsanspruch gibt dem nicht sorgeberechtigten Elternteil die Möglichkeit, sich von der Entwicklung und dem Wohlergeben des Kindes zu überzeugen.

Es ist insoweit Ersatz für den Elternteil, dessen Umgangsrecht aus Gründen des Kindeswohls eingeschränkt oder ausgeschlossen ist. Es muss allerdings ein berechtigtes Auskunftsinteresse bestehen. Der Sorgeberechtigte ist nicht verpflichtet, fortlaufend über alle Vorfälle des täglichen Lebens und die schulischen Leistungen des Kindes Auskunft zu erteilen. Es genügt wenn dem Antragsteller allgemeine Berichte über die Entwicklung des Kindes und Fotos übersendet werden, die einen Gesamteindruck über die derzeitige Situation des Kindes geben.

---

[460] Hausmann/ Hohloch (Hrsg.), Das Recht der nichtehelichen Lebensgemeinschaft, S. 481.

[461] Hausmann/ Hohloch (Hrsg.), Das Recht der nichtehelichen Lebensgemeinschaft, S. 482.

4. Unterhaltsansprüche

Im Prinzip ist klar: Eltern sind ihren Kindern gegenüber unterhaltspflichtig. Das Gleiche gilt für Kinder gegenüber ihren Eltern. Verwandte in gerader Linie sind verpflichtet, einander Unterhalt zu gewähren § 1601 BGB.[462] Für den Kindesunterhalt wird also an das Verwandtschaftsverhältnis angeknüpft, und damit die Tatsache, dass der Unterhaltsschuldner der Vater oder die Mutter des Unterhaltsberechtigten ist.[463]

Nach dem alten bis zum 01.07.1998 geltenden Recht gab es bei aller Bemühung um Gleichstellung nichtehelicher Kinder aber noch immer Unterschiede für Unterhaltsansprüche zwischen Kind und Vater. In der Praxis bekamen nichteheliche Kinder vom Vater meist nur den so genannten Regelunterhalt, der deutlich niedriger war als der Unterhalt eines ehelichen Kindes.

Das neue Kindesunterhaltsgesetz hat diese Unterschiede beseitigt. Heute können Kinder nicht miteinander verheirateter Eltern den ganz normalen Unterhalt verlangen wie Kinder verheirateter Eltern auch. Das gilt nicht nur, wie früher, zwischen Mutter und Kind, sondern auch zwischen Vater und Kind. Voraussetzung ist allerdings, dass die Vaterschaft entweder durch Anerkennung oder durch Vaterschaftsfeststellung rechtlich geklärt ist. Eine Vermutung der Vaterschaft, die es bei verheirateten Eltern gibt, besteht bei ohne Trauschein zusammenlebenden Partnern und ihrem Kind nicht (§ 1592 BGB).

Die nichteheliche Mutter ist genau wie die eheliche Mutter zum Unterhalt des Kindes verpflichtet. In der Regel erfüllt sie die Pflicht durch Erziehung und Pflege des Kindes. Soweit sie vom Vater keinen finanziellen Unterhaltsbeitrag für das Kind erhalten kann, muss sie sich notfalls an das Sozialamt wenden. Alle Kinder können einen individuellen Unterhaltanspruch gegen den Vater und eventuell gegen die Mutter geltend machen. Individuell bedeutet in diesem Fall, dass der Unterhaltsanspruch den Verhältnissen des Einzelfalles jeweils angepasst wird.

4.1. Regelunterhalt

Für eheliche Kinder gibt es bisher keinen Regelunterhalt. Bei den nichtehelichen Kindern hat aber die individuelle Unterhaltsklage in der Praxis nur eine geringe

---

[462] Das Zusammenleben in nichteheliche Lebensgemeinschaften lässt den Anspruch auf Ausbildungsunterhalt nach § 1610 II BGB deshalb grundsätzlich unberührt (OLG Celle, FamRZ 1993, 352= NJW 1993, 2880 mit Hinweis auf die Gegenmeinung).

[463] Finn Zwißler, Die nichteheliche Lebensgemeinschaft, Grundlagen und Muster für die anwaltliche Praxis, S.129.

Bedeutung. In der überwiegenden Zahl der Fälle begehrt das nicht eheliche Kind den so genannten Regelunterhalt. Der Regelunterhalt ist der Unterhalt, der zum Unterhalt des Kindes bei einfacher Lebenshaltung im Regelfall erforderlich ist. Der Regelunterhalt wird in einem gesonderten Verfahren (§§ 642-644 Zivilprozessordnung)[464] geltend gemacht.

4.2. Bedürftigkeit des Kindes

Das Kind ist allerdings nur unterhaltsberechtigt, wenn es außerstande ist, sich selbst zu unterhalten. Anderseits kann ein minderjähriges unverheiratetes Kind von seinen Eltern, auch wenn es Vermögen hat, die Gewährung des Unterhalts insoweit verlangen, als die Einkünfte seines Vermögens und der Ertrag seiner Arbeit zum Unterhalt nicht ausreichen (§ 1602 BGB).[465]

Auf den Nachweis der Bedürftigkeit des Kindes und der Leistungsfähigkeit des Vaters kommt es beim Regelunterhalt grundsätzlich nicht an; eine Herabsetzung unter den Regelunterhalt kann nur im Falle einer wesentlich geringeren Leistungsfähigkeit verlangt werden § 1615 BGB.[466]

4.3. Leistungsfähigkeit des Unterhaltsverpflichteten

Seitens des Unterhaltspflichtigen kommt es darauf an, ob dieser leistungsfähig ist.

Unterhaltspflichtig ist nicht, wer bei Berücksichtigung seiner sonstigen Verpflichtungen außerstande ist, ohne Gefährdung seines angemessenen Unterhaltes den Unterhalt zu gewähren. Für Eltern gilt darüber hinaus, dass diese ihren minderjährigen unverheirateten Kindern gegenüber verpflichtet sind, alle verfügbaren Mittel zu ihrem und dem Unterhalt der Kinder gleichmäßig zu verwenden (§ 1603 BGB).[467]

Sind mehrere Bedürftige vorhanden und ist der unterhaltspflichtige außerstande, allen Unterhalt zu gewähren, so gehen die Kinder dem Ehegatten vor (§ 1609 BGB). Die nichtehelichen Kinder gehen dem Ehegatten sowohl bei noch bestehender Ehe als auch bei geschiedener Ehe vor. Nichteheliche und eheliche Kinder stehen auf gleiche Stufe.

---

[464] Kein Unterhaltsprozess ist die Auskunftsklage zur Vorbereitung des Unterhaltsprozesses, OLG Hamm FamRZ 2000, 362.

[465] Finn Zwißler, Die nichteheliche Lebensgemeinschaft, Grunslagen und Muster für die anwaltliche Praxis, S.129.

[466] Rudolf Schröder/Ludwig Bergschneider, Familien- Vermögensrecht, S.651.

[467] Ebenda Finn Zwißler, Die nichteheliche Lebensgemeinschaft, Grundlagen und Muster für die anwaltliche Praxis, S.129.

4.4. Umfang des Unterhaltsanspruches

Das nichteheliche Kind ist nicht mehr auf den Mindestunterhalt beschränkt. Bei der Kindschaftsrechtsreform kann mithin auch das nichteheliche Kind den Einkommensverhältnissen seines Vaters partizipieren.

Der Unterhaltspflichtige hat angemessenen Unterhalt nach der Lebensstellung des Bedürftigen zu gewähren. Unterhalt umfasst den gesamten Lebensbedarf einschließlich der Kosten einer angemessenen Vorbildung zu einem Beruf, bei einer erziehungsbedürftigen Person auch die Kosten der Erziehung § 1610 BGB.[468]

Dies gilt für nichteheliche nunmehr gleichermaßen wie für eheliche Kinder.

Die Höhe des Unterhalts richtet sich im Einzelnen nach der Düsseldorfer Tabelle bzw. den jeweiligen Leitlinien des jeweiligen Oberlandesgerichts.

4.5. Art der Unterhaltsleistung

Meistens besteht der Unterhalt aus der Zahlung einer Geldrente, die monatlich im Voraus zu zahlen ist. Wer ein minderjähriges Kind betreut (meist wird das die Mutter sein), erfüllt seine Unterhaltspflicht gegenüber dem Kind in der Regel durch die tatsächliche Pflege und Erziehung des Kindes § 1606 III BGB (Naturalunterhalt).[469] Eltern können ihren unverheirateten Kindern gegenüber die Art der Unterhaltsgewährung weitgehend selbst bestimmen (§ 1612 BGB), insbesondre können sie festlegen, dass das Kind den Unterhalt im elterlichen Haushalt in natura und nicht als Geldrente erhalten soll (Verwandtenunterhalt). Doch müssen sie die Belange des Kindes dabei berücksichtigen.

4.6. Unterhaltsverzicht

Für die Zukunft kann auf Kindesunterhalt nicht verzichtet werden (§ 1614 BGB); Ehegatten können für die Zeit nach der Scheidung, Verträge über den Unterhalt schließen (§ 1585c BGB). Bei nichtehelichen Müttern ist der Unterhalt auf drei Jahre beschränkt § 1615 l BGB.[470] Dies gilt nicht für das Kind.[471]

---

[468] Horst Luthin, Handbuch des Unterhaltsrechts, S.358.

[469] Laszlo Vaskovics, Detlef H. Rost, Marina Rupp, Lebenslage nichtehelicher Kinder, S.157-158.

[470] Jürgen A. Heinrich, Unterhaltsansprüche nach Aufhebung der nichtehelichen Lebensgemeinschaft, S.118ff.

[471] Dieter Schwab, Familienrecht, Rn. 408.

5. Erbrecht

Im Erbrecht nahm das nichteheliche Kind bislang im Verhältnis zu den Familienmitgliedern eine Sonderstellung ein. Ihm stand beim Tod des Vaters neben ehelichen Abkömmlingen des Erblassers und neben einer überlebenden Ehefrau anstelle des gesetzlichen Erbteils ein Erbersatzanspruch in Höhe des Wertes des Erbteils zu. Damit hatte das nichteheliche Kind immer nur eine Geldforderung, war aber weder am Besitz noch an der Verwaltung des Nachlasses beteiligt.

Durch das am 01.04.1998 in Kraft getretene Gesetz zur erbrechtlichen Gleichstellung nichtehelicher Kinder (BGB1. 1 1997, 2968) wurde die Sonderstellung des nichtehelichen Kindes abgeschafft zugunsten einer Erbenstellung.

Das nicht in einer Ehe geborene Kind wird Erbe wie andere Abkömmlinge auch. Die §§ 1934 a bis e BGB und damit die Möglichkeit des vorzeitigen Erbausgleichs, wurden ersatzlos gestrichen. Für die Erbfälle, die vor dem 1. 4 1998 eingetreten sind, verbleibt es bei der früheren Reglung.[472]

II. Lebensgemeinschaft und familiäre Verhältnisse im polnischen Recht

1. Beziehungen zwischen Lebenspartnern

Wie bereits oben erwähnt hat das polnische Recht, welches die nichteheliche Lebensgemeinschaft nicht regelt, dieses Problem nicht völlig außer Acht gelassen. Auf fast jedem Rechtsgebiet findet man Regeln, die hier entsprechende Anwendung finden, z.B. nach dem Prinzip von Analogien. Der Gesetzgeber lässt viele Fragen offen.

Man darf jedoch nicht die Rolle des Gesetzes vom 25. Februar 1964 (Familien- und Vormundschaftsgesetzbuch) außer Acht lassen. Dieses Gesetz bezieht sich grundsätzlich auf das Familienrecht, regelt die Beziehungen zwischen Eheleuten, Eltern und Kindern, ihre Vermögensverhältnisse, ihre Rechte und Pflichten. Es bleibt auch nicht völlig gleichgültig nahen Beziehungen gegenüber, auf deren Grundlage die nicht formalen Beziehungen entstehen.

Personen, die miteinander in einer nichtehelichen Lebensgemeinschaft zusammen leben, können in gewisser Weise auch die Rechte und Pflichten von

---

[472] Christiane Schreiber, Die nichteheliche Lebensgemeinschaft: Bestandsaufnahme, Rechtsvergleich, Gestaltungsvorschläge, S. 180.

Eheleuten beanspruchen. Besondere Bedeutung gewinnt dies bei Beziehungen zwischen Lebenspartnern sowie zwischen ihnen und ihren Kindern. Die Lebensgefährten sind in ihren Beziehungen völlig selbstständig. Sie können zwar den Haushalt gemeinsam führen, gemeinsam finanziell für ihre Kinder sorgen, doch nicht ohne Bedeutung bleibt die Tatsache, dass sie dem Gesetz gegenüber keine Gütergemeinschaft bilden. Am häufigsten werden sie zu Miteigentümern gemeinsam erworbener Güter oder Immobilien auf der Basis eines Miteigentums nach Bruchteilen – niemals jedoch nach Gesamthandeigentum.

Im Lichte des Gesetzes handeln die Lebenspartner als selbstständige Einheiten beim Erreichen eines bestimmten vorgegebenen Zieles. In den Beziehungen zu dritten Personen werden sie behandelt wie Teilhaber einer Gesellschaft des bürgerlichen Rechts. Ohne tiefer in diese Thematik vorzudringen (in einem früheren Kapitel dieser Arbeit wurde ausführlicher über das Thema gesprochen), soll nur noch darauf hinweisen werden, welcher rechtliche und gesellschaftliche Status Lebenspartnern zusteht. Die inneren Beziehungen zwischen Lebenspartnern werden durch die Zivilprozessordnung geschützt im Bereich der einzugehenden Verpflichtungen durch natürliche Personen auch mit persönlichem Charakter. Mehrfach mussten ordentliche Gerichte sich in die inneren Angelegenheiten von Lebenspartnern einmischen, wenn auch immer „auf Wunsch" eines von ihnen. Erhobene Klagen zur Feststellung der Existenz einer Lebensgemeinschaft, Streitigkeiten bei der Aufteilung des „gemeinsamen Vermögens" oder zu Rechten und Pflichten der Lebenspartner bereitet den ordentlichen Gerichten viel Kopfzerbrechen.[473]

2. Feststellung der Verwandtschaft

Das polnische Familienrecht legt den Eltern eine Reihe von Pflichten und Rechten auf. Diese werden geregelt unabhängig davon, ob ein Kind in der Ehe oder außerhalb der Ehe geboren wurde. Doch anders als in einer Ehe, wird bei einem außerhalb der Ehe geborenen Kind die Verwandtschaft festgestellt.[474]

Ein Kind, das in einer Ehegemeinschaft geboren wurde, kommt in den Genuss (gemäß Artikel 62 § 1 sowie § 2 des Familien- und Vormundschaftsgesetzbuches) der gesetzlichen Präsumtion, dass es vom Ehemann der Mutter während der Ehedauer oder vor Ablauf von 300 Tagen nach deren Auflösung oder Ungültigkeitserklärung geboren wurde. Gemäß Art. 63 des o.g. Gesetzbuches kann die

---

[473] P. Janicka, Konkubinat – Zagadnienia prawne (Die nichteheliche Lebensgemeinschaft – Die Rechtsfrage), Opracowanie studentki Uniwersytetu Mikołaja Kopernika w Toruniu, opubl: http:// www.kancelaria.home.pl/images/artykuły/konkubinat.html.

[474] Jerzy Strzebińczyk, Prawo rodzinne (Das Familienrecht), S.227-228.

o. g. Präsumtion nur dann entkräftet werden, wenn die Vaterschaft (seltener die Mutterschaft) geleugnet wird, und zwar in einem bestimmten Zeitraum (im Fall des Ehemannes sind es 6 Monate von dem Tag an, an welchem er die Nachricht von der Kindesgeburt seitens seiner Frau erfahren hat).

Einer vollkommen andere Situation haben liegt in einer nichtehelichen Lebensgemeinschaft vor. Einem in einer solchen Beziehung geborenen Kind steht die Präsumtion, dass es vom Lebenspartner der Mutter stammt, nicht zu. Dieses bringt viele Probleme und Unklarheiten mit sich, sowohl in der Rechtsprechung als auch in der Praxis. Mit den Problemen der Feststellung der Verwandtschaft eines in dieser Lebensgemeinschaft geborenen Kindes soll im Folgenden gesprochen werden.

Will der Lebensgefährte das Kind anerkennen, muss er eine freiwillige Willenserklärung dazu abgeben.[475] Die Anerkennung des Kindes ist eine Art der Vaterschaftsbestimmung des außerehelichen Kindes. Entsprechend der Bestimmung aus Artikel 72 des Familien- und Vormundschaftsgesetzes kommt eine Anerkennung des Kindes – ähnlich wie durch eine gerichtliche Feststellung der Vaterschaft - nur dann in Frage, wenn keine Präsumtion vorliegt, dass der Vater des Kindes der Ehemann der Mutter ist oder wenn diese Präsumtion widerlegt wurde.

Die Analyse der o. g. Vorschriften erlaubt es, die folgenden charakteristischen Merkmale der Art der Vaterschaftsbestimmung hervorzuheben. Gemäß Art. 80 § 1 des Familien- und Vormundschaftsgesetzes wird die Anerkennung des Kindes allgemein als eine spezifische Willenserklärung verstanden.[476]

Die Erklärung zur Anerkennung des Kindes sollte persönlich abgelegt werden und eine Art Geständnis der Vaterschaft umfassen, unabhängig davon, ob es der Wahrheit entspricht. Man geht davon aus, dass nur dann eine Willenserklärung zurückgewiesen werden kann, wenn aus den Umständen unumstößlich hervorgeht, dass der erklärende Mann nicht der Kindesvater ist oder nicht sein kann (z.B. wenn der Altersunterschied zwischen ihm und dem Kind sehr gering ist).[477]

Das Kind kann auf jeder Etappe seiner Entwicklung anerkannt werden, in Ausnahmefällen auch nach seinem Tode. Die Vorschriften des Familien- und Vormundschaftsgesetzbuches erwähnen direkt vier Etappen der Kindesanerkennung. Die erste ist die Anerkennung eines empfangenen doch noch nicht geborenen Kindes (Art. 75 des obigen Gesetzbuches), danach eines minderjährigen

[475] Krystyna Gromek, Kodeks rodzinny i opiekuńczy. Komentarz (Das Familien- und Vormundschaftsgesetzbuch – Kommentar), S.677-679.

[476] Der Artikel 73 kodeksu rodzinnego i opiekuńczego (Das Familien- und Vormundschaftsgesetzbuch).

[477] J. Strzebińczyk, Prawo rodzinne (Das Familienrecht), S.231 ff.

Kindes (Art. 77 § 1), eines volljährigen Kindes (Art. 77 § 3) und schließlich die Anerkennung nach dem Tod des Kindes, wenn es keine eigenen Abkömmlinge hinterlassen hat (Art. 76). Gemäß Artikel 77 ist für die Anerkennung des Kindes die Zustimmung seiner Mutter oder eines gesetzlichen Vertreters notwendig. Bei Volljährigkeit des Kindes muss es sogar selbst zustimmen.

Der Gesetzgeber hat die Möglichkeit vorgesehen alternativ eine von zwei Formen der Zustimmung zur Kindesanerkennung zu nutzen. Man kann die Zustimmung geben in der für den Anerkennungsakt selbst vorgesehenen Form, d.h. persönlich, vor einer dazu befugten Behörde, mündlich zu Protokoll oder schriftlich mit einer amtlich beglaubigten Unterschrift. Dieses wurde jedoch auf eng begrenzte Subjekte beschränkt: Auf die Mutter, das volljährige Kind sowie auf den gesetzlichen Vertreter eines minderjährigen Kindes. Es wurde jedoch nicht präzisiert, welche Form der Zustimmung dem Vertreter des gesetzlichen Vaters zusteht, welcher nur beschränkt fähig ist, rechtliche Handlungen vorzunehmen (siehe Artikel 74 des o. g. Gesetzten). Im Artikel 80 hat der Gesetzgeber auch eine Möglichkeit vorgesehen, die Erklärung der Kindesanerkennung zu annullieren. Dieses Recht wurde einem Mann zugestanden, der ein Kind anerkannt hat, sowie jeder Person, die zugestimmt hat.

Das während der Schwangerschaft anerkannte Kind oder als ein minderjähriges nimmt nicht aktiv teil am Akt der Anerkennung. Offensichtlich könnte es auch nicht von der Möglichkeit Gebrauch machen, diesen zu kippen, was im Artikel 80 vorgesehen ist. Es kann jedoch verlangen, diesen Akt ungültig zu erklären, wenn es dies innerhalb von drei Jahren nach Erlangung seiner Volljährigkeit täte und erklärte, dass der Mann, der es anerkannt hat, nicht sein Vater ist (Art. 81 des Familien- und Vormundschaftsgesetzbuches).

Die besprochenen Artikel des Familien- und Vormundschaftsgesetzbuches erschöpfen nicht das Problem, das viel Aufregung um die Kindesanerkennung mit sich brachte. Es stellte sich die Frage, welche Folgen ein Verstoß gegen die gesetzlichen Prämissen der Anerkennung nach sich zieht. Hier sollten folgende Situationen erwähnt werden: Eine postmortale Anerkennung trotz fehlender Abkömmlinge oder nach deren Tod; das Fehlen einer Zustimmung oder eine Zustimmung in nicht korrekter Form bzw. bei Überschreitung des vorgesehenen zeitlichen Rahmens oder auch eine Zustimmung gegenüber einem nicht zuständigen Subjekt.[478] Es scheint, die wohl einzig richtige Antwort auf diese Zweifel wäre eine bedingungslose Ungültigkeit der Anerkennung. Gemäß Artikel 45 des Gesetzes vom 29. September 1986 (Gesetz zu standesamtlichen Urkunden)[479]

---

[478] Witold Cwiek, Konkubinat, S.53.

[479] Ustawa z dnia 29 września 1986 r. prawo o aktach stanu cywilnego (Das Gesetz zu standesamtlichen Urkunden), Dz.U.1986, Nr.36, Pos.180.

wird im Falle der Ungültigkeit einer Kindesanerkennung eine zusätzliche Notiz in seine Geburtsurkunde eingetragen. Die Entscheidung über die Ungültigkeit der Anerkennung hat einen deklaratorischen Charakter für den zivilen Stand, es verursacht rückläufige Folgen (ex tunc), was weder die Wirksamkeit der Handlungen des Kindesvertreters vor der Ungültigkeitserklärung der Anerkennung noch die Unterhaltsleistungen in diese Zeit für ihn aufhebt. Allein im Falle einer Ungültigkeitserklärung der Anerkennung aufgrund des Artikels 80 des Familien- und Vormundschaftsgesetzbuches kann die Option eines konstitutiven Urteils akzeptiert werden. Dieses Urteil führt nämlich zu einer neuen familienrechtlichen Situation zwischen dem Kind und dem anerkennenden Mann, ohne jedoch über das Nichtvorhandensein einer biologischen Verwandtschaft zwischen ihnen zu entscheiden. Es wurde schon darauf hingewiesen, dass Grundlage für die Ungültigkeitserklärung in diesem Fall der Mangel an Willen des Anerkennenden ist (oder der Person, deren Zustimmung zur Anerkennung in concreto erforderlich war) und nicht die Tatsache, dass er nicht der Vater des Kindes ist.[480]

Ein vom Vater anerkanntes Kind hat nicht nur das Recht auf Unterhalt, sondern auch das Recht auf eine Familienrente seitens des Vaters; es erbt gesetzlich, und wenn es nicht im Testament bedacht wurde, hat es Anspruch auf den Pflichtteil.

3. Das elterliche Sorgerecht und andere familienrechtliche Probleme

Wenn auch den Lebensgefährten alle Rechte und Pflichten gegenüber gemeinsamen Kindern nach den Regeln des Familien- Vormundschaftsrechts zustehen, bleibt die Quelle des elterlichen Sorgerechts die Verwandtschaft und nicht die faktischen Bande zwischen den Eltern. Lebensgefährten üben ihr Sorgerecht nach den gleichen Regeln aus wie verheiratete Eltern. Der Umfang der gerichtlichen Kontrolle darüber ist identisch. Bei einem Streit zwischen den Eltern, der das Kind betrifft, entscheidet das Vormundschaftsgericht. Es ist nicht die Regel, dass das elterliche Sorgerecht dem Vater zugesprochen wird. Sollte das Gericht jedoch entscheiden, wird es auch vom Gericht abhängen, ob es der Vater sein wird, und ob das Kind seinen Namen tragen wird. Ob der Vater das elterliche Sorgerecht ausübt oder nicht, er hat die Pflicht, dem Kind Unterhalt zu gewähren. Das Oberste Gericht hat oft über das Problem der Kindesanerkennung entschieden. Es hat eindeutig festgestellt, dass ein biologischer Vater, der das Kind nicht anerkannt hat oder es nicht zu einer gerichtlichen Anerkennung gekommen

[480] J. Strzebińczyk, Prawo rodzinne (Das Familienrecht), S.254.

ist, keinerlei gesetzlichen Rechte oder Pflichten dem Kind gegenüber hat. Eine Verwandtschaft, die nicht festgestellt wurde, hat keine rechtliche Bedeutung. Diese These kann jedoch auf eine moralische Missbilligung treffen.[481]Wenn das elterliche Sorgerecht beiden Elternteilen zusteht (gem. Artikel 97 des Familien- und Vormundschaftsgesetzbuches), ist jeder Teil verpflichtet und berechtigt sie auszuüben. Ein Elternteil kann nicht das elterliche Sorgerecht gegen den Willen des anderen Elternteils ausüben. Wichtige Angelegenheiten, die das Kind betreffen, müssen die Eltern miteinander besprechen und gemeinsam handeln (Art. 97 § 2). Sollten die Eltern keinen Kompromiss finden, entschiedet das Vormundschaftsgericht, das manchmal in seinem Urteil den Willen eines Elternteils berücksichtigt.

Der Gesetzgeber hat auch die Rechte der unverheirateten Eltern geregelt. Gemäß Art. 107 § 1 der FVO kann das Gericht – wenn das elterliche Sorgerecht beiden unverheirateten Eltern zusteht – das elterliche Sorgerecht auf einen Elternteil beschränken und dieses Sorgerecht dem anderen Elternteil einzuschränken.

Eine besondere Bedeutung hat dies für die nichteheliche Lebensgemeinschaft, wenn ein Elternteil das volle elterliche Sorgerecht hat und der andere einen nur marginalen Rest davon. Es kann nicht sein, dass beiden Elternteilen das volle elterliche Sorgerecht zusteht, denn sie sind im rechtlichen Sinne nicht dauerhaft miteinander verbunden.

Ein recht wichtiges Problem ist die Annahme an Kind statt durch Personen, die in nicht formalen Beziehungen zueinander stehen. Hier ist die Tatsache zu unterstreichen, dass Lebensgefährten kein gemeinsames Recht auf Annahme an Kindes statt zusteht, unabhängig davon, wie lange diese Partnerschaft dauert. Theoretisch steht ihnen dieses Recht zu, wenn sie dem Gericht beweisen, dass sie die Bedingungen für eine Adoption erfüllen. Dies bedeutet, dass ein Lebenspartner das Kind seines Partners adoptieren kann, und zwar nach vorherigem Einverständnis des anderen. An dieser Stelle muss man sich fragen, ob eine derartige Lösung zweckmäßig sei. Nur einige wenige Fälle könnten begründet sein, z.B. eine unheilbar kranke Mutter gibt ihrem Lebenspartner die Zustimmung, ihr Kind zu adoptieren. Ein solcher Fall könnte z.B. auftreten, wenn die Lebensgefährten sehr lange zusammengelebt haben und die emotionalen Beziehungen zwischen dem Kind und dem anderen Partner eng wären.

Die Konsequenz aus der Annahme an Kindes statt ist das Erlöschen der rechtlichen Bindung zum biologischen Elternteil und dessen Verwandten. Das Kind erbt nicht von ihnen, es stehen ihm keine Leistungen aus deren Sozialversicherung zu, und die Unterhaltspflicht endet.

---

[481] J. Strzebińczyk, Prawo rodzinne (Das Familienrecht), S.59-62.

Dass es für Lebenspartner rechtlich nicht möglich ist, ein Kind zu adoptieren, wird damit begründet, dass die Dauerhaftigkeit in einer nichtehelichen Lebensgemeinschaft nicht gegeben ist. Eine Ehe kann sich dessen gewissermaßen rühmen, da die Eheleute gesetzlich miteinander verbunden sind. Das Gericht kann ein Kind nicht zwei theoretisch einander fremden Menschen anvertrauen, denn es gibt keine Kontrolle über die Dauerhaftigkeit einer Lebensgemeinschaft. Eine solche Verbindung kann praktisch zu jeder Zeit aufgelöst werden. Man kann den Lebenspartnern nicht auferlegen, weiter zusammen zu leben zum Wohle des adoptierten Kindes. Denn das Wohl des Kindes kann zur entscheidenden Ursache dafür werden, dass das Gericht eine Scheidung (Art. 56 § 2 FVO) ja sogar eine Trennung (Art. 61 § 2 FVO) nicht zulässt.

In der heutigen Zeit ist dies jedoch kein treffendes Argument. Die Ehe ist nicht eine so dauerhafte Institution, wie sie es vor Jahren war, was die steigende Anzahl von Scheidungen belegt. Übrigens wird auch die Verweigerung einer Scheidung durch das Gericht wegen des Kindeswohls die zerstrittenen Eheleute nicht zwingen können, die Verbindung fortzusetzen. Eine andere Sache ist, ob ein Lebenspartner, der das Kind seiner Partners adoptiert hat, nach Auflösung der Partnerschaft auch weiterhin Kontakte zu ihm aufrechterhalten wird oder nicht. Auf alle Fälle ist es vorteilhafter, ein Kind mit einem Lebenspartner rechtlich nicht zu binden, als später vor Gericht die Auflösung dieser Bande zu fordern.[482]

III. Zwischenergebnis

Heutzutage unterscheidet man nicht mehr zwischen ehelichen und nichtehelichen Kindern. Ein gemeinsames Kind von Partnern einer nichtehelichen Lebensgemeinschaft ist aber zunächst nur mit der Mutter verwandt. Zum leiblichen Vater entsteht eine Verwandtschaftsbeziehung erst durch eine Anerkenntnis der Vaterschaft oder durch Feststellung der Vaterschaft.

Nach deutschem und polnischem Recht gibt es keine Vaterschaftsvermutung des Lebenspartners der Mutter. Daher ist die formelle Anerkennung des Kindes durch den Lebenspartner der Mutter notwendig. Alternativ ist die gerichtliche Feststellung geboten. Es ist schwer über eine Verbindung zwischen den Lebenspartnern zu sprechen, wenn der Kindesvater, der kein Ehegatte der Mutter ist, sein Kind nicht anerkennen will und darüber das Gericht entscheiden muss. Das Anerkennungsverfahren verläuft ähnlich wie im polnischen Rechtswesen. Die

[482] Witold Cwiek, Konkubinat, S.43-47.

Erklärung über die Anerkennung des Kindes darf deswegen weder unter irgendwelchen Bedingungen noch unter Zeitdruck stattfinden. Wenn sie aber ohne Berücksichtigung dieser Voraussetzungen erfolgt ist, wird sie als ungültig erklärt.

Das folgende gilt für das Rechtswesen beider Staaten: Ist der Vater lediglich beschränkt geschäftsfähig, ist die Zustimmung seines gesetzlichen Vertreters erforderlich. Es wird auch die Zustimmung der Mutter für die Anerkennung des Kindes verlangt. Die Zustimmung des Kindes wird ebenso erforderlich, wenn es zum Zeitpunkt der Anerkennung volljährig, seine Mutter verstorben ist oder ihr die Elternrechte entzogen worden sind. Bei einem Kind unter 14 Jahren müssen die Zustimmung und die Bestätigung von seinem gesetzlichen Vertreter erteilt werden.

Im deutschen Recht ist die Elternbetreuung (das Sorgerecht) im § 1626 I BGB geregelt. Sowohl die Mutter als auch der Vater haben entsprechende Rechte und Pflichten dem Kind gegenüber. Dieses gilt auch für das Eigentum des Kindes. Beide Elternteile haben das Sorgerecht in einer nichtehelichen Lebensgemeinschaft, wenn sie eine entsprechende Erklärung (Sorgeerklärung nach § 1626a I BGB und ff.) abgeben oder die Ehe miteinander schließen. Wenn aber die Eltern getrennt leben, kann das Vormundschaftsgericht das Sorgerecht vollständig oder teilweise auf einen der Elternteile übertragen. Bis zum 01.07.1998, als die neue Regelung zum Kindschaftsrecht in Kraft getreten ist, hatte der Vater (Lebenspartner) keine Elternrechte dem neu geborenen Kind gegenüber. Das Problem der Betreuung eines in einer nichtehelichen Lebensgemeinschaft neu geborenen Kindes wurde teilweise durch das Bundesverfassungsgericht im Beschluss vom 07.05.1991 gelöst. Damals wurde beschlossen, dass wenn die Eltern zusammen wohnen möchten und beide darauf vorbereitet sind, die elterliche Verantwortung für das Kind zu übernehmen, beiden Elternteilen das Recht zusteht, für das Kind zu sorgen.

Der polnische Gesetzgeber hat auch die Rechte der Eltern, wenn sie nicht Ehegatten sind geregelt. Bei Eltern, die nicht miteinander verheiratet sind und das Sorgerecht besitzen, kann das Vormundschaftsgericht das Sorgerecht nur auf einem Elternteil übertragen. Demnach bekommt der andere Elternteil nur ein begrenztes Sorgerecht, welches nur für bestimmte Verpflichtungen und Rechte dem Kind gegenüber gilt (Art. 107 § 1 FV).

Von besonderer Bedeutung ist in einer nichtehelichen Lebensgemeinschaft die Situation, wenn nur ein Elternteil das volle elterliche Sorgerecht hat und der andere ein nur auf gewisse Punkte beschränktes. Es konnte nicht dazu kommen. Beide Elternteile können nicht das volle Sorgerecht bekommen, wenn sie im rechtlichen Sinne nicht in einer dauerhaften Beziehung leben. Diese Bestimmung ist scheint völlig rational zu sein, da nichteheliche Lebensgemeinschaften oft nicht von langer Dauer sind. Das Kind und das elterliche Sorgerecht dürfen deshalb nicht die einzigen Elemente sein, welche die Eltern verbinden.

Statistik: Nichteheliche Lebensgemeinschaften in Polen

Detaillierung	2005	2007	2009		
			Allgemein	Städte	Gemeinden
Lebendige Kinder	**22284**	**22143**	**22829**	**13901**	**8928**
Eheliche Kinder	17938	17580	17470	10506	6964
Männliche	9197	9020	9077	5453	3624
Weibliche	8771	8560	8393	5053	3340
Nichteheliche Kinder	4346	4833	5359	3395	1964
Männlich					
Weiblich	2208	2459	2760	1743	1017
Verstorbene Kinder	2138	2374	2599	1652	947
	118	98	125	73	52

Quelle: Krajowy urząd statystyczny (Bundesamt für Statistik), Gdańsk 2009

Statistik: Nichteheliche Lebensgemeinschaften in Deutschland

Deutschland Jahr 2008 (Durchschnitt)

LEBENSGEMEINSCHAFTEN
LG 25 Nichteheliche Lebensgemeinschaften mit Kindern nach Herkunft der Kinder
Und Alter des Mannes sowie der Frau
1 000

Alter des Mannes (von ... bis unter ... Jahren)	Insgesamt	Alter der Frau (von ... bis unter ... Jahren)					
		unter 25	25 - 35	35 - 45	45 - 55	55 – 65	65 und älter
I n s g e s a m t							
Insgesamt							
Unter 25	38	28	10	/	-	-	-
25 - 35	216	39	147	29	/	-	-
35 - 45	334	6	98	199	31	/	-
45 - 55	162	/	13	83	61	/	-
55 - 65	33	/	/	7	18	7	/
65 und älter	7	-	-	/	/	/	/
Insgesamt	790	75	267	319	114	14	/
Darunter mit Kindern unter 18 Jahren							
Unter 25	38	28	10	/	-	-	-
25 - 35	214	39	147	27	/	-	-
35 - 45	305	6	98	181	19	/	-
45 - 55	116	/	12	69	32	/	-
55 - 65	15	/	/	5	8	/	/
65 und älter	/	-	-	/	/	/	/
Insgesamt	690	75	266	284	61	/	/

Nur mit Kindern der Frau							
Insgesamt							
Unter 25	5	/	/	-	-	-	-
25 - 35	33	/	19	9	/	-	-
35 - 45	101	/	14	67	18	/	-
45 - 55	72	-	/	35	32	/	-
55 - 65	17	/	-	/	11	/	/
65 und älter	/	-	-	/	/	/	/
Insgesamt	231	8	38	114	63	7	/
Darunter mit Kindern unter 18 Jahren							
Unter 25	5	/	/	-	-	-	-
25 - 35	31	/	19	8	/	-	-
35 - 45	79	/	14	55	9	/	-
45 - 55	44	-	/	27	14	/	-
55 - 65	6	/	-	/	/	/	-
65 und älter	/	-	-	/	/	/	-
Insgesamt	166	8	38	92	26	/	-
Nur mit Kindern des Mannes							
Insgesamt							
Unter 25	/	/	/	-	-	-	-
25 - 35	/	/	/	/	-	-	-
35 - 45	8	/	/	/	/	-	-
45 - 55	9	-	/	/	/	/	-
55 - 65	/	-	/	/	/	/	/
65 und älter	/	-	-	-	/	/	-
Insgesamt	23	/	6	7	7	/	/
Darunter mit Kindern unter 18 Jahren							
Unter 25	/	/	/	-	-	-	-
25 - 35	/	/	/	/	-	-	-
35 - 45	6	/	/	/	/	-	-
45 - 55	/	-	/	/	/	/	-
55 - 65	/	-	-	/	/	/	/
65 und älter	/	-	-	-	-	/	-
Insgesamt	14	/	5	/	/	/	/
Mit gemeinsamen Kindern des Mannes und der Frau							
Insgesamt							
Unter 25	32	25	7	/	-	-	-
25 - 35	180	34	126	19	/	-	-
35 - 45	219	5	78	125	11	-	-
45 - 55	73	/	8	40	22	/	-
55 - 65	12	/	/	/	6	/	/
65 und älter	/	-	-	/	/	/	/
Insgesamt	519	66	219	189	40	/	/

Darunter mit Kindern unter 18 Jahren							
Unter 25	32	25	7	/	-	-	-
25 - 35	180	34	126	19	/	-	-
35 - 45	213	5	78	120	9	-	-
45 - 55	62	/	8	37	15	/	-
55 - 65	7	/	/	/	/	-	-
65 und älter	/	-	-	/	/	/	/
Insgesamt	496	66	219	179	29	/	/

Ergebnisse des Mikrozensus – Bevölkerung in Familien/Lebensformen am Hauptwohnsitz.

Deutschland Jahr 2008 (Durchschnitt)

LEBENSGEMEINSCHAFTEN
LG 25 Nichteheliche Lebensgemeinschaften mit Kindern nach Herkunft der Kinder und Alter des Mannes sowie der Frau
1 000

Alter des Mannes (von ... bis unter ... Jahren)	Insgesamt	Alter der Frau (von ... bis unter ... Jahren)					
		Unter 25	25 - 35	35 - 45	45 - 55	55 – 65	65 und älter
M i t K i n d e r n d e s M a n n e s u n d d e r F r a u (k e i n e g e m e i n s a m e n)							
Insgesamt							
Unter 25	/	-	/	-	-	-	-
25 - 35	/	-	/	/	-	-	-
35 - 45	6	-	/	/	/	-	-
45 - 55	8	/	/	/	/	-	-
55 - 65	/	-	-	/	/	/	-
65 und älter	/	-	-	-	/	-	-
Insgesamt	17	/	/	9	/	/	-
Darunter mit Kindern unter 18 Jahren							
Unter 25	/	-	/	-	-	-	-
25 - 35	/	-	/	/	-	-	-
35 - 45	6	-	/	/	/	-	-
45 - 55	6	/	/	/	/	-	-
55 - 65	/	-	-	/	/	-	-
65 und älter	/	-	-	-	/	-	-
Insgesamt	14	/	/	8	/	-	-

Ergebnisse des Mikrozensus – Bevölkerung in Familien/Lebensformen am Hauptwohnsitz.

Quelle: Bundesamt für Statistik.

In Deutschland ist jedes zweite Kind im Osten unehelich. 20 Jahre nach dem Mauerfall sind die Familienstrukturen in Ost und West noch immer sehr unterschiedlich: 57% der Kinder im Osten kommen laut einer Studie unehelich zur Welt; im Westen sind es 25%. In Teilen Mecklenburg-Vorpommerns sind sogar

70% der Kinder unehelich, in Bayern nur 15%. Hauptgrund sind unterschiedliche Prägungen: In der DDR wurden ledige Mütter besonders gefördert, ihre Religion spielte so gut wie keine Rolle.

Kapitel 5 – Erbrecht

I. Erbrecht im deutschen Recht

Das gesetzliche Erbrecht steht nur Verwandten, §§ 1924 ff. BGB, und den Ehegatten, §§ 1931 ff. BGB zu. Für den überlebenden Partner einer nichtehelichen Lebensgemeinschaft besteht kein gesetzliches Erbrecht.

Bei dem Tod eines Partners fällt der gesamte Nachlass an dessen Erben. Da mit dem Tod auch die Gemeinschaft beendet ist, muss gegebenenfalls eine vermögensrechtliche Auseinandersetzung des überlebenden Partners mit den Erben vorgenommen werden.

Nur durch Testament oder Erbvertrag kann der überlebende Partner als Erbe oder Vermächtnisnehmer eingesetzt werden. Die Errichtung eines gemeinschaftlichen Testamentes, § 2265 BGB, ist nicht möglich, sie ist nur Ehegatten vorbehalten.[483] Ein gleiches Ergebnis lässt sich jedoch mit einem notariell beurkundeten Erbvertrag (§§ 2274 ff. BGB) erreichen. Die Frage, ob es günstiger ist, Testamente zu errichten oder einen Erbvertrag zu schließen, hängt von der persönlichen Situation der Partner und ihrer Beziehung zueinander ab.[484]

1. Testament

Durch die Errichtung eines Testamentes zwischen den Partnern, §§ 2064, 2087 BGB, werden die gesetzlichen Erben ausgeschlossen. Es ist deshalb eine eventuelle Sittenwidrigkeit zu beachten. Waren Zuwendungen von Todes wegen zwischen unverheirateten Lebenspartnern in der früheren Rechtsprechung grundsätzlich wegen Sittenwidrigkeit nichtig, wurde diese Bewertung 1970 aufgegeben, so dass allein aufgrund der intimen Beziehungen keine Sittenwidrigkeit mehr angenommen wird.

Das BGB gewährt dem Erblasser grundsätzlich die Testierfreiheit. Der Verfügende hat auch das Recht, Angehörige zu enterben. Andererseits gilt § 138 BGB, der die Folgen der Sittenwidrigkeit regelt, auch für das Erbrecht, so dass eine Verfügung des Erblassers durchaus gegen die guten Sitten verstoßen und

---

483 Wilfried Schlüter, BGB-Familienrecht, S.308.

484 Christiane Schreiber, Die nichteheliche Lebensgemeinschaft: Bestandsaufnahme, Rechtsvergleich, Gestaltungsvorschläge, S. 155.

damit nichtig sein kann. Dabei kommt es hauptsächlich auf die Motive des Erblassers und den Inhalt der Verfügung an.[485]

2. Erbvertrag

Gemäß § 2276 BGB kann ein Erbvertrag zwischen den Partnern einer nichtehelichen Lebensgemeinschaft zur Niederschrift eines Notars bei gleichzeitiger Anwesenheit beider Teile geschlossen werden. Er kann nur durch Vertrag von den Personen aufgehoben oder geändert werden, die den Vertrag abgeschlossen haben, § 2290 BGB. Im Gegensatz zum dem Testament bietet der Vertrag dem begünstigten Partner die Gewähr, dass ohne sein Wissen keine Veränderung eintritt. Keiner der Vertragsschließenden kann alleine nachträglich eine andere Verfügung treffen, wenn dadurch das Recht der anderen Vertragspartei beeinträchtigt wird, § 2289 I Satz 2 BGB. Der Erblasser wird durch den Erbvertrag zwar in seiner Testierfreiheit beschränkt, nicht aber in dem Recht, über sein Vermögen durch Rechtsgeschäft unter Lebenden zu verfügen, § 2286 BGB.

Da es sich bei dem Erbvertrag um einen echten Vertrag handelt, endet dieser nicht automatisch, wenn eine Trennung der Partner erfolgt, sondern er gilt über diesen Zeitpunkt hinaus. Es ist deshalb wichtig, in die Vereinbarung einen Rücktrittsvorbehalt aufzunehmen. Nur dann kann eine einseitige Auflösung im Falle einer Trennung erfolgen.[486]

3. „Dreißigster" im Sinne von § 1969 BGB

Nach § 1969 BGB haben Familienangehörige, die zum Hausstand des Erblassers gehörten und von ihm Unterhalt erhielten, für die ersten 30 Tage nach dem Tod einen Unterhaltsanspruch gegen die Erben.

§ 1969 BGB beschränkt sich nicht auf familiäre oder eheliche Bande, vielmehr können auch Pflegekinder und sogar Freunde mit einbezogen sein. Durch diese Regelung soll eine Art Überbrückungshilfe nach dem Tod des Ernährers erfolgen, damit die Hinterbliebenen sich auf die neue Situation einstellen können. Es kommt deshalb in erster Linie darauf an, dass die betroffene Person zum

[485] Ebd. Christiane Schreiber, Die nichteheliche Lebensgemeinschaft: Bestandsaufnahme, Rechtsvergleich, Gestaltungsvorschläge, S.155 – 156.

[486] Christiane Schreiber, Die nichteheliche Lebensgemeinschaft: Bestandsaufnahme, Rechtsvergleich, Gestaltungsvorschläge, S.158.

Haushalt des Verstorbenen gehört und tatsächlich Unterhalt bezogen hat, wobei ein rechtlicher Unterhaltsanspruch nicht erforderlich ist.[487]

Berücksichtigt man weiterhin, dass sowohl das Bundesverfassungsgericht als auch der Bundesgerichtshof im Rahmen des Mietrechts den überlebenden Partner zwar nicht ausdrücklich aber faktisch zu dem Kreis der Familienangehörigen gerechnet haben, um nach dem Ableben des Partners dem Gefährten den Lebensmittelpunkt zu erhalten, dann ist es nur folgerichtig, den

§ 1969 BGB im Falle eines unverheirateten Zusammenlebens anzuwenden.[488]

II. Erbrecht im polnischen Recht

1. Allgemeine Grundsätze der Erbfolge

Das polnische Rechtssystem ermöglicht die Erbfolge auf zweierlei Art und Weise: Auf dem Weg einer Verfügung von Todes wegen (Art. 941 des Zivilgesetzbuches – Testament) sowie kraft Gesetztes.

Das Testament als ein Rechtsgeschäft, das die Vermögenslage einer natürlichen Person nach ihrem Tode regelt ist allgemein bekannt und geht auf das römische Recht zurück.[489] Gegenwärtig wird das Testament als eine einseitige Tätigkeit definiert, die an keinen bezeichneten Empfänger gerichtet ist; sie hat einen persönlichen Charakter und ist von einer besonderen Form; sie ist widerruflich und enthält Verfügungen vom Erblasser mortis causa.

Die Rechtswirkungen des Testaments treten beim Tod des Erblassers in Kraft. Sie betreffen die Rechtssphäre natürlicher und juristischer Personen, die zum Zeitpunkt des Todes des Erblassers vorhanden sind. In Anbetracht dieser Wirkungen können Handlungen beim Todesfall nur von natürlichen Personen vorgenommen werden. Mit der Tatsache, dass ein Testament eine Handlung mortis causa ist, verbindet sich eng seine Widerruflichkeit. Das Testament ist auch eine persönliche Handlung, für die das Gesetz eine bestimmte Form verlangt.[490]

---

[487] Dieter Schwab, Familienrecht, Rn. 415.

[488] Ebd. Christiane Schreiber, Die nichteheliche Lebensgemeinschaft: Bestandsaufnahme, Rechtsvergleich, Gestaltungsvorschläge, S.162.

[489] Elżbieta Skowrońska-Bocian, Komentarz do kodeksu cywilnego, Spadki (Kommentar zum Bürgerlichen Gesetzbuch, Erbschaften), Band IV, S.71.

[490] Christiane Schreiber, Die nichteheliche Lebensgemeinschaft: Bestandsaufnahme, Rechtsvergleich, Gestaltungsvorschläge, S.155-156.

Gemäß Artikel 941 des Zivilgesetzbuches kann eine Vermögensverfügung im Todesfall nur über ein Testament vollzogen werden. Neben den Vermögensverfügungen kann ein Testament auch andere, nicht das Vermögen betreffende Verfügungen enthalten, z.B. Auflagen: Ein Vermächtnis oder die Benennung eines Testamentsvollstreckers.

Gewisse Zweifel entstehen bei der Antwort auf die Frage, ob man von einem Testament sprechen kann, wenn darin nicht das Vermögen betreffende Verfügungen enthalten sind, d.h. Auflagen oder nur Vermögensverfügungen wie ein Vermächtnis, ohne dass ein Erbe benannt wird.

Dieses Problem führte zu großen Kontroversen und heftigen Auseinandersetzungen in der Doktrin. Schließlich kam man zu der Auffassung, dass im Falle der Nichtbenennung eines Erben man von einem gültigen Testament sprechen kann, wenn es in einer gesetzlich bestimmten Form aufgesetzt worden ist.[491] Viele bedeutende Vertreter der polnischen Rechtslehre, die sich mit dieser Frage befasst haben, kamen zu dem Schluss, dass die wortwörtliche Auslegung der Vorschriften des Zivilgesetzbuches, das an keiner Stelle eine notwendige Erbenbenennung im Testament erwähnt, vorrangig zu behandeln sei.

Wenn also das Rechtsgeschäft in einer für das Testament vorbehaltenen Form durchgeführt wurde und nur Verfügungen enthält, die nicht das Vermögen betreffen, so ist es ein gültiges Testament mit allen rechtlichen Folgen. Denn der Erblasser verfügt über sein Vermögen und entscheidet darüber, was nach seinem Tode mit seinem Vermögen geschieht. Ein derartiges Testament ist ja nichts anderes als eine präsumtive Bestätigung der Erbfolgeordnung.[492]

Dieses stellt nicht eine homogene Meinung in der Rechtslehre dar. Einer anderen Auffassung sind Janusz Pietrzykowski und Jan Gwiazdomorski.[493] Sie neigen zu der Ansicht, dass die Benennung eines Erben im Testament eine Bedingung für dessen Gültigkeit sei.

Wie bereits oben erwähnt sieht das polnische Recht das Testament als die einzige Handlung bei der Vermögensverfügung einer natürlichen Person im Todesfall an (Art. 941 des Zivilgesetzbuches). Damit ist die Möglichkeit ausgeschlossen, einen Erbvertrag zu schließen, (Art. 1047 des Zivilgesetzbuches). Es gibt auch keine Regelung zu einer Schenkung mortis causa. Diese muss man als unzulässig ansehen.[494]

---

[491] J. Pietrzykowski, Kodeks cywilny. Komentarz (Zivilgesetzbuch. Kommentar), Band I, S.1856.

[492] E. Skowrońska-Bocian, Kommentar, S.72.

[493] Vergleich: K. Pietrzykowski, Zivilgesetzbuch, S.1857; J. Gwiazdomorski, Prawo spadkowe (Erbschaftsrecht), S.88 ff.

[494] E. Skowrońska- Bocian, Kommentar, S.72; Anders: A. Kubas, Recenzja pracy L. Steckiego, Umowa darowizny (Rezension zur Arbeit vom L. Stecki,

Außer dem Testament gibt es nur begrenzte Möglichkeiten über Teile des Vermögens mortis causa zu verfügen, die aus einem Versicherungsvertrag resultieren.[495]

Das polnische Zivilrecht sieht eine Testierfreiheit vor. Dabei handelt es sich um eine Reihe von Rechten, die dem Erblasser die Möglichkeit geben, frei über sein Vermögen im Todesfall zu verfügen.[496] Der Erblasser kann beliebig Erbnehmer benennen sowie ihre Anteile am Erbe festlegen. Die einzigen Beschränkungen sind hier Verbote, die aus den allgemeinen Vorschriften zu Rechtsgeschäften und den Erbnehmervorschriften hervorgehen. Demnach kann man mithilfe eines Testaments gesetzliche Vorschriften nicht verletzen, das Gesetz nicht umgehen oder im Widerspruch zu den Grundsätzen des gesellschaftlichen Zusammenlebens stehen (Art. 58 § 1 und § 2 des Zivilgesetzbuches).

Das polnische Rechtssystem lässt zu, ein Testament eigenhändig zu verfassen (das sog. holographische Testament). Dieses muss in Form einer notariellen Urkunde geschehen. Man kann es auch mündlich tun in Anwesenheit zweier Zeugen vor dem Vorsitzenden einer territorialen Selbstverwaltung, dem Kreis- oder Gemeindesekretär oder vor einem Standesbeamten. Bezeichnend ist auch hier die Tatsache, dass ein Testament nicht gemeinsam von mehreren Erben verfasst werden kann (Art. 942 des Zivilgesetzbuches). Es darf auch nicht von einem Vertreter aufgesetzt oder widerrufen werden (Art. 944 § 2 des Zivilgesetzbuches).

Gemäß Artikel 943 des Zivilgesetzbuches kann ein Testament zu jeder Zeit in Gänze oder teilweise widerrufen werden.

Gemäß Artikel 968 § 1 des Zivilgesetzbuches kann der Erblasser in einem von ihm selbst aufgesetzten Testament den gesetzlichen oder testamentarischen Erbnehmer dazu verpflichten, eine genannte Vermögensleistung zugunsten einer benannten Person zu übertragen. Obwohl diese Person nicht automatisch zum Erbnehmer wird, gewinnt sie einen Vorteil auf Kosten des Nachlassvermögens.[497] Als Folge eines testamentarischen Eintrags entsteht ein Verpflichtungsverhältnis zwischen dem Erbnehmer und dem im Eintrag Bedachten. Die Fälligkeit der Forderung des im Eintrag Bedachten entsteht sofort nach der Testamentsverkündung. Damit erlangt der Bedachte einen Anspruch an den Erbnehmer, seine ihm auferlegte Pflicht zu erfüllen. Gegenstand dieses Eintrags kann

---

Schenkungsvertrag), NP. 1974, Nr.10, S.1368 ff; J. Kosik, System prawa cywilnego (Sytem das Zivilrecht) Band IV in: J.S. Piontowski (Red.), Erbschaftsrecht, S.580 ff.

495 Vergleich Art. 831 und Art. 57 aus dem Gesetz vom 29. August 1997 Prawo bankowe (Bankrechtswesen, Gesetzbuch), Nr. 140, Pos. 939 mit späteren Änderungen.

496 Elżbieta Skowrońska- Bocian, Komentarz do kodeksu cywilnego, Spadki (Kommentar zum Bürgerlichen Gesetzbuch, Erbschaften), Band IV, S.72.

497 E. Niezbecka, Prawo spadkowe w zarysie (Erbrecht im Grundriss), S.79.

eine Vermögensleistung sein, die auf Handlung oder Unterlassung beruht. Es kann auch eine Verpflichtung des Belasteten sein zur Übertragung seines Eigentums und der Herausgabe einer nach Art und Identität bezeichneten Sache;[498] ferner die Verpflichtung, zugunsten des Bedachten ein genau bezeichnetes Sachrecht festzusetzen;[499] ein genossenschaftliches Eigentumsrecht auf eine Wohnung;[500] die Verpflichtung zur Zahlung einer bestimmten Geldsumme;[501] eine Monatsrente in einer im Testament bezeichneten Höhe;[502] die Übertragung eines Forderungsrechts; die Erfüllung bestimmter Dienstleistungen[503] und auch die Übertragung eines landwirtschaftlichen Betriebes.

Der Eintrag geht auch in die Erbschulden ein. Obwohl die Verantwortung des Erbnehmers auf den Wert der Erbaktiva begrenzt ist, kann sich der Erbnehmer dem nicht entziehen.[504]

Außer der oben besprochenen Art der Vermögensverfügung sieht das Zivilgesetzbuch im Todesfall auch die gesetzliche Erbfolge vor. Hier spielt sie jedoch eine nur zweitrangige Rolle. Die Priorität steht den testamentarischen Erbnehmern zu, wenn ein Testament aufgesetzt wurde. Erst im Falle seines Fehlens oder seiner Ungültigkeit werden die Vorschriften aus Artikel 931 ff. des Zivilgesetzbuches angewandt.

Kraft Gesetzes erben zuerst die Nachkommen des Erbgebers sowie sein Ehegatte. Gemäß Artikel 931 § 1 des Zivilgesetzbuches erben diese zu gleichen Teilen. Doch der dem Ehegatten zustehende Teil darf nicht kleiner sein als ein Viertel des gesamten Nachlasses.

Wenn keine Nachkommen des Erblassers vorhanden sind, wird von Rechts wegen die zweite Gruppe der Erbberechtigten benannt, der Ehegatte des Erblassers, seine Eltern und seine Geschwister. Nur falls keine o. g. Personen vorhanden sind und auch keine Nachkommen der Geschwister des Erblassers, erbt die Gemeinde, in der der Erblasser zuletzt gewohnt hat (Art. 932 und 935 § 3 des Zivilgesetzbuches).

---

[498] Vergleich; Das Urteil Obersten Gerichts vom 19.12.1997, III CKU 95/97, nicht veröffentlicht.

[499] Das Urteil Obersten Gerichts vom 20.11.1981, III CZP 48/81, OSNCP 1982, Nr. 4, Pos. 49.

[500] Z. Policzkiewicz, Zapis własnościowego prawa do lokalu mieszkalnego (Legat des Eigentumsrechtes an der Wohnung), S.237 ff.

[501] Das Urteil Obersten Gerichts vom 14.09.1970, III CZP 53/70, OSNCP 1971, Nr. 5, Pos. 75.

[502] Das Urteil Obersten Gerichts vom 21.12.1971, III CZP 82/71, OSNCP 1972, Nr. 4, Pos. 65.

[503] Das Urteil Obersten Gerichts vom 01.06.1965, I CR 72/65, OSNCP 1966, Nr. 12, Pos. 214.

[504] Beschluss Obersten Gerichts vom 31.01.2001, III CZP 50/00, OSP 2001, Nr. 10, Pos. 139.

Die Erbeinrichtung sowie deren Vorschriften bereiten im polnischen Recht keine größeren Interpretationsprobleme, wenn die familiären Verhältnisse zwischen Eheleuten und dem übrigen Teil der Verwandten geregelt sind. In der Praxis gibt es jedoch auch Situationen, in denen persönliche Bindungen nicht im Einklang stehen mit den rechtlichen; dann entstehen – im Lichte des Erbrechts – die ersten Probleme, besonders dann, wenn der Erblasser seinen letzten Willen nicht in einem Testament erklärt hat.

2. Nichteheliche Lebensgemeinschaften und Erbschaftsverhältnisse

Personen, die in einem nicht formalen Verhältnis miteinander leben und keiner von ihnen beiden ein Testament hinterlässt, sind – rechtlich gesehen - praktisch schutzlos, im Gegensatz zu Familienmitgliedern, für die das Zivilgesetzbuch die Erbsachen regelt.

Das polnische Erbrecht sieht nur an einer Stelle Rechte vor, aus denen Lebensgefährten einen Nutzen ziehen können. Es geht hier um den Artikel 923 des Zivilgesetzbuches. Dieses besagt, dass der Ehegatte und andere ihm nahe stehende Personen, die zusammen mit ihm bis zu seinem Tode gewohnt haben, berechtigt sind, drei Monate nach Testamentseröffnung die Wohnung und die Hausratsgegenstände auch weiter wie bisher nutzen können. Diese Berechtigung kann weder durch ein Testament noch durch ein anderes Rechtsgeschäft ausgeschlossen werden. Es ist vorbehaltlos bindend.

In der Praxis wird der Kreis der „nahe stehenden“ Personen jedes Mal aufs Neue festgestellt, jeweils nach den faktischen Begleitumständen. Doch zweifellos gehören zu diesem Personenkreis auch die Lebensgefährten.

Gewisse Zweifel tauchen auf, wenn in der besagten Wohnung zusammen mit dem Erblasser ständig und gleichzeitig folgende Personen gewohnt haben: Seine Ehefrau, die faktisch getrennt von ihm war, und seine Lebensgefährtin.[505] Welche von beiden wird zur Nutzung der Wohnung berechtigt sein in Anlehnung an den besprochenen Artikel?

Beide Personen erfüllten die rechtlichen Voraussetzungen zur Nutzung der Wohnung. Die Ehefrau deshalb, weil sie mit dem Erblasser durch die Ehe verbunden war und mit ihm zusammen gewohnt hat und die Lebensgefährtin, weil sie mit dem Erblasser in einem stehenden Verhältnis verbunden nahe war und bis zu seinem Tode mit ihm gewohnt hat.

---

[505] Elżbieta Skowrońska- Bocian, Komentarz do kodeksu cywilnego, Spadki (Kommentar zum Bürgerlichen Gesetzbuch, Erbschaften), Band IV, S.33.

Es scheint, die vernünftigste Lösung in diesem Fall wäre, wenn man beiden Personen das Recht zusprechen würde, diese Wohnung und die Hausratsgegenstände zu nutzen, besonders dann, wenn man den besagten Artikel wortwörtlich verstehen würde, denn danach könnten mehrere Personen die Wohnung und die Hausratsgegenstände nutzen.

Ein weiteres Argument, das diese These stützt, ist die Tatsache, dass das oben besprochene Recht den Personen zusteht, die ständig mit dem Erblasser bis zu seinem Todestag gewohnt haben. Das gemeinsame Führen des Haushalts wird hingegen nicht gefordert. Somit wäre theoretisch auch der Ehegatte berechtigt, der einzig wegen der lokalen Verhältnisse in der Wohnung verweilte, während alle Bindungen (außer dem Ehebund) – sowohl emotionale als auch intellektuelle – abgebrochen worden waren.

An dieser Stelle muss erwähnt werden, dass die aus dem besprochenen Artikel hervorgehende Berechtigung völlig unabhängig ist von der Erbschaft des Erblassers. Danach ist der Lebensgefährte, der Kraft des Gesetzes oder Kraft des Testaments nicht erben wird, berechtigt, die Wohnung auch weiterhin zu nutzen wie bisher, wenn auch nur für drei Monate nach Testamentseröffnung.

Der Artikel 923 des Zivilgesetzbuches zeigt den gesetzlichen Schutz der dem Erblasser nahe stehenden Personen, die ständig in der besagten Wohnung gewohnt haben und aus irgendwelchen Gründen keine Erbnehmer sein wollen oder können.

Diese Vorschrift hat eine grundsätzliche Bedeutung wegen ihres Präzedenzcharakters. Keine andere Vorschrift schützt die Rechte der dem Erblasser nahe stehenden Personen, welche trotz emotionalen und oft materiellen Bindungen in nicht formalen Lebensgemeinschaften miteinander leben.

Ein faktischer Schutz der Rechte von Lebensgefährten wäre in diesem Fall das schriftliche Aufsetzen des Erblasserwillens in Form eines Testaments, um auf diese Weise den Lebenspartner materiell im Rahmen einer Testierfreiheit zu schützen. Dann könnte der Lebensgefährte als im Testament Benannter den vollen gesetzlichen Schutz eines Erbnehmers laut Zivilgesetzbuch genießen.

Doch wenn eventuelle Nachkommen des Erblassers, seine Aszendenten oder Geschwister vorhanden wären, müsste der erbende Lebenspartner damit rechnen, dass diese Verwandten den ihnen zustehenden Teil der Erbschaft fordern würden, falls der Erblasser sie nicht enterbt hätte. Doch eine Enterbung der Familie käme theoretisch nur in eng durch das Gesetz bezeichneten Situationen in Frage.

Gründe für eine Enterbung werden im Artikel 1008 des Zivilgesetzbuches genannt. Dazu gehören: Ein hartnäckiges Vorgehen gegen den Erblasser seitens des Berechtigten um seinen Pflichtteil wider den Willen des Erblassers und in einer Art, die den Grundsätzen des gesellschaftlichen Zusammenlebens widerspricht; ein absichtliches Trachten nach dem Leben, der Gesundheitsschädigung oder der Freiheitsberaubung des Erblassers bzw. einer ihm sehr nahe stehenden Person durch den Berechtigten; eine grobe Beleidigung der Ehre oder die Nichterfüllung der familiären Pflichten gegenüber dem Erblasser seitens des Berechtigten. Eine der erfolgreichsten Methoden (neben der testamentarischen Benennung), zur materiellen Absicherung des Lebenspartners wäre ein Vermächtnis (ein Eintrag ins Testament), worüber bereits die Rede war. Die Folge eines Eintrags ins Testament zugunsten des Lebenspartners wäre dessen Anspruch auf Erfüllung der Pflichten seitens des Erbnehmers. Doch die Tatsache, dass auf die Erbnehmer auch Erbschulden über gehen, welche leicht zu manipulieren sind, und die Verantwortung für den Eintrag nur auf die Höhe der Erbanteile begrenzt ist, kann die Übertragung von Gegenständen auf den im Eintrag Bedachten gar nicht zugesichert werden.[506]

Zum Schluss soll noch die im Artikel 928 des Zivilgesetzbuches festgeschriebene Erbunwürdigkeit erwähnt werden. Diese ist insofern von Wichtigkeit, als sie die betreffende Person vom Erben ausschließen kann, unabhängig davon, ob diese Person erbberechtigt ist, ob Kraft des Testaments oder vom Gesetz her.

Die Ursachen für eine vom Gericht festgelegte Erbunwürdigkeit sind die folgenden: Ein schweres Vergehen gegen den Erblasser; die Erzwingung des Aufsetzens oder der Widerrufung eines Testaments durch ein Vergehen oder eine Drohung bzw. ein Stören beim Aufsetzen oder Widerrufen eines Testaments; ein Verbergen, Zerstören, Umgestalten oder Fälschen des Testaments oder dessen bewusste Inanspruchnahme.

Eine Erbunwürdigkeit feststellen lassen kann jeder, der daran ein rechtliches Interesse hat. Wenn also auf den Lebensgefährten der Verdacht fällt, eine der oben genannten Taten begangen zu haben (z.B. ein Vergehen gegenüber dem Erblasser, ein verbotener Einfluss auf den Inhalt des Testaments oder eine Manipulation dessen), kann dieser mit einem Verfahren zur Erbunwürdigkeit rechnen.

Sollte das Gericht feststellen, dass der erhobene Vorwurf einer Erbunwürdigkeit tatsächlich besteht, wird der Erbunwürdige von dem Erbe ausgeschlossen, so als hätte er die Testamentseröffnung nicht erlebt.

Die Erörterung der Erbfolge im Rahmen nichtehelicher Lebensgemeinschaften kann mit der folgenden Feststellung abgeschlossen werden: Wenn die besagte konkrete Lebensgemeinschaft tatsächlich ein Vertrauensbündnis ist, welches sich auf starke emotionale Bindungen stützt, dann zeigt das polnische Erbrecht viele Möglichkeiten zur materiellen Absicherung der Zukunft des Partners auf.

---

[506] A. Szlęzak, Verhältnisse, S.106.

III. Zwischenergebnis

Die Erbfolgeregelungen im deutschen Recht stützen sich – ebenso wie im polnischen Recht – auf die Testierfreiheit. Nach deutschem Recht kann man erben kraft Gesetzes, eines Testaments, einer Verfügung mortis causa sowie mit einem Erbvertrag. Dieser tritt allerdings im polnischen Recht nicht auf, was einen größeren Unterschied zwischen beiden Rechtssystemen markiert.

Kraft Gesetzes erben in erster Linie die Kinder des Erblassers, der Lebenspartner (das deutsche Recht ermöglicht die Registrierung von homosexuellen Partnern, was dem Lebenspartner erlaubt, ebenso zu erben wie ein Ehegatte in einer heterosexuellen Beziehung). Lebensgefährten erben voneinander von Rechts wegen nicht (ähnlich wie nach polnischem Recht). Sie können kein Testament zu eigenen Gunsten aufsetzen oder Einträge anfertigen. Das Aufsetzen eines gemeinsamen Testaments ist nur Ehegatten oder registrierten Partnern vorbehalten. Dieses ist ein Unterschied zum polnischen Rechtssystem, das eine derartige Möglichkeit nicht vorsieht.

Kapitel 6 – Sonstige Rechtsbereiche

I. Das nichteheliche Lebensgemeinschaftsverhältnis in anderen Gebieten des deutschen und polnischen Rechts

1. Lebenspartner einer nichtehelichen Lebensgemeinschaft im deutschen Arbeits- und Sozialrecht

In der gesetzlichen Krankenversicherung umfasst die sog. Familienversicherung eine nur den Ehegatten, den Lebenspartner sowie Kinder von Mitgliedern und mitversicherten Partnern.[507] Der bloße Lebensgefährte gehört nicht dazu. Auch zu Witwen- und Witwerrente nach dem Tod des Versicherten hat er keinen Zugang.[508] In anderen Bereichen des Sozialrechts ist die nichteheliche Lebensgemeinschaft dagegen der Ehe gleichgestellt. Hier wird bei einer Bedürftigkeitsprüfung das Einkommen des anderen, mit dem er in eheähnlicher Gemeinschaft lebt, angerechnet. Dies ist etwa der Fall beim Bezug von Leistungen zum Lebensunterhalt im Rahmen der Sozialhilfe (§§ 20, 36 SGB XII, früher §§ 16, 122 Bundessozialhilfegesetz, BSHG), ferner bei der Grundsicherung für Arbeitssuchende (Arbeitslosengeld II, § 9 II SGB II, früher der zu Sozialhilfe gehörenden Arbeitslosenhilfe, §§ 193 III, 194 SGB III) sowie dem nach der Geburt eines Kindes gezahlten Erziehungsgeld (§§ 5 II 3, 6 III S.2 Bundeserziehungsgeldgesetz, BErzGG). Der Grundgedanke dieser Regelungen war, dem vom Antragsteller durch das „Wirtschaften aus einem Topf“ erzielten Kostenvorteil zu entsprechen und eine Besserstellung im Verhältnis zur Ehe zu verhindern.

2. Lebenspartner im deutschen Steuerrecht

Es ist wieder auf die fehlende Regelung für die nichtehelichen Lebensgemeinschaften hinzuweisen. Auch im Steuerrecht hat die eheähnliche Gemeinschaft

---

[507] Siehe §10 I, II SGB V, vgl. auch Hohnerlein, Sozialversicherungsrechtliche und versicherungsvertragliche Probleme der nichtehelichen Lebensgemeinschaft, FuR 2001, S. 49-50f.

[508] Zur Beschränkung auf den hinterbliebenen Ehegatten nach § 46 SGB VI, s. Hohnerlein, FPR 2001, S.51.

keinerlei Bedeutung. Sie bleibt vom Steuerrecht komplett unbeachtet. Der Grund dafür ist, dass das Grundgesetzt die Ehe in besonderer Weise schützt und somit auch berechtigt ist diese steuerlich zu fördern. Laut dem Urteil des Bundesfinanzhofs (BFH) stellt ein eheähnliches Verhältnis ohne ein ernsthaftes Eheversprechen aber kein Verlöbnis oder eine Ehe dar und ist somit auch nicht mit ihr gleich zusetzten. Folglich rechtfertigt eine lange nichteheliche Lebensgemeinschaft keine Einstufung in die Steuerklasse I und II, so dass nicht verheiratete Paare demnach der Steuerklasse III angehören.

2.1. Einkommensteuer

Einkommensteuerrechtlich steht der Lebensgefährte einem Ehegatten nicht gleich: Der den Eheleuten gewährte sog. Splitting- Vorteil steht ihm nicht zu.[509] Da er nicht gesetzlich unterhaltsberechtigt ist, werden auch Unterhaltsaufwendungen für ihn grundsätzlich nicht berücksichtigt. Anderes gilt für den Anspruch der nichtehelichen Mutter (§ 1615 1 BGB),[510] ferner dann, wenn dem Lebensgefährten zum Unterhalt bestimmte öffentliche Mittel, d.h. Sozialleistungen, mit Rücksicht auf die Unterhaltsleistungen des Steuerpflichtigen gekürzt worden sind.[511] Daher ist die Unterhaltsleistung an den Lebensgefährten insofern berücksichtigungsfähig. Das Steuerrecht entspricht hier mit dem Sozialrecht und erkennt die sozialrechtlich angenommene Leistung des Steuerpflichtigen steuermindernd an.

2.2. Erbschaftssteuer

Das Schenken und Erben in der nichtehelichen Lebensgemeinschaft unterliegt der Erbschaftssteuer.[512] Nichtverheiratete Lebensgefährten gehören zur Steuerklasse III.

[509] Bültmann, in: Hausmann/ Hohloch (Hrsg.), Das Recht der nichtehelichen Lebensgemeinschaft, Rn. 10-16.

[510] Ehinger, FPR 2001, S. 29.

[511] Zu § 33a I, V EStG n.F. s. Bültmann, in: Hausmann/ Hohloch (Hrsg.), Das Recht der nichtehelichen Lebensgemeinschaft, Rn. 10- 33.

[512] Erbschaftsteuer- und Schenkungsteuergesetz in der Fassung der Bekanntmachung vom 27.2.1997 (BGBl. 1997 I 378) unter Berücksichtigung späterer Änderungen.

3. Lebensgemeinschaften im deutschen Strafrecht

Eine Gleichbehandlung mit Ehegatten findet statt bei Übergriffen des anderen Teils, insbesondere bei Körperverletzung und Freiheitsberaubung nach dem Gewaltschutzgesetz. Hat die verletzte Person mit dem Täter einen auf Dauer angelegten gemeinsamen Haushalt geführt, so kann sie verlangen, ihr die gemeinsam genutzte Wohnung zur alleinigen Benutzung zu überlassen.[513]

Bisher verweigert die Rechtsprechung dem Lebensgefährten einer nichtehelichen Lebensgemeinschaft jedoch die Privilegien, die Angehörige wie Ehegatten, Lebenspartner, Verlobte und Kinder in Bezug auf Aussagepflichten und Zeugnisverweigerungsrechte etwa im Rahmen von Strafverfahren besitzen (§ 383 I Nr. 1-3 ZPO, § 52 I StPO).[514]

An anderer Stelle wird dagegen darauf hingewiesen, dass auch hier ein Konflikt zwischen Wahrheitspflicht und der Vermeidung von Nachteilen für den Lebensgefährten bestehen kann.[515] Ehegatte und Verwandte haben zudem die Möglichkeit, die ihnen drohende Strafe wegen Meineides oder uneidlicher Aussage zu mildern, wenn die Tat von Angehörigen begangen wurde (§ 157 I StGB).[516] Dieser Milderungstatbestand greift bei Lebensgefährten einer nichtehelichen Lebensgemeinschaft nicht. Insofern wird eine Gleichstellung des Lebensgefährten mit Angehörigen gefordert.

4. Lebensgefährten im polnischen Arbeitsrecht und Sozialversicherungen

Sowohl das Gesetz vom 26. Juni 1974 (Arbeitsgesetzbuch), als auch das Gesetz vom 17.Dezember 1998 zu Pensionen und Renten aus dem Sozialversicherungsfonds (im Weiteren „Gesetz“ genannt) beziehen sich nur marginal auf Personen aus nichtehelichen Lebensgemeinschaften. Es scheint, dass es im Grunde nur eine Vorschrift gibt, die Anwendung finden könnte für einen Lebensgemeinschaftspartner, der weder Ehegatte noch Familienmitglied ist. Es geht hier um Art. 78 des Gesetzes zu Sozialversicherungen. Er bezieht sich auf die Berechti-

---

[513] Siehe § 2 I Gesetz zum zivilrechtlichen Schutz vor Gewalttaten und Nachstellungen (GewSchG) vom 11.12.2001 (BGBl. I S.3513).

[514] Rainer Hausmann/Gerhard Hohloch (Hrsg.), Das Recht der nichtehelichen Lebensgemeinschaft, Rn. 1-115.

[515] Für eine analoge Anwendung Burhoff, FPR 2001, S.19.

[516] Der Begriff des „Angehörigen“ ist in § 11 I Nr. 1 StGB definiert. Die Rechtsprechung lehnt eine entsprechende Anwendung auf nichteheliche Lebensgefährten ab, Burhoff, FPR 2001, S.18.

gung zur Forderung der Erstattung von Beerdigungskosten im Falle des Todes eines Lebensgefährten, umgangssprachlich „Sterbegeld" genannt. Gemäß Art. 78 des Gesetzes steht das Sterbegeld derjenigen Person zu, die für die Beerdigungskosten aufgekommen ist. Wenn man die o. g. Vorschrift wortwörtlich versteht, so ist dies im Grunde die einzige Voraussetzung dafür, dass die betreffende Person die Beerdigungskosten bezahlt hat. Die einzige Bedingung ist hierbei der Nachweis, dass dies aus eigenen Mitteln erfolgte.

Der Art. 79 präzisiert, dass im Falle der Beerdigungskostenübernahme durch eine andere Person, die kein Familienmitglied der versicherten Person ist, kein Pensions- oder Rentenempfänger, jemand, der am Tag des Todes keinen Pensions- oder Rentenanspruch hatte, jedoch die Bedingungen zu deren Bezug erfüllte (also auch der „Konkubent"), oder der Arbeitgeber, eine Sozialhilfeeinrichtung, die Gemeinde, der Landkreis, eine juristische Person, ein Vertreter der Kirche oder einer Glaubensgemeinschaft, wird das Sterbegeld gewährt. Die Höhe des Sterbegeldes darf nicht größer sein als 200 Prozent des durchschnittlichen Einkommens der verstorbenen Person.[517]

Charakteristisch ist hier auch die Zuerkennung bestimmter Rechte an die Familienmitglieder des Verstorbenen.

Vor allem gehen die Vermögensrechte aus dem Arbeitsverhältnis nach dem Ableben des Arbeitnehmers zu gleichen Teilen auf den Ehegatten sowie an andere Personen über, welche die Bedingungen für den Bezug einer Familienrente gemäß den Vorschriften zu Pensionen und Renten aus dem Sozialversicherungsfonds erfüllen. Sollte es solche Personen nicht geben, geht das Vermögen in den Nachlass über.[518] Doch die Vorschriften des hier genannten Gesetzes verweisen uns an den Ehegatten und die Familienmitglieder des Verstorbenen. Dies ist nicht ungewöhnlich, denn sowohl das Zivilrecht als auch das Arbeitsrecht, welches daraus hervorgeht, schützen den Ehegatten und die Familienmitglieder des Verstorbenen. So ist es nicht verwunderlich, dass weder das Arbeitsrecht noch das Sozialversicherungsrecht den Partner aus einer nichtehelichen Lebensgemeinschaft als Berechtigten zum Bezug bestimmter Leistungen erwähnen. Der Gesetzgeber hat hier keine rechtlichen Regelungen getroffen, genauer gesagt: Er hat die nichteheliche Lebensgemeinschaft nicht legalisiert. Bemerkenswert ist noch die Tatsache, dass die Kinder des Verstorbenen, die aus einer nichtehelichen Lebensgemeinschaft hervorgingen, sämtliche Rechte der „legal" geborenen Kinder besitzen. Der Lebenspartner steht außerhalb des Interesses des Arbeits- und des Sozialversicherungsrechts (mit der o. e. Ausnahme).

---

[517] Der Artikel 79 mit Artikel 80 das Gesetz über Sozialversicherung.

[518] Der Artikel 63 § 2 Arbeitsgesetzbuch.

5. Lebensgefährten im polnischen Verwaltungs- und Steuerrecht

Wenn das Strafrecht die Anerkennung als nahe stehende Person zulässt – trotz der Verschiedenheit ihrer Ziele und Funktionen –, so wäre es unverständlich, wenn andere Rechte dieses in Frage stellen würden. Die Grundsätze des gesellschaftlichen Zusammenlebens (und diese sind zweifellos eine Voraussetzung für die Anerkennung von Lebensgefährten als nahe stehende Personen) beziehen sich gleichermaßen auf das gesamte Rechtssystem. Deshalb sollte ein Sachbearbeiter jedes Mal, wenn er eine Sache prüft, die seinen Lebenspartner betrifft, lieber von dieser Prüfung absehen. Und wenn er dies nicht tut, könnte man ihm vorwerfen, „Richter in eigener Sache zu sein".

Ein durchgeführtes Verfahren, sei es ein administratives oder gerichtliches, unterliegt einer neuen Verhandlung, unabhängig davon, ob derjenige, der es durchgeführt hat, vorschriftsmäßig vorgegangen ist oder nicht. Anders als im Straf- oder Zivilrecht erscheinen im Verwaltungsrecht die Termini „nahe stehende Personen", „faktisch zusammen lebende Personen" oder auch ähnliche Beziehungen nicht. Aufgrund des Art. 24 § 1 des Verwaltungsgesetzbuches kann man verlangen, einen Sachbearbeiter von einem Verfahren auszuschließen. Demgemäß unterliegt ein staatlicher Verwaltungsbeamter dem Ausschluss von einem Verfahren, in welchem er Partei ist oder mit einer der Parteien in einem Verhältnis steht, denn das Ergebnis des Verfahrens könnte Einfluss nehmen auf seine Rechte und Pflichten.

Der Gesetzgeber war nicht gleichgültig gegenüber Verbindungen der Bürger untereinander, auch nicht bei der Schaffung von Vorschriften zu Steuerverfahren. Gemeint ist hier das Gesetz vom 29. August 1997 zur Abgabenordnung (BGBl. Nr. 137). Gemäß Art. 130 der Abgabenordnung legt ein Beamter ein Steuerverfahren nieder, wenn bezweifelt wird, dass er unparteiisch ist. Der Gesetzgeber hat bei der Festlegung nahe stehender Personen zu einem Beamten der Finanzverwaltung, der Gemeinde, des Landratsamtes, des Finanzamtes, des Finanzministeriums u. ä. benannt, die ausgeschlossen werden können, jedoch Personen, die faktisch mit dem Beamten zusammenleben, nicht erwähnt.

Im weiteren Teil des o. g. Artikels unter § 3 hat der Beamte des Recht, sich selbst fakultativ aus einem Verfahren auszuschließen, wenn Umstände vorhanden sind, die das Ergebnis des Verfahrens beeinflussen könnten, so der Gesetzgeber. Der Ausschluss erfolgt auf Antrag des betreffenden Beamten und Billigung seines Vorgesetzten. Dieser Ausschluss aus dem Verfahren wird wirksam, nachdem man sich vorher vergewissert hat, ob Zweifel bestehen könnten, dass der Beamte unparteiisch ist.[519]

Im Steuerverfahren weist der Gesetzgeber nur einmal direkt auf den Lebensgefährten hin. Dies geschieht im Art. 111 § 3 der Abgabenordnung. Hier wird gesprochen von „einer Person, die mit dem Steuerzahler in einer faktischen Beziehung steht", d.h. der Lebensgefährte wird zum Kreis der Familienmitglieder des Steuerzahlers gezählt. Diese Regelung hat jedoch auch einen Nachteil: Wenn der Gesetzgeber u. a. den Lebensgefährten als „Person, die mit dem Steuerzahler in einer faktischen Beziehung steht" bezeichnet und ihn als Familienmitglied des Steuerzahlers betrachtet, bürdet er damit dem Steuerzahler die solidarische und subsidiäre Verantwortung für steuerliche Verpflichtungen auf. Sollte der Steuerzahler eine Wirtschaftstätigkeit aufnehmen, würde der Lebensgefährte auch die daraus erwachsenden steuerlichen Verpflichtungen auf sich nehmen, und zwar in dem Zeitraum, in welchem sein Lebenspartner (ein Familienmitglied) ständig mit dem Steuerzahler in dieser Tätigkeit zusammen arbeitete und daraus Gewinne schöpfte. Diese Verantwortung wäre begrenzt bis zur Höhe der erlangten Gewinne.[520] Sie erstreckte sich nicht auf nicht bezogene Steuern oder auf bezogene, jedoch nicht ausgezahlte. Eine Ausnahme sind hier die nicht fristgerecht zurückgezahlten Vorauszahlungen auf die Mehrwertsteuer sowie Beträge aus der Verzinsung dieser Vorauszahlungen.

Aus Sicht des Steuerrechts ist – analog zum o. E. – ein geschiedener Ehegatte, der in einer Lebensgemeinschaft lebt, verantwortlich, wenn er die oben beschriebene Tätigkeit ausgeführt und nicht termingemäß mit dem Fiskus abgerechnet hat. Der Umfang seiner Verantwortung beschränkt sich auf die Höhe des Wertes seines Anteils am Gesamtvermögen. Die Verpflichtung zu steuerlichen Verzugszahlungen entsteht nur dann, wenn die damaligen Ehepartner eine Gütergemeinschaft vereinbart hatten und die wirtschaftliche Tätigkeit gemeinsam betrieben entsprechend dem Art. 110 § 1 der Abgabenordnung.

Hierbei wird der Lebensgefährte als eine sog. „dritte Person" betrachtet, auf dem keine Steuerverpflichtung lastet, die dennoch für „fremde" Schulden haftet, welche aufgrund der Nichtrealisierung öffentlich-rechtlicher Verpflichtungen durch das andere Subjekt entstanden sind.[521] Das „Nahestehen" zueinander bedeutet jedoch nicht, dass man die nahe stehende Person bei jedem Verwaltungsverfahren vor den Behörden vertreten kann. Das bezieht sich sowohl auf staatliche Behörden als auch auf Organe einer Selbstverwaltung. Im Lichte des Geset-

[519] Das Urteil OBL von 17.08.1993, SA/Po 3155/92.

[520] Der Artikel 111 § 5 Abs. 1 die Steuerordination.

[521] Władyław Wojtowicz, Prawo podatkowe, część ogólna i szczególna (Steuerrecht, Allgemeiner und Besonderer Teil), S.103.

zes sind Lebensgefährten zueinander fremde Personen. Sollte jemand in einem Verwaltungsverfahren seinen Lebensgefährten vertreten wollen, so wird eine schriftliche Vollmacht verlangt oder die Aufnahme dieser Tatsache ins Protokoll. Das Recht zur Aufnahme einer Tätigkeit des Bevollmächtigten ist begrenzt. Es erstreckt sich auf Prozessbereiche des Rechtsgeschäfts, die der Lebenspartner selbst ergänzen muss. Sie hängen vom Charakter der Sache ab. Die geringen formalen Anforderungen, die vom Bevollmächtigten gefordert werden, bedeuten jedoch nicht dass man die Vorschriften nach seinem eigenen Gutdünken interpretieren kann. Bei der Vermutung, dass die vom Vollmachtgeber ausgestellte Vollmacht ausgeweitet werden soll, muss die Sache geprüft werden unter Berücksichtigung der Art der Sache und der Bedeutung für das Ergebnis.[522]

Manche Tätigkeiten erfordern sogar eine notariell beurkundete Vollmacht, so. z.B. ein Immobilienverkauf. Sollte diese Bedingung bei einer Transaktion außer Acht gelassen werden, so ist dieses Geschäft rechtlich unwirksam.

6. Lebensgefährten im polnischen Strafrecht

Die Nähe zwischen zwei Personen, welche nicht im strengen Rahmen des Rechts erfasst ist, hat große Bedeutung für das System von geltenden Regeln. Das Recht berücksichtigt und schätzt die Bedeutung von persönlichen Relationen, die immer höher geschätzt werden als allgemeine Gebote, z.B. das Gebot vor staatlichen Behörden wahrheitsgemäß auszusagen. Deshalb behandelt man Lebensgefährten anders als einander fremde Menschen, die an einer Sache beteiligt sind. Einer näheren Erläuterung bedarf der Begriff „einander nahe stehende Personen", welcher sowohl in Zivilsachen, Verwaltungssachen als auch in Strafsachen auftaucht. Im subjektiven Verständnis sind es zwei Personen, die miteinander befreundet sind, gemeinsame Interessen haben oder einander lieben. Nach rechtlichen Normen sind „einander nahe stehende" Personen, die miteinander verbunden sind durch Ehe, Verwandtschaft, Verschwägerung in gerader Linie, Adoption, in Pflegschaft oder Betreuung sind und darüber hinaus Personen, die in einer faktischen dauerhaften Beziehung stehen. Zu der zweiten Gruppe gehören Lebensgefährten und Kindeserzieher unabhängig davon, welche emotionalen Beziehungen sie miteinander haben. Der Begriff „nahe stehen" war schon im Recht der Vorkriegszeit bekannt. Das Strafgesetzbuch aus dem Jahre 1932[523] nutzte diesen Begriff als Begründung für das Aussageverweigerungsrecht von Zeugen, die dem Angeklagten sehr nahe standen. Im Laufe der Zeit

[522] Das Urteil OBL vom 10.02.1997, SA/WR 875/86, ONSA 1987, Nr. 1, Pos.13.
[523] Verordnung des Präsident Polens am 11.07.1932 Strafprozessordnung, aufgehoben.

gewann dieser Begriff an Bedeutung bei der Geltendmachung von Rechten an der Mietwohnung eines Lebensgefährten bei dessen Tod oder beim Verlassen der Wohnung, bei der Erlangung des Rechts auf Mitgliedschaft in einer Wohnungsbaugenossenschaft, bei Ansprüchen auf eine Entschädigungsrente oder beim Ausschluss eines Richters bzw. eines Beamten aus einem Verfahren. Auf jeden Fall war die Grundlage dafür, einen Rechtsschutz zu verlangen, nicht die Tatsache, dass man in einem Konkubinat lebte, sondern die dauerhaften persönlichen Bindungen waren dabei entscheidend. Deren Ursprung konnte sowohl eine Ehe als auch ein Konkubinat sein. Eheleute konnten bestimmte Rechte direkt in Anspruch nehmen; Lebensgefährten bekamen diese Rechte nur mittelbar durch ihre Zurechnung zur Gruppe „einander nahe stehende Personen".

Gemäß Art. 120 § 5 des Strafgesetzbuches von 1928[524] wurde eine Person einer anderen als nahe stehend angesehen, wenn sich beide in einer faktischen Lebensgemeinschaft befanden, doch gemäß Art. 94 § 1 desselben Gesetzbuches, welches deutlich Personen mit Zeugenverweigerungsrecht erwähnte, bildete sich die Ansicht, dass ein Zeuge, der mit dem Angeklagten in einem langjährigen Konkubinat lebt und auch noch gemeinsame Kinder erzieht, mit Personen gleichgestellt werden sollte, denen das Gesetz ein Zeugenverweigerungsrecht zugesteht, somit gleichgestellt mit den dem Angeklagten nahen Personen. Dieses Prinzip galt auch nach dem Krieg. Die Vorschrift aus Art. 94 § 1 des Strafgesetzbuches erwähnte zwar nicht die Lebensgefährtin zu den Personen mit Zeugenverweigerungsrecht, doch neu geschaffene Familienverhältnisse, welche das Gesetz nicht verbat und die öffentliche Meinung tolerierte, schufen eine neue rechtfertigte Familiensolidarität und forderten mehr Toleranz bei der Anwendung des Zeugenverweigerungsrechts.[525]

Auch aufgrund einer analogen Vorschrift in Art. 169 des Strafgesetzbuches hat das Oberste Gericht im Jahre 1969 die Ansicht nicht angezweifelt, dass auch die Lebensgefährtin für den Angeklagten eine sehr nahe stehende Person ist. Die Rechtsprechung hat sich hier auch nach 1997, als neue Strafrechtsvorschriften in Kraft traten, nicht geändert. Art. 182 des Strafgesetzbuches zeigt deutlich, dass eine dem Angeklagten sehr nahe stehender Person das Recht hat, die Zeugenaussage zu verweigern. Im Art. 115 § 11 des Strafgesetzbuches von 1997 ist u. a. zu lesen, dass eine sehr nahe stehende Person auch eine Person ist, die mit dem Angeklagten in einer Lebensgemeinschaft lebt. Diese Lebensgemeinschaft, von der hier die Rede ist, bezieht sich nur auf Lebensgefährten.[526] Sollte die Person, die im Licht der obigen Vorschrift, eine sehr nahe stehende Person ist, nicht

---

[524] Verordnung des Präsident Polens am 22.03.1928 Strafprozessordnung, aufgehoben.
[525] Das Urteil OLG vom 25.06.1968, III KR 33/68.
[526] Das Urteil OLG vom 30.12.1997, KR 51/97.

in Sachen Aussageverweigerungsrecht belehrt worden sein, und man diese im Gericht angehört hätte, dürfte man ihre Aussagen nicht verwenden.[527] Bezeichnend ist, dass die Berechtigungen der nahe stehenden Personen, also auch der Lebensgefährten, ständigen Erweiterungen unterliegen. Früher hatten nahe stehende Personen nur das Recht, die Zeugenaussage zu verweigern. Heutzutage haben nahe stehende Personen, welche nicht formal gebunden sind, bereits das Recht, einen Verteidiger für vorläufig Festgenommene zu bestellen. Eine große Rolle spielte hier die Neufassung des Strafgesetzbuches von 1995. Sie wurde durchgeführt auf Initiative des Präsidenten der Republik Polen. Sie berechtigt nahe stehenden Personen, ein Gnadengesuch einzureichen. Alle Rechte, die im polnischen Strafrecht von Lebensgefährten erstritten wurden, sind auch im Gesetz vom 06. Juni 1997 des Strafgesetzbuches erhalten geblieben. Art. 182 des Strafgesetzbuches verweigert jedoch Partnern aus homosexuellen Beziehungen das Zeugenverweigerungsrecht. Ein homosexueller Partner kann höchstens aufgrund des Art. 185 des Strafgesetzbuches beantragen, ihm das Recht auf Zeugenaussageverweigerung und die Nichtbeantwortung von Fragen zuzugestehen, und zwar als einer Person, die in besonders engen Beziehungen zum Angeklagten steht. Doch das Oberste Gericht hat im Urteil vom 26. Juni 1968 eindeutig festgestellt, dass die Bewertung der Umstände, ob einer dem Angeklagten in besonders engen Beziehungen stehenden Person ein solcher Status zuerkannt wird oder nicht, jeweils vom vernehmenden Organ und den jeweiligen Begleitumständen abhängt.[528] Als sehr nahe stehende Person zum Angeklagten wird auch dessen Verlobte nicht anerkannt. Es sei denn sie lebt mit dem Angeklagten in einer Lebensgemeinschaft mit Bindungen, die für Lebensgefährten charakteristisch sind.[529] Es gibt jedoch Situationen, in denen man Lebensgefährten einen Rechtsschutz im Strafprozess verweigert. Ein Beweis dafür ist ein außergewöhnliches Urteil des Obersten Gerichts vom 31. März 1988 (AZ: I KR 50/88).[530] Das Gericht konzentriert sich hauptsächlich auf die Klärung, ob die als Zeugin auftretende Lebensgefährtin eines der Angeklagten zum Kreis der für den Angeklagten sehr nahe stehenden Personen gehört und ob gemäß Art. 169 des damaligen Strafgesetzbuches ihr das Recht auf eine Aussageverweigerung zusteht. Ein Woiwodschaftsgericht (Sąd Wojewódzki- nur in Polen) hat nach Untersuchung dieser Sache festgestellt, dass die Zeugin Lebensgefährtin des Angeklagten ist, und gemäß der ihr auferlegten Pflicht zur Feststellung ihrer tatsächlichen Bindungen zum Angeklagten weiter festgestellt, dass sie keine Lebensgefährten

---

[527] Witold Cwiek, Konkubinat, S.41f.

[528] Das Urteil OBL vom 16.03.1979, IV KR 36/79.

[529] Das Urteil OBL vom 09.11.1990, WR 203/90, OSP 1991, Nr. 9, Pos. 205.

[530] Das Urteil OBL vom 31.03.1988, I KR 50/88.

sind. Was sie verband, waren die begangenen Straftaten und die gemeinsame Nutzziehung aus deren Profit. Die Tatsache, dass die Zeugin und der Angeklagte zusammen wohnten, zeugte nicht von dem Aufbau einer Lebensgemeinschaft; es war allerhöchstens eine kriminelle Interessensgemeinschaft. Aufgrund dessen hat das Gericht der scheinbaren Lebensgefährtin das Recht auf Aussageverweigerung abgesprochen.

Warum ist das Recht auf Aussageverweigerung so wichtig?

Gemäß Art. 175 § 1 des Strafgesetzbuches hat ein Angeklagter das Recht Erläuterungen abzugeben, eine Antwort auf bestimmte Fragen ohne Begründung zu verweigern oder ganz zu schweigen. Er kann auch sich selbst belastende Umstände verschweigen. Dies ist im Art. 74 des StGB, wo die Pflichten des Angeklagten aufgeführt sind, begründet.

Dieses gilt nicht für Zeugen. Vor seiner Aussage legt dieser einen Eid ab.[531] Eine Falschaussage oder das Verschweigen der Wahrheit kann strenge Konsequenzen nach sich ziehen.[532] Für den Lebensgefährten als Zeugen bedeutet das Recht, die Aussage zu verweigern, faktisch Straffreiheit.

II. Zwischenergebnis

Im vorangegangenem Teil der Arbeit wurde eine kurze Zusammenfassung der stehenden Rechtslage verschiedener Bereiche in Deutschland und in Polen vorgestellt.

Das Strafgesetzbuch in Polen stellt in der Definition des Begriffs einer nahe Person in Art. 115 § 11 Ehegatten und Lebensgefährten gleich. Das bedeutet, dass immer wenn der Gesetzgeber im Strafrecht über nahe stehende Personen spricht, er auch nichteheliche Lebensgemeinschaften meint, z.B. der Lebensgefährte kann die Aussage verweigern, wenn in der Sache seiner Lebensgefährtin ein Strafverfahren anhängig ist – Art. 182 Strafprozessordnung. Gemäß dem Wortlaut von § 383 I Nr. 1-3 ZPO, der eine abschließende Regelung enthält, steht in Deutschland dem Lebensgefährten kein Zeugnisverweigerungsrecht zu. [533] Der Schutzzweck der Norm, um die Konfliktsituation zwischen Wahrheitspflicht und Angst vor Nachteilen für eine nahe stehende Person zu vermeiden,

---

[531] Der Artikel 187 § 2 mit Art. 190 § 1 Gesetz von 06.06.1997 Strafprozessordnung, Dz.U. Nr. 89, Pos. 555.

[532] Der Artikel 190 § 1 Strafprozessordnung.

[533] Jochen Duderstadt, Die nichteheliche Lebensgemeinschaft, S. 43.

lässt eine Gewährung des Zeugnisverweigerungsrechts vermuten.[534] Dennoch herrscht große Uneinigkeit über die Anwendung des § 383 I Nr. 1-2 ZPO auf den Lebensgefährten einer nichtehelichen Lebensgemeinschaft, so dass der Regelfall gebietet, ein Zeugnisverweigerungsrecht nicht anzunehmen.[535] Der Unterschied zwischen polnischem und deutschem Recht besteht darin, dass es in Deutschland kein Zeugnisverweigerungsrecht für Partner aus nichtehelichen Lebensgemeinschaften gibt. Das weiteren unterscheiden sich beide Rechtsysteme insoweit, als in Polen gleichgeschlechtliche Lebensgemeinschaften kein Recht auf das Zeugnisverweigerungsrecht haben, weil derartige Gemeinschaften im polnischen Gesetz nicht vorgesehen sind.

Was das Arbeitsrecht und Sozialversicherungen angeht, so ist im polnischen Recht die Zuerkennung von Rechten für Personen, die in einer unehelichen Partnerschaftsbeziehung leben, stark eingegrenzt. Aufgrund der Vorschriften dieser Rechtsdisziplin wäre im Prinzip das Recht auf das sog. „Sterbegeld" das einzige den Lebenspartnern zustehende Recht: Die Forderung auf Rückerstattung der für das Begräbnis aufgewandten Kosten im Falle des Todes eines der Lebenspartner.

Bemerkenswert ist im polnischen Recht die Tatsache, dass die in einer nichtehelichen Lebensgemeinschaft geborenen Kinder eines Arbeitnehmers das Recht auf die gleichen Ansprüche haben, wie „eheliche" Kinder.

Aufgrund der Tatsache, dass es für die nichteheliche Lebensgemeinschaft keine gesetzliche Regelung im deutschen sowie im polnischen Recht gibt und sich somit auch keine gesetzlichen Verpflichtungen gegeneinander ergeben, ist eine kostenlose Mitversicherung beim arbeitstätigen Partner nicht möglich. Diese Vorsorge wird von den gesetzlichen Krankenkassen nur gegenüber Verheirateten und Familien geleistet. Die nichteheliche Lebensgemeinschaft ist in diesem Fall nicht als gleichwertige Beziehung anerkannt, da die Partner einer nichtehelichen Lebensgemeinschaft keine Familienangehörigen im Sinne des Sozialrechts sind. Daher sollte jeder Partner für sich selbst sorgen und folglich auch selbst sozial versichert sein, damit er bei Beendigung einer Lebensgemeinschaft nicht in eine wirtschaftliche Notlage gerät.

Gemeinsamkeiten bestehen zwischen deutschem und polnischem Recht im Rahmen der gesetzlichen Rentenversicherung. Hier ist die nichteheliche Lebensgemeinschaft mit der Ehe nicht gleichgestellt. Demnach ergeben sich auch hier keine Ansprüche aufgrund dieser Beziehung.

---

[534] Detlef Burhoff, Handbuch der nichtehelichen Lebensgemeinschaft, Rn.1294.

[535] Rainer Hausmann/Gerhard Hohloch, Das Recht der nichtehelichen Lebensgemeinschaft, Rn.115.

In anderen Bereichen des Sozialrechts ist im deutschen Recht die nichteheliche Lebensgemeinschaft dagegen der Ehe gleichgestellt, im polnischen Recht jedoch nicht. Der Partner in der nichtehelichen Lebensgemeinschaft ist nach § 20 SGB XII dem Ehegatten gleichgestellt, sofern er mit dem Antragsteller (bzw. der nachfragenden Person) in einer sog. Bedarfsgemeinschaft lebt. Gem. § 7 I i.V.m. § 3a SGB II wird eine Bedarfsgemeinschaft dann angenommen, wenn ein wechselseitiger Wille gegeben ist, Verantwortung füreinander zu tragen und füreinander einzustehen. Dieses wird dann vermutet, wenn die Partner länger als ein Jahr zusammenleben und ein gemeinsames Kind haben, Kinder oder Angehörige im Haushalt versorgen oder befugt sind, über Einkommen und Vermögen des anderen zu verfügen.

Für die nichteheliche Lebensgemeinschaft bedeutet das, dass sie regelmäßig unter diese Begriffsdefinition fällt mit der Folge, dass Einkommen und Vermögen des nicht sozialhilfebedürftigen Partners in der nichtehelichen Lebensgemeinschaft zulasten des anderen Partners Anspruchsmindernd oder ausschließlich bei der Gewährung von Sozialhilfe berücksichtigt werden. Das Leben in einer nichtehelichen Lebensgemeinschaft hat somit unmittelbare Auswirkungen auf Sozialleistungen.

Nach § 20 Satz 2 SGB XII (vormals § 122 II BSHG) gilt die gesetzliche Vermutung des § 36 SGB XII (vormals § 16 BSHG) auch im Bereich der eheähnlichen Gemeinschaften. Diese Vermutung gilt allerdings nicht beim Verhältnis der Partner untereinander. Es gilt also nicht die Vermutung des § 36 SGB XII, dass der Antragsteller von dem mit ihm in Haushaltsgemeinschaft lebenden Partner der nichtehelichen Lebensgemeinschaft Leistungen zum Lebensunterhalt erhält, soweit dies nach dessen Einkommen und Vermögen erwartet werden kann. Die Beweislast für das Vorliegen der Voraussetzungen einer eheähnlichen Gemeinschaft obliegt dem Sozialhilfeträger. Für die Partner einer nichtehelichen Lebensgemeinschaft enthält die Bestimmung des § 20 Satz 1 SGB XII eine abschließende Regelung[536]. Nach richtiger Ansicht war mit der Aufnahme des Verweises in § 20 Satz 2 SGB XII nicht beabsichtigt, die eheähnlichen Lebensgemeinschaften ohne weiteres der Vermutungsregelung des § 36 Satz 1 SGB XII zu unterwerfen.[537]

---

[536] vgl. BVerwG, BVerwGE 70, 278 zu § 122 BSHG; Schellhorn/Schellhorn-Hohm, SGB XII, § 20, Rn. 2.

[537] vgl. LSG Baden-Württemberg, FEVS 58, 234, 238; Hohm in Schellhorn/Schellhorn/Hohm, § 20, Rn. 13; anders wohl LSG Baden-Württemberg, 22.03.2007 – L 7 AS 640/07 ERB, zitiert nach Juris, das von einer „Beweislasterschwernis“ zulasten des Antragstellers ausgeht, zu deren Widerlegung i.d.R. die schlichte Erklärung, nicht in einer Bedarfsgemeinschaft zu leben, nicht ausreicht. Auf

Bestreiten die Partner das Bestehen einer nichtehelichen Lebensgemeinschaft und weigern sie sich, ihre Einkommens- und Vermögensverhältnisse zu offenbaren, kann die Sozialhilfeleistung allerdings wegen nicht ausreichender Feststellungen zur Bedürftigkeit abgelehnt werden.

Das Sozialamt kann auch nach § 20 I SGB X zur Feststellung der Wohn- und Wirtschaftsverhältnisse die Wohnung der Partner besichtigen, wenn anders eine zuverlässige Klärung der Frage, ob eine nichteheliche Lebensgemeinschaft besteht, nicht möglich ist. Weigert sich die nichteheliche Lebensgemeinschaft, der Besichtigung zuzustimmen, geht das zu ihren Lasten.[538]

Es gilt aber nach § 20 Satz 2 SGB XII, vormals § 122 Satz 2 BSHG i.V.m. § 36 SGB XII, vormals § 16 BSHG die Vermutung, dass sie von dem Partner, mit dem der Elternteil in nichtehelicher Lebensgemeinschaft zusammenlebt, Leistungen zum Lebensunterhalt erhalten, soweit dies nach dessen Einkommens- und Vermögensverhältnissen erwartet werden kann[539]. Der Nachweis, dass Leistungen des Partners tatsächlich nicht erbracht werden, ist vom Hilfesuchenden zu führen.

Wenn ein Sozialhilfeträger Sozialhilfeleistungen an einen Berechtigten erbringt, z.B. an die Eltern eines Partners der nichtehelichen Lebensgemeinschaft, kann er ggf. gem. §§ 94 I SGB XII 1601, ff. BGB aus übergegangenem Recht von dessen Kind Ersatz verlangen. Gegenüber diesem Ersatzanspruch kann sich der Partner bzw. das Kind nicht auf mangelnde Leistungsfähigkeit wegen von ihm an seinen Partner der nichtehelichen Lebensgemeinschaft erbrachter finanzieller Zuwendungen berufen.[540] Der Anspruch der Eltern ist vorrangig. Das Gesetz sieht die Gleichstellung des nichtehelichen Lebenspartners mit einem Ehegatten nicht vor.

Nun kurz zu den Problemen, die aus dem Steuerrecht beider Staaten hervorgehen. Im deutschen und im polnischen Recht werden Eheleute und Partner einer nichtehelichen Lebensgemeinschaft im Steuerrecht nicht gleichgestellt. Hier war der polnische Gesetzgeber weiter blickend, obwohl nicht ganz konsequent. Im Artikel 111 § 3 der Steuerordnung wird der Lebenspartner einfach als Familienmitglied des Steuerzahlers betrachtet. Ferner hat der Gesetzgeber auch angezeigt, das eine der zum Antrag benötigten Voraussetzungen, einen Angestellten

---

das Bestehen einer eheähnlichen Gemeinschaft kann daher nur durch eine Gesamtwürdigung aller bekannten Indizientatsachen geschlossen werden.

538 vgl. OVG Nordrhein-Westfalen, NJW 1990, 728; OVG Schleswig-Holstein, SchlHA 1995, S.209; s.a. VGH Hessen, NJW 1986, 1129 [Weigerung stellt keine Verletzung der in § 60 ff. SGB I festgelegten Mitwirkungspflichten dar]; zu den Ermittlungen und zur Beweislast s.a. Luckey, FuR 1991, S.36.

539 OVG Hamburg, FamRZ 1996, 977; Schellhorn/Schellhorn, BSHG, § 122 Rn. 10.

540 LG Berlin, FamRZ 1992, S.1214.

aus dem Steuerverfahren auszuschließen, Umstände sind, die das Verfahrensergebnis beeinflussen könnten. Auch in diesem Rechtszweig hat sich der Gesetzgeber vorwiegend um seine eigenen Finanzinteressen gekümmert. Selbst in Übereinstimmung mit der Steuerordnung kann der Lebenspartner für die Nichterfüllung oder die unrechte Erfüllung der Steuerpflichten von der vom Steuerzahler geführten Wirtschaftstätigkeit, die als die sog. Dritte im Zeitabschnitt, in dem sein Lebenspartner (Familienmitglied) ständig bei der Wirtschaftstätigkeit mit dem Steuerzahler mitgewirkt hat, von ihr profitieren.

Im deutschen Recht lässt sich daher feststellen, dass die nichteheliche Lebensgemeinschaft für das Steuerrecht vollkommen unberücksichtigt bleibt. Einkommensteuerrechtlich ist die nichteheliche Lebensgemeinschaft grundsätzlich ohne Belang. Es werden keine Vorzüge von Ehegatten auf die nichteheliche Lebensgemeinschaft angewendet. Insbesondere wird keine gemeinsame Veranlagung zur Einkommenssteuer zugelassen und damit kein Splittingvorteil gewährt. Die Partner werden wie zwei einzelne Steuerpflichtige behandelt und getrennt veranlagt. Auch bei der Erbschaft- und Schenkungsteuer ist die nichteheliche Lebensgemeinschaft im Gegensatz zur Ehe nicht privilegiert. So wird der Partner der nichtehelichen Lebensgemeinschaft nur in Erbschaftsteuerklasse III als sonstiger Erwerber im Sinne von § 15 I ErbStG eingestuft. Dies wirkt sich in der deutlichen Reduzierung des Freibetrags und einem erhöhten Steuersatz aus.

Im Ergebnis unterscheiden sich die deutschen und polnischen Gesetze deutlich bezüglich ihrer Tragweite, ihrer formellen Anforderungen und ihrer Regelungsintentionen, und jede gewählte Fassung weist ihre Schwächen auf. Der deutsche Gesetzgeber sollte dennoch unter Berücksichtigung der steuerrechtlichen Rolle und der polnische Gesetzgeber in der sozialen Rolle dieser Partnerschaften die aus heutiger Sicht dringlichst gebotenen Regelungen schaffen,[541] da die rechtliche Situation der nichtehelichen Lebensgemeinschaft unbefriedigend ist.

---

[541] Klaus Schuhmacher, Regelungsbedarf für nichteheliche Lebensgemeinschaften, FamRZ 1994, S.864.

Kapitel 7 – Exkurs: Eingetragene Lebenspartnerschaft

II. Eingetragene Lebenspartnerschaft

1. Legaldefinition § 1 I LPartG

Eine auf Dauer angelegte Gemeinschaft zweier Personen gleichen Geschlechts, die entscheidend von den inneren Bindungen der Partner geprägt ist und typischerweise keine weitere Lebensgemeinschaft gleicher Art zulässt.

2. Verfassungsmäßigkeit des LPartG

Vor Erlass des LPartG sah man die Lebenspartnerschaft gerade im Hinblick auf Art. 6 I GG als verfassungswidrig an.[542] Lediglich in der Rechtsliteratur bestand Einigkeit darüber, dass die eingetragene gleichgeschlechtliche Lebenspartnerschaft verfassungsgemäß sei.[543] Als Standbein ihrer Meinung sahen sie den Kammerbeschluss des BVerfG vom 4.10.1993, nach der ein Recht auf Eheschließung den homosexuellen Paaren nicht zustand aber auch nicht den Gesetzgeber davor ausschloss, eine rechtliche Absicherung gleichgeschlechtlicher Paare zu ermöglichen.[544] So trat am 1.8.2001 das LPartG in Kraft und bildete eine Grundlage dafür, diese Form der Partnerschaft als verfassungsgemäß anzuerkennen. Ebenso besitzt Art. 6 I GG keine Ausschließlichkeitsfunktion.[545]

---

542 Marina Wellenhofer – Klein, Die eingetragene Lebenspartnerschaft, Rn. 19 m.w.N.

543 Karlheinz Muscheler, Das Recht der Eingetragenen Lebenspartnerschaft, Rn. 36 f.; Robbers, JZ 2001, S.779-781; so auch tendenziell im durch das Diskriminierungsverbot getragen die Aussagen von Michel, NJW 2010, 3537 ff., der auch auf mittelbare Auswirkungen dieses Grundsatzes hinweist, wenn er von der Entkoppelung des Eheschutzes vom Familienschutz spricht (S. 3538).

544 BVerfG NJW 1993, 3058; Marina Wellenhofer-Klein, Die eingetragene Lebenspartnerschaft, Rn. 20.

545 Robbers, JZ 2001, S.779-781.

3. Begründungen

3.1. Verlöbnis

Das LPartGÜG sieht ein Verlöbnis gleichgeschlechtlicher Partner vor.[546] Sie erhalten dadurch zivilrechtliche Schadensersatzansprüche bei Auflösung der Verlobung und ein Zeugnisverweigerungsrecht.[547] Vor dem LPartGÜG war die rechtliche Sachlage anders gestaltet.

Dort gab es keine Regelung für die Phase zwischen dem noch formlosen gegenseitigen Versprechen des Eingehens der Lebenspartnerschaft und dem Vollzugsakt selbst – dem Verlöbnis. Auch konnte nicht auf das Schuldrecht zurückgegriffen werden, denn das Verlöbnis ist als ein höchstpersönliches Rechtsgeschäft anzusiedeln. Eine Rückforderung von Geschenken nach Auflösung des Verlöbnisses (§ 1301 BGB) kam hier allenfalls unter den engen Voraussetzungen des Schenkungsrechts nach §§ 528 f. BGB in Betracht.[548] Ein direktes Zeugnisverweigerungsrecht für den Verlobten wurde weder von § 383 I Nr. 1 ZPO noch von den §§ 52 I Nr. 1, 55 I 1 StPO gewährt.

3.2. Voraussetzungen

a) Zwei Personen gleichen Geschlechts

Wie auch die Ehe ist die Lebenspartnerschaft eine Paarbeziehung und kann daher nur zwischen „zwei“ Personen geschlossen werden.[549] Drei- oder Mehrpersonenverhältnisse sieht § 1 LPartG nicht vor. Dies entspricht dem Prinzip der „Einpaarigkeit“.[550] Ferner kann die Lebenspartnerschaft nur zwischen zwei Männern oder zwei Frauen geschlossen werden.[551]Keine Voraussetzung ist hingegen die homosexuelle Orientierung.[552] Vom Gesetzeswortlaut wird weder eine

---

546 § 1 III LPartG eingefügt durch Art. 1 Nr. 1 des Überarbeitungsgesetzes; Stüber, FamRZ 2005, S.574-576; Krause, NotBZ 2005, S.85-86.

547 Palandt/Brudermüller, LPartG, § 1 Rn. 7; Stüber, FamRZ 2005, S.574-576.

548 Marina Wellenhofer-Klein, Die eingetragene Lebenspartnerschaft, Rn. 41.

549 Dieter Schwab, FamRZ 2001, S. 385-387.

550 Palandt/Brudermüller, LPartG, § 1 Rn. 1.

551 Hk-LPartG/Kemper, § 1 Rn. 5; Hausmann/Hohloch, Das Recht der nichteingetragenen Lebensgemeinschaft, Rn. 23, S.155.

552 Hk-LPartG/Kemper § 1 LPartG Rn. 6; Karlheinz Muscheler, Das Recht der Eingetragenen Lebenspartnerschaft, Rn. 117; Marina Wellenhofer-Klein, Die eingetragene Lebenspartnerschaft, Rn. 44.

sexuelle Beziehung noch eine häusliche Gemeinschaft (§ 2 LPartG) von den Partnern verlangt.

Sollte sich im Laufe einer Lebenspartnerschaft einer der Lebenspartner einer Geschlechtsumwandlung unterziehen, so kann die Lebenspartnerschaft zunächst bestehen bleiben.[553] Da aber die Gleichgeschlechtlichkeit aus § 1 LPartG nicht mehr gewahrt ist, ist davon auszugehen, dass auch die bestehende Lebenspartnerschaft der Geschlechtsumwandlung im Wege steht. Sie ist dann auf Antrag eines oder beider Lebenspartner ex nunc aufzuheben (§ 15 LPartG)[554].

b) Volljährigkeit

Es gilt das Gebot der Volljährigkeit (§ 1 II Nr. 1 LPartG), so dass eine Zustimmung der gesetzlichen Vertreter hier nicht zum Zuge kommt,[555] es sei denn der Partner stammt aus einem Staat, der die Volljährigkeit schon früher eintreten lässt.[556]

c) Geschäftsfähigkeit

Weiterhin müssen beide bei der Abgabe der Willenserklärung zur Begründung der Lebenspartnerschaft geschäftsfähig sein.[557] Diese wird nicht schon durch die Bestellung eines Betreuers noch durch einen gerichtlich angeordneten Einwilligungsvorbehalt eingeschränkt.[558] Insofern ist die partielle Geschäftsfähigkeit kein Hindernis für die Begründung einer Lebenspartnerschaft.[559]

---

553 § 8 I Nr. 2 TSG regelt die rechtliche Zugehörigkeit zum anderen Geschlecht nach eine Geschlechtsumwandlung bislang nur für den Fall einer bestehenden Ehe ausschließt, könnte daraus für den Fall der Lebenspartnerschaft geschlossen werden, dass diese hierfür kein Hindernis darstellt. Hk-LPartG/Kemper, § 1 Rn. 5; Karlheinz Muscheler, Das Recht der Eingetragenen Lebenspartnerschaft, Rn. 120.

554 Hausmann/Hohloch, Das Recht der nichteingetragenen Lebensgemeinschaft, Rn. 24, S.156.

555 Palandt/Brudermüller, LPartG, Einl. § 1 Rn. 4; Dieter Schwab, FamRZ 2001, S.385-389.

556 Art. 7 EGBGB: Hk-LPartG/Kemper, § 1 Rn. 7; . 5; Hausmann/Hohloch, Das Recht der nichteingetragenen Lebensgemeinschaft, Rn. 25; S. 156, Heinrich, FamRZ 2002, S.137.

557 Marina Wellenhofer-Klein, Die eingetragene Lebenspartnerschaft, Rn. 47.

558 Hausmann/Hohloch, Das Recht der nichteingetragenen Lebensgemeinschaft, Rn. 26; S.157, Karlheinz Muscheler, Das Recht der Eingetragenen Lebenspartnerschaft, Rn. 128.

559 Marina Wellenhofer-Klein, Die eingetragene Lebenspartnerschaft, Rn. 47.

d) keine Begründungshindernisse

aa) keine Doppellebenspartnerschaft oder Verheiratung, § 1 II Nr. 1 LPartG

Das Verbot der Doppelehe (§ 1306 BGB) statuiert, dass keiner der Partner noch verheiratet ist oder eine andere Lebenspartnerschaft führt.[560] Ersteres stellt kein Ehehindernis i.S.d. §§ 1306 ff. BGB dar, dennoch führt die Unvereinbarkeit der Pflichten aus § 1353 BGB und § 2 LPartG zu einem Normenwiderspruch der dahingehend gelöst wird, dass aufgrund des Vorranges des Eheschutzes nach Art. 6 I GG grundsätzlich die Lebenspartnerschaft aufzulösen ist.[561] Der Verstoß gegen § 1 II Nr. 1 LPartG führt von vornherein zur Nichtigkeit der „zweiten" Lebenspartnerschaftsbegründung und kann in keiner Weise geheilt werden.[562]

bb) keine direkte Verwandtschaft

Auch der Verwandtschaftsgrad ist ein Hindernis der Begründung einer Lebenspartnerschaft. So dürfen Partner, die in gerader Linie verwandt sind § 1 II Nr. 2 LPartG[563] sowie vollbürtige und halbbürtige Geschwister § 1 II Nr. 3 LPartG[564] keine Lebenspartnerschaft miteinander eingehen. Diese Festlegung wirft aber dahingehend Unverständnis auf, indes mangels Fortpflanzungsfähigkeit genetische Überlegungen keine Rolle spielen können.[565] § 1 II Nr. 3 LPartG sei mit Art. 3 I GG unvereinbar und verfassungswidrig.[566] Zugleich setzt das LPartG keine Geschlechtsgemeinschaft zwischen den Partnern voraus.

cc) keine Schein-Lebenspartnerschaft, § 1 II Nr. 4 LPartG

Eine Scheinpartnerschaft, also die gewollte Eingehung der Lebenspartnerschaft ohne Verpflichtungen nach § 2 LPartG begründen zu wollen, wird vom Gesetz nicht geduldet und lässt die Lebenspartnerschaft gar nicht erst wirksam entstehen.[567] Ihre Unwirksamkeit tritt ex tunc (von Anfang an) ein.

---

560 Marina Wellenhofer-Klein, Die eingetragene Lebenspartnerschaft, Rn. 49; Dieter Schwab, FamRZ 2001, S.385-389.

561 Hausmann/Hohloch, Das Recht der nichteingetragenen Lebensgemeinschaft, Rn. 27, S.157.

562 Hk-LPartG/Kemper, § 1 Rn. 22.

563 Marina Wellenhofer-Klein, Die eingetragene Lebenspartnerschaft, Rn. 50.

564 Marina Wellenhofer-Klein, Die eingetragene Lebenspartnerschaft, Rn. 51.

565 Hausmann/Hohloch, Das Recht der nichteingetragenen Lebensgemeinschaft, Rn. 29, S.158.

566 Karlheinz Muscheler, Das Recht der Eingetragenen Lebenspartnerschaft, Rn. 51.

567 Dieter Schwab, FamRZ 2001, 385 (389); ders. FamR, Rn. 875; Heinrich, FamRZ 2002, 137.

Schwierigkeiten treten aber beim Beweis einer solchen Scheinpartnerschaft auf, denn schließlich werden die Partner nicht zur häuslichen und geschlechtlichen Gemeinschaft gezwungen, so dass die Kriterien, anhand derer eine Abgrenzung der Lebenspartnerschaft zur Scheinpartnerschaft erfolgen soll, schwer zu bestimmen sind.

Eine Heilungsmöglichkeit sieht das LPartG nicht vor.[568]

4. Begründungsakt

4.1. Erklärung des Partnerschaftswillens

Die Erklärung zur Begründung einer Lebenspartnerschaft müssen die Partner „gegenseitig, persönlich und bei gleichzeitiger Anwesenheit abgeben.[569] Die Formulierung „Partnerschaft auf Lebenszeit" ist vorgegeben und muss von den Partnern ausgesprochen werden.[570] Die Erklärungen sind Willenserklärungen i.S.d. §§ 116 ff. BGB.[571] Wegen ihres höchstpersönlichen Charakters sind Botenschaft und Stellvertretung ausgeschlossen.[572] Sie hat vor der zuständigen Behörde zu erfolgen, was dem Erfordernis der Publizität und öffentlichen Erfassung des Aktes dient.[573] Der „Standesbeamte" fungiert als Zeuge, folglich hört er die Erklärungen beider nur an.[574] Genauso wenig dürfen die Erklärungen an Bedingungen oder Befristungen gebunden werden.[575]

---

568 Marina Wellenhofer-Klein, Die eingetragene Lebenspartnerschaft, Rn. 57.

569 Palandt/Brudermüller, LPartG, § 1 Rn. 2; Dieter Schwab, FamRZ 2001, S.385- 388.

570 Palandt/Brudermüller, LPartG, § 1 Rn. 2; Marina Wellenhofer-Klein, Die eingetragene Lebenspartnerschaft, Rn. 63.

571 Dieter Schwab, FamRZ 2001, S.385-388.

572 Rainer Hausmann/Gerhard Hohloch, Das Recht der nichtehelichen Lebensgemeinschaft, Rn. 31 S.159; Marina Wellenhofer-Klein, Die eingetragene Lebenspartnerschaft, Rn. 66; Dieter Schwab, FamRZ 2001, S.385-388; ders. FamR, Rn. 873.

573 Marina Wellenhofer-Klein, Die eingetragene Lebenspartnerschaft, Rn. 64; Dieter Schwab, FamRZ 2001, S.385-388.

574 Rainer Hausmann/Gerhard Hohloch, Das Recht der nichtehelichen Lebensgemeinschaft, Rn. 31, S.157.

575 Marina Wellenhofer-Klein, Die eingetragene Lebenspartnerschaft, Rn. 66; Karlheinz Muscheler, Das Recht der Eingetragenen Lebenspartnerschaft, Rn. 157, Dieter Schwab, FamRZ 2001, S.385-388.

Die Erklärung über ihren Vermögensstand (§ 6 LPartG i.V.m. § 1 I 4 LPartG)ist weggefallen. Sie können erst nach der Begründung durch einen

Lebenspartnerschaftsvertrag[576] den gesetzlich vorgesehenen Güterstand der Zugewinngemeinschaft durch einen anderen Güterstand ablösen. Der früher geltende Güterstand der Ausgleichsgemeinschaft ist weggefallen. Er entsprach der Zugewinngemeinschaft der Ehe. Dabei musste die güterrechtliche Vereinbarung bereits vor Begründung der Lebenspartnerschaft geregelt worden sein.[577] Die Erklärung hatte ebenfalls vor der zuständigen Behörde zu erfolgen, die hierbei als echter Erklärungsadressat angesehen wurde.[578] Derweilen musste sie nicht gleichzeitig und in keiner vorgeschriebenen Form[579] erfolgen. Dennoch blieb die Geschäftsfähigkeit feste Voraussetzung.

4.2. Namensgebung

Gleichfalls können die Lebenspartner einen gemeinsamen Namen bestimmen, der so gleich bei Begründung der Lebenspartnerschaft gem. § 3 I 3 LPartG erklärt werden soll. [580]

4.3 Zuständige Behörde

Sowohl die zuständige Behörde als auch das Eintragungsverfahren ist den Landesgesetzen zu entnehmen.[581] Sollte die Lebenspartnerschaftsbegründung durch eine andere als die zuständige Behörde geschehen, führt dies zur Nichtigkeit der

---

576 Marina Wellenhofer-Klein, Die eingetragene Lebenspartnerschaft, Rn. 67; Dieter Schwab, FamRZ 2001, S.385-388.

577 Marina Wellenhofer-Klein, Die eingetragene Lebenspartnerschaft, Rn. 67; Rainer Hausmann/Gerhard Hohloch, Das Recht der nichtehelichen Lebensgemeinschaft, Rn. 34; S.160, Dieter Schwab, FamRZ 2001, S.385-388.

578 Palandt/Brudermüller, § 1 LPartG Rn. 3; Karlheinz Muscheler, Das Recht der Eingetragenen Lebenspartnerschaft, Rn. 158.

579 Palandt/Brudermüller, § 6 LPartG Rn.1.

580 Es gelten die gleichen Vorschriften einer gültigen Namensfindung wie im Eherecht. Hausmann/Hohloch, Rn. 35; S.161, Karlheinz Muscheler, Das Recht der Eingetragenen Lebenspartnerschaft, Rn. 382; Marina Wellenhofer-Klein, Die eingetragene Lebenspartnerschaft, Rn. 115; Wagenitz/Bornhofen, FamRZ 2005, 1425 (1426); Kaiser, JZ 2001, S.617-624.

581 Lebenspartnerschaftsausführungsgesetz (LPart-AG) vom 24. 7. 2001, GVBl. S. 292 in Kraft getreten am 1.8.2001. Zuständige Behörde ist das Standesamt, Marina Wellenhofer-Klein, Die eingetragene Lebenspartnerschaft, Rn. 59.

Lebenspartnerschaft.[582] Das Verfahren gliedert sich oftmals in zwei Abschnitte. Zunächst muss eine Anmeldung zur Begründung der Lebenspartnerschaft der eigentlichen Begründung der Lebenspartnerschaft durch Ausstellung der Lebenspartnerschaftsurkunde und ggf. Eintragung ins Lebenspartnerschaftsbuch[583] vorangehen.[584] Sie dient der Überprüfungsmöglichkeit der Behörde, ob diese Begründung der Lebenspartnerschaft den allgemeinen Anforderungen entspricht und damit zulässig ist. Dann erst folgt der eigentliche Akt vor der Behörde (also dem Standesbeamten) selbst.

5. Rechtsfolge einer fehlerhaften Begründung

Wurden die Begründungsvoraussetzungen des § 1 LPartG nicht erfüllt tritt gem. § 142 Unwirksamkeit der Partnerschaft ex tunc ein.[585] Weder Heilungsmöglichkeiten noch ein Aufhebungsverfahren nach §§ 1313 ff. BGB sind in Anlehnung an den geringeren Bestandsschutz als bei der Ehe vorgesehen.[586] Sie kann nur wieder neu begründet werden.

6. Wirkungen der Lebenspartnerschaft

Dabei ist zwischen den personenrechtlichen und den vermögensrechtlichen Wirkungen zu unterscheiden.

6.1. Personenrechtlich

a) Fürsorge und Unterstützung, § 2 LPartG

Die Lebenspartner sind einander zur „Fürsorge und Unterstützung sowie zur gemeinsamen Lebensgestaltung verpflichtet“ (§ 2 LPartG).[587] Sie wird als eine

---

[582] Marina Wellenhofer-Klein, Die eingetragene Lebenspartnerschaft, Rn. 59.

[583] Marina Wellenhofer-Klein, Die eingetragene Lebenspartnerschaft, Rn. 78.

[584] Rainer Hausmann/Gerhard Hohloch, Das Recht der nichtehelichen Lebensgemeinshaft, Rn. 39, S.163.

[585] Palandt/Brudermüller, LPartG, § 1 Rn. 6; Hausmann/Hohloch, Rn. 43, S.166.

[586] Rainer Hausmann/Gerhard Hohloch, Das Recht der nichtehelichen Lebensgemeinshaft, Rn. 41; S.165, Karlheinz Muscheler, Das Recht der Eingetragenen Lebenspartnerschaft, Rn. 188.

[587] Rainer Hausmann/Gerhard Hohloch, Das Recht der nichtehelichen Lebensgemeinshaft, Rn. 44; S.166, Kaiser, JZ 2001, S.617-624.

Einstehens- und Verantwortungsgemeinschaft eingestuft.[588] Aus diesem Gesetzeswortlaut wird abgeleitet, dass die Partner aufeinander Rücksicht nehmen und Verständnis- und Verständigungsbereitschaft einander schulden.[589] Hieraus entsteht eine Unterhaltspflicht und vor allem auch eine Garantenstellung i. S. d. § 13 StGB.[590]

Im alltäglichen Leben spiegelt sich das in der gegenseitigen Pflege im Krankheitsfall, Mitarbeit und Hilfe im Haushalt und dem Recht zur Mitbenutzung der gemeinsamen Wohnung wider.[591] Dennoch besteht keine Pflicht zur häuslichen Gemeinschaft.

Ein Anspruch auf Herstellung der Lebensgemeinschaft ist, wenn auch in § 2 LPartG nicht ausdrücklich benannt, möglich.[592] Probleme entstehen erst bei der Frage nach der Vollstreckbarkeit. Ansprüche aus den wirtschaftlich-finanziellen Pflichten können ohne weiteres eingeklagt werden.[593] Bei den Ansprüchen bzgl. der Durchsetzung persönlicher Pflichten ist Zurückhaltung geboten.[594] § 888 III ZPO ist analog anzuwenden.

b) Status: Familienangehöriger

Dritten gegenüber sind Lebenspartner nach § 11 LPartG Familienangehörige, so dass Vorschriften bezüglich Familienangehörigen auf sie anwendbar sind.[595] Die Verwandten eines Lebenspartners gelten als mit dem anderen Lebenspartner verschwägert, § 11 II 1 LPartG.[596] Aus dieser Position heraus obliegen dem Lebenspartner einerseits Eides- und Zeugnisverweigerungsrechte (§§ 383 I Nr. 3,

---

588 Palandt/Brudermüller, LPartG, § 2 LPartG Rn. 1; Rainer Hausmann/Gerhard Hohloch, Das Recht der nichtehelichen Lebensgemeinschaft, Rn. 44; S.166, Karlheinz Muscheler, Das Recht der Eingetragenen Lebenspartnerschaft, Rn. 333; Marina Wellenhofer-Klein, Die eingetragene Lebenspartnerschaft, Rn. 106.

589 Marina Wellenhofer-Klein, Die eingetragene Lebenspartnerschaft, Rn. 106; Dieter Schwab, FamRZ 2001, S.385-390.

590 Marina Wellenhofer-Klein, Die eingetragene Lebenspartnerschaft, Rn. 106.

591 Marina Wellenhofer-Klein, Die eingetragene Lebenspartnerschaft, Rn. 106; Dieter Schwab, FamRZ 2001, S.385-391.

592 Marina Wellenhofer-Klein, Die eingetragene Lebenspartnerschaft, Rn. 112.

593 Marina Wellenhofer-Klein, Die eingetragene Lebenspartnerschaft, Rn. 112; Dieter Schwab, FamRZ 2001, S.385-391.

594 BGHZ 23, S.279-281; BGHZ 57, S.229-232; Marina Wellenhofer-Klein, Die eingetragene Lebenspartnerschaft, Rn. 112; Dieter Schwab, FamRZ 2001, S.385-391.

595 Rainer Hausmann/Gerhard Hohloch, Das Recht der nichtehelichen Lebensgemeinschaft, Rn. 46; S.167, Marina Wellenhofer-Klein, Die eingetragene Lebenspartnerschaft, Rn. 134; Dieter Schwab, FamRZ 2001, S.385-396; Kaiser, JZ 2001, S.617-624.

596 Marina Wellenhofer-Klein, Die eingetragene Lebenspartnerschaft, Rn. 136; Dieter Schwab, FamRZ 2001, S.385-396.

384 Nr. 1, 2 ZPO; §§ 52 I Nr. 3, 55 I StPO), andererseits zahlreiche Mitwirkungsverbote (§§ 41 Nr. 3 ZPO, 22 Nr. 3 StPO; §§ 3 I Nr. 3, 7 Nr. 3 BeurkG).[597]

c) Elternschaft

Eine gemeinsame rechtliche Elternschaft gleichgeschlechtlicher Paare ist nicht möglich, aber es wird ihnen nicht verwehrt, die Position von Pflegeeltern oder gemeinsamen Vormündern einzunehmen.[598] Die sich hieraus ergebene Einzeladoption kann für den jeweils anderen Partner erweitert werden, der dann im Einvernehmen mit dem sorgeberechtigten Partner ein kleines Sorgerecht übernehmen kann, was bedeutet, die Befugnis zu haben, in Angelegenheiten des täglichen Lebens des Kindes mit zu entscheiden (§ 9 I 1 LPartG).[599] Dabei wird an die Legaldefinition des § 1687 I 3 BGB angeknüpft, wonach Angelegenheiten des täglichen Lebens häufig vorkommende Angelegenheiten sind, die keine schwer abzuändernden Auswirkungen auf die Entwicklung des Kindes haben".[600] Ferner muss diese Art des Sorgerechts im Einvernehmen mit dem Partner geschehen. Daneben besteht ebenfalls das nach § 9 II LPartG vorgesehene Notsorgerecht: Bei Gefahr im Verzug ist er dazu berechtigt, alle Rechtshandlungen vorzunehmen, die zum Wohl des Kindes notwendig sind.[601]

6.2. Vermögensrechtlich

a) Güterstand

Vor dem LPartGÜG mussten die Lebenspartner einen Güterstand vereinbaren. Damals war man der Ansicht, dass eine solche Lebenspartnerschaft zu vielseitig sei, als dass ein Gesetz eine Regelung treffen könnte, mit denen beide Parteien

---

[597] Rainer Hausmann/Gerhard Hohloch, Das Recht der nichtehelichen Lebensgemeinschaft, Rn. 47; S.168, Karlheinz Muscheler, Das Recht der Eingetragenen Lebenspartnerschaft, Rn. 377f.

[598] Rainer Hausmann/Gerhard Hohloch, Das Recht der nichtehelichen Lebensgemeinshaft, Rn. 48; S.168, Karlheinz Muscheler, Das Recht der Eingetragenen Lebenspartnerschaft, Rn. 420.

[599] Rainer Hausmann/Gerhard Hohloch, Das Recht der nichtehelichen Lebensgemeinschaft, Rn. 49, S.168.

[600] Rainer Hausmann/Gerhard Hohloch, Das Recht der nichtehelichen Lebensgemeinschaft, Rn. 50, S.168.

[601] Rainer Hausmann/Gerhard Hohloch, Das Recht der nichtehelichen Lebensgemeinschaft, Rn. 51, S.170.

zufrieden wären.[602] Es trat mit Begründung der Lebenspartnerschaft kein gesetzlicher Vermögensstand ein, sondern grundsätzlich allein derjenige, den die Parteien zuvor für sich vereinbart hatten. Die Beschaffenheit der Vereinbarung über den Vermögensstand orientiert sich nach dem gewünschten Vermögensstand.[603]

Zur Regelung ihres Vermögensstandes standen den Lebenspartnern folgende Modelle zur Verfügung: Die Ausgleichsgemeinschaft, die Vermögensgemeinschaft und die Vermögenstrennung.[604] Wobei die einzelnen Modelle mit Problemen behaftet waren.

Heute stehen den Lebenspartnern durch das LPartGÜG nun auch die Modelle der Zugewinngemeinschaft als gesetzlicher Güterstand und die Gütertrennung als eine mögliche vertragliche Option (§ 7 2 LPartG i. V. m. § 1414 BGB) zur Verfügung.[605] Auch erfolgt die Erklärung über den Vermögensstand erst nach Begründung, zuvor gilt unweigerlich die Zugewinngemeinschaft.[606] Sollten die Lebenspartner einen anderen Vermögensstand bevorzugen, müssen sie diesen über einen Lebenspartnerschaftsvertrag regeln. Dabei kann eine spätere Veränderung des Vertrages selbst, oder die Veränderung der bereits gewählten Form zu einem späteren Zeitpunkt durch einen weiteren Vertrag vollzogen werden.[607]Hierfür herrschen strenge Formerfordernisse. Der Vertrag muss bei gleichzeitiger Anwesenheit beider Lebenspartner zur Niederschrift eines Notars geschlossen werden (§ 7 I 2 LPartG).[608] Stellvertretung und Betreuung stehen diesem nicht entgegen. Neben der Regelung über den Vermögensstand können auch andere wichtige Regelungen in einem solchen Vertrag fixiert werden.[609]

Bei Unwirksamkeit des Lebenspartnerschaftsvertrages tritt automatisch der Güterstand der Zugewinngemeinschaft ein (§ 6 LPartG).[610]

Dieser gesetzliche Güterstand hat den früheren Güterstand der Ausgleichsgemeinschaft verbannt. Dieser wurde schon vor Begründung der Lebenspartnerschaft durch schlichte beiderseitige Erklärung gegenüber der zuständigen Behörde festgelegt (§ 6 II LPartG).[611] Inhaltlich entsprach er dem ehelichen Güter-

---

602 Marina Wellenhofer-Klein, Die eingetragene Lebenspartnerschaft, Rn. 140; Rieger, FamRZ 2001, S.1497-1498.

603 Marina Wellenhofer-Klein, Die eingetragene Lebenspartnerschaft, Rn. 140.

604 Marina Wellenhofer-Klein, Die eingetragene Lebenspartnerschaft, Rn. 142.

605 Everts, FamRZ 2005, S.1888; Krause, NotBZ 2005, S. 85.

606 Everts, FamRZ 2005, S.1888.

607 Rieger, FamRZ 2001, S.1497-1498.

608 Hk-LPartG/Kemper, § 7 Rn. 3; Marina Wellenhofer-Klein, Die eingetragene Lebenspartnerschaft, Rn. 145; Rieger, FamRZ 2001, S.1497-1499.

609 Rieger, FamRZ 2001, S.1497-1500.

610 Hk-LPartG/Kemper, § 6 Rn. 1.

611 Hierfür bestehe keinesfalls ein gleich hohes Schutzpotential wie beim Lebenspartnerschaftsvertrag, so dass ein solches Formerfordernis nicht notwendig ist. Rainer Haus-

stand der Zugewinngemeinschaft, was bedeutet, dass die Vermögen beider Lebenspartner getrennt blieben (§ 6 II 1 LPartG; § 1363 II BGB) und von jedem selbst verwaltet wurden (§ 6 II 3,4 LPartG, § 1364 BGB).[612]

Für die vor dem LPartGÜG erfolgten Lebenspartnerschaften gelten die Übergangsregelungen des § 21 LPartG, nach denen sich eine Ausgleichsgemeinschaft automatisch in eine Zugewinngemeinschaft umwandelt.[613]

b) Eigentumsvermutung

§ 8 I 1 LPartG entspricht § 1362 I 1 wonach die im Besitz eines oder beider Lebenspartner befindlichen beweglichen Sachen dem Schuldner gehören.[614] Leben die Partner getrennt, gilt die Eigentumsvermutung nach § 8 I 2 LPartG i. V. m. § 1362 I 2 BGB nicht.[615] Der Sinn des § 8 I (bzw. des § 1326 BGB) liegt in einer Beweislastumkehr zu Gunsten des Gläubigers.[616]

c) Schlüsselgewalt

Ferner gilt in der eingetragenen Lebenspartnerschaft § 1357 BGB, so dass Geschäfte zur angemessenen Deckung des partnerschaftlichen Lebensbedarfs mit Wirkung auch für den anderen Lebenspartner geschlossen werden können.[617] Dies gilt nicht, wenn bei Vertragsschluss ausdrücklich etwas anderes vereinbart wird (§ 1357 I 2 BGB), oder die Lebenspartner getrennt leben, § 1357 III BGB.[618]

---

mann/Gerhard Hohloch, Das Recht der nichtehelichen Lebensgemeinschaft, Rn. 58; S.172, Karlheinz Muscheler, Das Recht der Eingetragenen Lebenspartnerschaft, Rn. 165.

[612] Rainer Hausmann/Gerhard Hohloch, Das Recht der nichtehelichen Lebensgemeinschaft, Rn. 59; S.173, Karlheinz Muscheler, Das Recht der Eingetragenen Lebenspartnerschaft, Rn. 228.

[613] Everts, FamRZ 2005, S.1888.

[614] Hk-LPartG/Kemper, § 8 Rn. 3; Rainer Hausmann/Gerhard Hohloch, Das Recht der nichtehelichen Lebensgemeinschaft, Rn. 63, S.174; Marina Wellenhofer-Klein, Die eingetragene Lebenspartnerschaft, Rn. 153; Dieter Schwab, FamRZ 2001, S.385-391.

[615] Rainer Hausmann/Gerhard Hohloch, Das Recht der nichtehelichen Lebensgemeinschaft, Rn. 63, S.174.

[616] Hk-LPartG/Kemper, § 8 Rn. 7; Marina Wellenhofer-Klein, Die eingetragene Lebenspartnerschaft, Rn. 154.

[617] Hk-LPartG/Kemper, § 8 Rn. 10; Rainer Hausmann/Gerhard Hohloch, Das Recht der nichtehelichen Lebensgemeinschaft, Rn. 64; S.175 Karlheinz Muscheler, Das Recht der Eingetragenen Lebenspartnerschaft, S.246; Marina Wellenhofer-Klein, Die eingetragene Lebenspartnerschaft, Rn. 156; Dieter Schwab, FamRZ 2001, S.385-391.

[618] Hk-LPartG/Kemper, § 8 Rn. 13; Marina Wellenhofer-Klein, Die eingetragene Lebenspartnerschaft, Rn. 156.

d) Haftung

Im Innenverhältnis haften Lebenspartner für die sich aus dem lebenspartnerschaftlichen Verhältnis ergebenden Pflichten nur für diejenige Sorgfalt, welche sie in eigenen Angelegenheiten anzuwenden pflegen (§ 4 LPartG).[619] Im Außenverhältnis gelten deliktsrechtliche typische Vorschriften, d.h. analog §§ 1004 I, 823 I BGB und §§ 842, 843 I BGB sind anwendbar.[620]

7. Aufhebung der Lebenspartnerschaft

Als Beendigungsakte oder Ereignisse kommen hierbei entweder der Tod eines Partners, die Eingehung einer Ehe durch einen Lebenspartner oder die auf Antrag gerichtlich entschiedene Aufhebung der Lebenspartnerschaft in Betracht.[621] Die Aufhebung bildet das Pendant zur Scheidung bei der Ehe und erfolgt nur durch gerichtliches Urteil.[622]

Art. 1 Nr. 7 des LPartGÜG gleicht die Aufhebungsgründe weitgehend an das Scheidungsverfahren des Eherechts an. Nunmehr reicht es aus, seit einem Jahr getrennt zu leben. Es kommt nun nicht mehr auf die Abgabe einer (notariell zu beurkundenden) Nichtfortsetzungserklärung an. Maßgebend ist vielmehr wie bei Ehegatten die Dauer des Getrenntlebens.[623]

Vor dem LPartGÜG kam es gerade nicht auf solche materiellen Zerrüttungstatbestände, auf Zerrüttungsvermutungen in Form von Getrenntlebenszeiten noch auf den Tatbestand eines Getrenntlebens an; die Voraussetzungen waren vielmehr formalisiert und versachlicht.[624] Es musste öffentlich beurkundet werden, dass die Lebenspartnerschaft nicht weiter fortgesetzt werden soll (§ 15 IV LPartG), eine Wartefrist von drei Jahren verstrichen war(§ 15 II Nr. 1, 2 LPartG) oder eine unzumutbare Härte vorliegen (§ 15 II Nr. 3 LPartG).[625]

---

619 Hk-LPartG/Kemper, § 4 Rn. 1; Dieter Schwab, FamRZ 2001, S.385-391.

620 Rainer Hausmann/Gerhard Hohloch, Das Recht der nichtehelichen Lebensgemeinschaft, Rn. 68 S.177.

621 Rainer Hausmann/Gerhard Hohloch, Das Recht der nichtehelichen Lebensgemeinschaft, Rn. 80, S.181.

622 Kaiser, FamRZ 2002, 866 (868); Kaiser, JZ 2001, S. 617-624.

623 Stüber, FamRZ 2005, 574 (575); Krause, NotBZ 2005, S.85-87.

624 Marina Wellenhofer-Klein, Die eingetragene Lebenspartnerschaft, Rn. 285; Kaiser, FamRZ 2002, S.866-869.

625 Rainer Hausmann/Gerhard Hohloch, Das Recht der nichtehelichen Lebensgemeinschaft, Rn. 80; S.181, Marina Wellenhofer-Klein, Die eingetragene Lebenspartnerschaft, Rn. 285; Kaiser, FamRZ 2002, S.866-869.

Erklären musste nur einer der Partner, er wolle die Lebenspartnerschaft nicht mehr aufrecht erhalten, um eine Aufhebung herbeizurufen.[626] Sie musste persönlich abgegeben werden und bedurfte der öffentlichen Beurkundung (§ 15 IV 1 LPartG).[627] Auch die Nichtfortsetzungserklärung war bedingungs- und befristungsfeindlich.[628]

Bis zur rechtskräftigen Aufhebung konnten beide oder auch nur einer seine Nichtfortsetzungserklärung widerrufen, die aber nur dann wirksam war, wenn sie den gleichen Formerfordernissen genügte wie die Nichtfortsetzungserklärung selbst.[629] Hatten beide eine Nichtfortsetzungserklärung abgegeben, widerrief aber nur einer von ihnen diese, blieb die Wirkung der anderen davon unberührt, d.h. die Partnerschaft wurde aufgehoben, wenn seit der „übereinstimmenden" Erklärung 36 Monate vergangen waren.[630]

Bei einer Aufhebung wegen besonderer Härte mussten die Gründe in der Person des anderen Lebenspartners liegen.[631]Nicht ausreichend war, dass sich die Härte aus der tatsächlichen Fortführung der Lebensgemeinschaft ergab; vielmehr musste es dem Antragsteller unzumutbar sein, das „Lebenspartnerschaftsband" weiter bestehen zu lassen.[632]

Außerdem konnten bei Willensmängeln zum Zeitpunkt der Begründung der Lebenspartnerschaft die allgemeinen Regeln angewandt werden. Dies hatte zur Folge, dass der Bestandsschutz für eine Lebenspartnerschaft weit hinter dem Niveau des Schutzes einer Ehe stand.[633] Nunmehr sieht § 15 II 2 LPartG eine gerichtliche Aufhebung der Lebenspartnerschaft nur vor, wenn bei einem der Lebenspartner ein Willensmangel i.S.d. § 1314 II Nr. 1 bis 4 BGB vorliegt.[634]

---

[626] Hk-LPartG/Kemper, § 15 Rn. 6; Rainer Hausmann/Gerhard Hohloch, Das Recht der nichtehelichen Lebensgemeinschaft, Rn. 81, S.181.

[627] M Marina Wellenhofer-Klein, Die eingetragene Lebenspartnerschaft, Rn. 289; Kaiser, FamRZ 2002, S.866-870.

[628] § 15 IV 2 LPartG; Rainer Hausmann/Gerhard Hohloch, Das Recht der nichtehelichen Lebensgemeinschaft, Rn. 81, S.182.

[629] Rainer Hausmann/Gerhard Hohloch, Das Recht der nichtehelichen Lebensgemeinschaft, Rn. 83; S.183, Kaiser, FamRZ 2002, S.866-871.

[630] Rainer Hausmann/Gerhard Hohloch, Das Recht der nichtehelichen Lebensgemeinschaft, Rn. 84, S.184.

[631] Hk-LPartG/Kemper, § 15 Rn. 25.

[632] Hk-LPartG/Kemper, § 15 Rn. 25; Rainer Hausmann/Gerhard Hohloch, Das Recht der nichtehelichen Lebensgemeinschaft, Rn. 85, S.184.

[633] Volker Beck, Die verfassungsrechtliche Begründung der Eingetragenen Lebenspartnerschaft, NJW
2001, 1894ff.

[634] Stüber, FamRZ 2005, 574 (575); Krause, NotBZ 2005, 85 (87).

II. Zwischenergebnis

Die nichteheliche Lebensgemeinschaft und die eingetragene Lebenspartnerschaft weisen sowohl Gemeinsamkeiten als auch Unterschiede auf. Die eine Form bedient sich zur Regelung vieler Bereiche ihres eigenen Gesetzes, die andere wiederum muss auf Analogien aus dem allgemein geltenden Recht zurückgreifen. Der wohl prägnanteste Unterschied liegt in der geschlechterspezifischen Paarzusammensetzung. Die eingetragene Lebenspartnerschaft kann nur zwischen gleichgeschlechtlichen, die nichteheliche Lebensgemeinschaft hingegen von verschiedengeschlechtlichen Partnern begründet werden. Allein dieser kleine aber doch feine Unterschied ist ausschlaggebend für alle weiteren Konsequenzen. Zum einen bekam die eingetragene Lebenspartnerschaft zur Akzeptanz dieser Lebensform ihr eigenes Gesetz. Die nichteheliche Lebensgemeinschaft hingegen soll sich nur bedingt wegen ihrem „unverrechtlichten" Charakter Regelungen aus dem BGB bedienen können. Daraus folgt auch, dass die Begründung der einen Partnerschaft stark formalisiert ist, die andere hingegen gar nicht. Den einen gebührt ein Zeugnisverweigerungsrecht, den anderen nicht.

Viele Unterschiede und Gemeinsamkeiten zeigen auf, wie sehr sich der geschlechterbezogene Charakter dieser Partnerschaften auf ihren rechtlichen Regelungsgehalt auswirkt. Gleichermaßen wird dies ebenso durch die Motivation zur Eingehung einer solchen Partnerschaft mitbestimmt. Die einen sehen in ihrer Lebensform eine „Testphase" oder die gewollte „Nichtehe", andere hingegen wollen eine auf Dauer angelegte feste Bindung eingehen und alle damit verbundenen rechtlichen Konsequenzen für sich beanspruchen. Schließlich dienen sie dazu, Probleme, die im Alltag und nach einer Trennung entstehen können, einfacher zu lösen.

Dennoch bleibt die Entscheidung für eine Partnerschaft in der freien Willensbildung eines jeden Menschen, so wie auch die damit verbundene bewusste Eingehung von Regeln oder Gesetzen.

Schon Jean-Jacques Rousseau sagte: Die Freiheit des Menschen liegt nicht darin, dass er tun kann was er will, sondern dass er nicht tun muss, was er nicht will.

Zusammenfassung

Seit alters her bildet die Ehe zwischen Mann und Frau die traditionelle Form des Zusammenlebens. Schon im Altertum gab es eheähnliche Gemeinschaften, wobei die historischen Bedingungen zwischen dem Römischen Reich und der Nachkriegszeit, wie im I. Kapitel ausgeführt, einen langen Entwicklungsgang aufweisen. In den letzten Jahrzehnten haben die nichtehelichen Lebensgemeinschaften in allen europäischen Staaten unter dem Eindruck sich stark verändernder gesellschaftlicher Umstände in ihrer Zahl so stark zugenommen, dass ein zunehmender rechtlicher Regelungsbedarf notwendig, ja unausweichlich wurde. Allerdings ist dieser Bedarf innerhalb der europäischen Staaten zu unterschiedlichen Zeiten stärker virulent geworden. Während er innerhalb der westeuropäischen Staaten und damit auch in Deutschland ganz überwiegend in den frühen 70er Jahren einsetzt, wird hier bewusst mit Polen verglichen, das aufgrund vornehmlich konfessioneller Verhältnisse einen anderen, gegenüber dem Rechtskreis der Bundesrepublik Deutschland verspäteten Entwicklungsstand aufweist. Dieser rechtlich unterschiedliche Entwicklungsstand war ausführlich darzustellen, wobei keinerlei Vorarbeiten vergleichender Art zwischen diesen beiden Rechtssystemen Polens und der Bundesrepublik Deutschland existierten. Innerhalb dieses Rahmens wurde fallweise der Blick auch auf andere europäische Länder gelenkt, die eine besondere Entwicklung und Stellung im Hinblick auf die Rechtsstellung der nichtehelichen Lebensgemeinschaften eingenommen haben.

Wie bereits im Eingangskapitel über den Forschungsstand ausgeführt, fällt Jugoslawien insofern aus dem geschilderten Rahmen heraus, als hier bereits 1946 und damit außerordentlich früh durchaus moderne Regelungen für die rechtliche Einhegung der nichtehelichen Lebenspartner getroffen wurden, indem die Gesetzgebung sie den Ehen nahezu rechtlich gleichstellte. Diese unter besonderen historischen Bedingungen getroffene Regelung wurde allerdings in der Folgezeit durch die Rechtsprechung unterlaufen, da sie die nichtehelichen Lebensgemeinschaften weiterhin – wie im übrigen Europa – als unmoralische Veranstaltungen ansahen. In den westeuropäischen Staaten hat sich der rechtliche Regelungsbedarf seit den frühen 70er Jahren erkennbar ausgeweitet, wobei dies auch für die Bundesrepublik Deutschland der Fall war. Sowohl anhand der wissenschaftlichen Befassung wie auch dem Umfang der gerichtlichen Entscheidungen lässt sich für die Bundesrepublik festhalten, dass sowohl die Zahl wie die rechtliche Ausdifferenzierung der nichtehelichen Lebensgemeinschaften schon bis zur Jahrhundertwende in starkem Maße zugenommen haben. Im letzten Jahrzehnt ist sogar erkennbar eine weitere Steigerung eingetreten.

Entsprechend seinem gesellschaftlichen Entwicklungsstand setzt nicht nur die rechtliche Befassung mit den nichtehelichen Lebensgemeinschaften in Polen später als in Deutschland ein, sondern auch die Zahl der Gerichtsentscheidungen liegt selbst bei Einrechnung der unterschiedlichen Bevölkerungsgröße in Polen relativ weit hinter Deutschland zurück. Die rechtlichen Festlegungen für die nichtehelichen Lebensgemeinschaften weisen zwischen Deutschland und Polen sowohl Gemeinsamkeiten wie Unterschiede auf. Die Unterschiede erklären sich zum einen aus den besonderen konfessionellen Bedingungen Polens, die sich von den deutschen seit Einführung der Reformation deutlich unterscheiden. Überdies sind die erheblichen wirtschaftlichen Unterschiede zwischen beiden Ländern in Rechnung zu stellen, wobei dies selbst für die Großstädte gilt, in denen die nichtehelichen Lebensgemeinschaften gegenüber den ländlichen Gebieten immer noch dominieren.

In den jeweiligen bürgerlichen Gesetzbüchern keinen ihrem tatsächlichen Ausmaß die Recht werdenden Regelungsgehalt finden. Für Deutschland ist dies leicht erklärlich, da am 1. Januar 1900 bei der Inkraftsetzung des Bürgerlichen Gesetzbuches das Rechtsproblem der nichtehelichen Lebensgemeinschaften schlicht noch nicht relevant war. Aber auch in Polen, wo das Zivilgesetzbuch am 23. April 1964 in Kraft trat, stellten die nichtehelichen Lebensgemeinschaften noch keinen Gegenstand von rechtserheblicher Bedeutung dar. Zwar sind in Polen Bestrebungen zur grundsätzlichen Neufassung des Zivilgesetzbuches im Gange, doch dürften die nichtehelichen Lebensgemeinschaften vermutlich dabei keine Rolle spielen.

Eine Gemeinsamkeit zwischen beiden Ländern besteht, wie im zweiten Kapitel dargelegt, in der Fortschreibung der Eigentumsverhältnisse seitens der beiden Lebenspartner. Jeder Teil der nichtehelichen Lebensgemeinschaft bleibt im Eigentum dessen, was er an Eigentumsgegenständen in die Gemeinschaft eingebracht hat.

In der jüngeren Forschung rückt, wie im dritten Kapitel dargelegt, die rechtliche Durchdringung der nichtehelichen Lebensgemeinschaften, und zwar auf internationaler Ebene, immer stärker in den Vordergrund. Obwohl eine stärkere rechtliche Durchdringung in beiden Ländern erwünscht wäre, wird sie nicht in dem Maße ausgeschöpft, wie dies erforderlich wäre. Auf diese Weise verbleiben ungeachtet der Ländergrenzen Unsicherheiten, die besser zu weiteren Problemen führen. Hinsichtlich der Kinder aus nichtehelichen Lebensgemeinschaften, wie sie im vierten Kapitel behandelt werden, ist zuerst einmal eine grundsätzliche Gemeinsamkeit der Gleichbehandlung wie bei ehelichen Kindern in beiden Ländern festzustellen. Gemeinsam ist in beiden Ländern auch die fehlende Vaterschaftsvermutung des Lebenspartners der Mutter, die bei der gleichen Situation innerhalb einer Ehe gesetzlich geregelt ist. Insoweit ist zwingend die formelle Anerkennung des Kindes durch den Lebenspartner der Mutter nötig. Ansonsten muss eine gerichtliche Feststellung zur Vaterschaftsanerkennung herbeigeführt werden. Hinsichtlich der Erbschaftsregelungen sind weithin Übereinstimmungen für die nichtehelichen Lebensgemeinschaften im Regelungskonzept beider Ländern festzustellen. Es gibt nur eine markante Ausnahme, bei der ein Erbvertrag zwar im deutschen Recht, aber nicht im polnischen Recht existiert.

Wie im sechsten Kapitel dargestellt, ergaben sich Gemeinsamkeiten zwischen den beiden benachbarten, aber in mancherlei Hinsicht doch recht unterschiedlichen Ländern bei der Behandlung der nichtehelichen Lebensgemeinschaften im Steuerrecht. So werden im deutschen wie im polnischen Recht Partner einer nichtehelichen Lebensgemeinschaft grundsätzlich nicht gleichgestellt. Bemerkenswert ist dabei, dass im polnischen Steuerrecht ein Lebenspartner praktisch zum Familienmitglied des Steuerzahlers erhoben wird. Damit ist eine einfachere und praktischere Lösung als in Deutschland gegeben, was eine künftige Übernahme empfehlen könnte. Eine Gemeinsamkeit zwischen beiden Ländern besteht auch darin, dass im Gegensatz zur Ehe eine gemeinsame Versicherung des je anderen Partners nicht möglich ist. Dies erscheint insoweit bemerkenswert, als in anderen Bereichen des Sozialrechts in Deutschland eine weitgehende Gleichstellung von Ehen und nichtehelichen Lebensgemeinschaften gegeben ist. Hier schiene es sinnvoll, dass sich die polnische Seite künftig an den deutschen Verhältnissen orientiert. Jenseits dieses Unterschieds bestehen, aber zudem noch weit mehr Differenzen als es Gemeinsamkeiten gibt. Dies gilt insbesondere für das Rechtsinstitut der eingetragenen Lebenspartnerschaft, die in Deutschland existiert, in Polen aber nicht. An diesem Unterschied lässt sich die erhebliche Weiterentwicklung des deutschen Rechts gegenüber dem polnischen erkennen. So hat die eingetragene Lebenspartnerschaft Folgen auch hinein ins Strafrecht. In Deutschland besteht nämlich kein Zeugnisverweigerungsrecht für nichteheliche Lebensgemeinschaften, während dies für eingetragene Lebenspartnerschaften durchaus besteht. In Polen hingegen besteht das Zeugnisverweigerungsrecht lediglich für nichteheliche Lebensgemeinschaften.

Hinsichtlich der eingetragenen Lebensgemeinschaften, die im siebten Kapitel abgehandelt sind, kann nur das wiederholt werden, was bereits früher festgestellt wurde: Da dieses Institut im polnischen Recht nicht existiert, schließen sich umfassendere Vergleiche aus.

Damit ist der Kreis der Ergebnisse zwar abgeschritten. Gleichwohl erscheinen am Schluss der Studie noch einmal weiterführende Überlegungen angebracht. In vielen Ländern ist die nichteheliche Lebensgemeinschaft eine formfreie Ehe, eingestuft zwischen Intimbeziehung und der formalen Ehe. So gibt es umfassende Gesetze über das unverheiratete Zusammenleben beispielsweise im Familienrecht von Bolivien, Guatemala, Äthiopien,[635] Panama,[636] den Philippinen[637] und einigen Provinzen Kanadas.[638]

In einigen europäischen Ländern finden wir teilweise Regelungen geprägt von dem Gedanken, die dogmatische Auseinandersetzung hintanzusetzen zugunsten einer als gerecht empfundenen Lösung, um ein Risiko für die unverheirateten Partner und deren Kinder möglichst gering zu halten. So wird in Österreich beispielsweise in der nichtehelichen Lebensgemeinschaft ein familienähnliches Gebilde gesehen, das die Partner wie legale Familienangehörige im Bereich der Krankenversicherung behandelt und eine Hinterbliebenenrente möglich macht.[639] In Frankreich kann eine Registrierung der eheähnlichen Gemeinschaft vorgenommen werden mit der Folge von Vergünstigungen im Steuerrecht und anderen familienbezogenen Zuwendungen.[640] In Schweden und Großbritannien findet man Sondergesetze über die Zuweisung der bisher gemeinschaftlich bewohnten Räume an einen Partner.[641]

Zwar verstärken sich in der Literatur die Forderungen nach einer Registrierungsmöglichkeit mit sich daraus ergebenden gesetzlichen Folgen. Gleichzeitig haben wissenschaftliche Erhebungen gezeigt, dass die unverheiratete Partnerschaft von den Betroffenen immer weniger als ein Gegenmodell zur Ehe verstanden wird, sondern eher als eine zwar alternative, aber letztlich doch gleichberechtigte normale Form des Zusammenlebens, bei der die Unabhängigkeit der Partner als ein wesentliches Beziehungskriterium verstanden wird.[642] Unter Berufung auf die ständig steigenden Zahlen der unverheirateten Paare wird zumin-

---

635 Paust, Vermögensrechtliche Beziehungen zwischen den Partnern einer nichtehelichen Lebensgemeinschaft – Eine rechtsvergleichende Betrachtung unter Einbeziehung des deutschen, spanischen, portugiesischen und lateinamerikanischen Rechts.

636 Peter Bluttner, Eheähnliche Lebensgemeinschaften in Panama und anderen Ländern Lateinamerikas.

637 Staudinger, Anhang zu §§ 1297 ff. Rn. 10.

638 Gisela Schatte, Die Rechtslage der nichtehelichen Lebensgemeinschaft im kanadischen Familien- und Sozialrecht.

639 Detlef Burhoff, Volker Willemsen, Handbuch der nichtehelichen Lebensgemeinschaft.

640 Gesetzliche Regelungen für nichteheliche Lebensgemeinschaften in Deutschland und Frankreich: Ein Vergleich des Unterhaltsrechts bei der eingetragenen Lebenspartnerschaft und beim Pacte civil de Solidarité, Januar 2005.

641 Radau, Die Gesetzgebung zur nichtehelichen Lebensgemeinschaft in Schweden, MDR 1989, S.703-706.

642 Forschungsbericht des von der Volkswagen- Stiftung geförderten Projekts Az. II/ 71025 zu Problemen der Verrechtlichung innerhalb von nichtehelichen Lebensgemeinschaften, Universität Bielefeld 1997.

dest die Reglung von Teilbereichen gefordert,[643] wobei die Forderungen aus dem politischen Bereich überwiegend geprägt sind durch eine romantisierende Vorstellung von nichtehelichen Lebensgemeinschaften und bisher die notwendige differenzierte Sichtweise vermissen lassen. Solange es jedoch zu keiner endgültigen Ausgestaltung des Zusammenlebens gekommen ist, erfolgt die Lösung von Einzelfällen ausschließlich durch Rechtsprechung und Vertragspraxis.

Lange Zeit herrschte in der Rechtsprechung die Ansicht vor, dass grundsätzlich der nichtehelichen Lebensgemeinschaft der Makel der Sittenwidrigkeit anhafte. Erst seit der Grundsatzentscheidung des BGH vom 31. März 1970[644] zum sogenannten „Mätressentestament" ist eine wesentliche Änderung eingetreten. Heute ist die nichteheliche Lebensgemeinschaft sowohl in Deutschland als auch in den anderen europäischen Ländern eine soziale Wirklichkeit,[645] in der allein nur wegen des unverheirateten Zusammenlebens nichts Sittenwidriges mehr gesehen wird.

Es gibt keine Zweifel, dass die Lebensgemeinschaftsbeziehungen nichtehelicher Art die heutzutage immer mehr beabsichtigen Beziehungsformen sind. Es wächst somit immer mehr das gesellschaftliche Bedürfnis, im deutschen und polnischen Recht, ihren Status gesetzlich auch hinein in Detailfragen zu regeln, sicherere und klarere Rechtslösungen zu formulieren. Vertreter der deutschen und polnischen Rechtsdoktrin denken darüber nach, ob eine klare Rechtslösung für Lebensgemeinschaftsbeziehungen zweckmäßig sei, oder ob es besser wäre, wenn man sie „sich selbst" überlasse und die bestehenden Rechtsvorschriften so wie bisher ihnen gegenüber anwende.[646]

Es scheint, als ob es sich nicht lohne, spezielle neue Rechtskonstruktionen nur für nichteheliche Lebensgemeinschaften zu schaffen. Doch sollte man das vorhandene Rechtssystem analysieren, um wirkliche Ungerechtigkeiten und Umstände aufzuspüren und zu beseitigen, damit die Lebenspartner auch den Rechtsschutz in Anspruch nehmen können, den sie bedürfen, der ihnen bislang aber nicht gewährt wurde. Erwünscht wäre auch die Einführung bestimmter Beweiserleichterungen für den sich auf einen Vertragsabschluss berufenden Lebenspartner. Dies wäre etwa in Form einer Präsumtion, gemäß dem Nachweis einer bewussten Mitwirkung bei einem Vertragsabschluss, möglich, wobei der Beweis der Wirkung des Vertragsschlusses für und gegen beide Lebenspartner

---

643 Deutscher Juristinnenbund S. 96, Schumacher FamRZ 1994, 857; Koalitionsvereinbarungen zwischen SPD und Bündnis 90/ Die Grünen vom 20.10.1998 bezüglich der Einführung eines Rechtsinstitutes für gleichgeschlechtliche Partnerschaften.

644 BGH vom 31. März 1970 NJW 1970, 1273.

645 OLG Saarbrücken FamRZ 1991, 1184.

646 Mirosław Nazar, Cywilnoprawne zagadnienia prawne (Zivilrechtliche Partnerschaftsfragen), S.10.

bei Nichterbringung eines Gegenbeweises in dieser Hinsicht als erbracht angesehen werden könnte. Es ginge hierbei nicht darum, üblicherweise anzuwendende Interpretationsregeln beim Feststellungsprozess, dass es zu einer entsprechenden Willensäußerung kam, außer Acht zu lassen, sondern darum, die Beweislast auf die Partei zu übertragen, welche behauptet, die Willenserklärung hätte keinen entsprechenden Inhalt. Hierbei sind jedoch die Bedürfnisse des Schutzes des Rechtsverkehrs im Einzelfall in die Überlegungen mit einzustellen.

Die nächste Voraussetzung de lege ferenda wäre auch die Regelung der Lebensgemeinschaftsverträge,[647] die viele andere – genannte und ungenannte Absprachen – sowohl im persönlichen als auch im wirtschaftlichen Bereich regeln würden.

Zweckmäßig und notwendig wäre auch eine Regelung der Situation der Lebenspartner im Erbrecht bei der Bestimmung des Kreises der Erben kraft Gesetzes; denn man kann nicht dem Erblasser nahe stehende Personen umgehen, ihnen den Rechtsschutz verweigern und sich dabei nur auf das Fehlen familiärer Bindungen berufen. Man sollte den Kreis der erb- und pflichtteilberechtigten Personen um den Lebenspartner des Erblassers erweitern.[648] Das Ergebnis bestünde in folgender Regelung: Die nichteheliche Lebensgemeinschaft als eine bequeme Form des Zusammenseins wird sowohl in Polen als auch in Deutschland immer populärer. Das Fehlen ausführlicher Rechtsnormen wirft viele Probleme und Zweifel auf, und am wichtigsten dabei ist: Lebenspartner genießen keinen rechtlichen Schutz, der ihnen unbedingt zusteht. Der Gesetzgeber, der vom Grundsatz her rational handelt, kann sich nicht weiter vor diesen benannten Problemen blind stellen. Dies gerade in Anbetracht der neu entstehenden gesellschaftlichen Bedürfnisse und der gesellschaftlichen Entwicklung. Die nichteheliche Lebensgemeinschaft steht quasi in Konkurrenz zu der Ehe, sie hat zunehmend mehr Befürworter, sowie sich dieser Lebensform anschließende Menschen und trifft somit auf eine immer größere Akzeptanz in der Gesellschaft. Diese Tatsache darf der Aufmerksamkeit des Gesetzgebers nicht entgehen. Dieser ist dazu verpflichtet, der Gesellschaft in ihrer Entwicklung zu folgen und rechtliche Lösungen je nach Bedarf zu schaffen. Dies eröffnet den nationalen Gesetzgebern weite Möglichkeiten, wobei es freilich sinnvoll wäre, dass eine Lösung im Sinne auch einer internationalen Perspektive nicht voreilig verbaut würde.

---

[647] Andrzej Zieliński, Zarys intytucji konkubinatu (Überblick von Partnerschaftsinstitution), S.12.

[648] Andrzej Szlęzak, Stosunki majątkowe między konkubentami (Verhältnisse in die nichtehelichen Lebensgemeinschaften), S.110.

Literaturverzeichnis

Abadi, Abdel-Hamid: Forschung in die islamische Geschichte, Amman 1993.

Abdel-Aziz, Saleh: Die Geschichte der arabischen Halbinsel, Kairo 1981.

Abdel-Aziz, Saleh: Die Geschichte der arabischen Halbinsel in der Antike Asorah, Kairo 1976.

Abdel-Moneim, Maged: Einführung in das Studium der islamischen Geschichte, 1987.

Al-Kholi, Juma: Die Weisheit der Polygamie im Islam, Kairo 2002.

Altermanini, Abdul Salam: Arabische Ehe, Kuwait 1988.

Altermanini, Abdul Salam: Arabische Ehe, Kuweit 1988.

Amin, Saleh Mohamed: Die Araber und der Islam, Libanon 1992.

Astolfi, Riccardo: a Lex Iulia et Papia, 4. Auflage, Padova1996.

Auderska, Halina; Zofia, Łempica; Skorupka, Stanisław: Mały słownik języka polskiego (Das kleines polnisches Wörterbuch), Warszawa 1969.

Bammel, Stephanie: Zur Abwicklungsproblematik nichtehelicher Lebensgemeinschaften aus rechtsvergleichender Sicht: eine konzeptionelle Betrachtung des deutschen und spanischen Rechts, Frankfurt am Main etc. 2007.

Beck, Volker: Die verfassungsrechtliche Begründung der eingetragenen Lebenspartnerschaft, NJW 2001, 1894ff.

Becker, Hans-Jürgen: Die nichteheliche Lebensgemeinschaft (Konkubinat) in der Rechtsgeschichte, in: Götz Landwehr (Hrsg.), Die nichteheliche Lebensgemeinschaft, Göttingen 1978, S. 14 ff.

Brambring, Günther (Hrsg.); Jerschke, Hans-Ulrich (Hrsg.): Beck'sches Notarhandbuch, 5. Auflage, München 2009 (zitiert: Brambring/Jerschke-Bearbeiter).

Brudermüller, Gerd: Wohnungszuweisung bei Beendigung einer nichtehelichen Lebensgemeinschaft?, FamRZ 1994, 207ff.

Brunner, Heinrich: Deutsche Rechtsgeschichte Band II, München 1927.

Brunner, Heinrich: Die uneheliche Vaterschaft in den älteren germanischen Rechten, ZRG GA 17 (1896), S. 1ff.

Brunon, Paul: Koncepcje rozliczeń majątkowych między konkubentami (Das Konzept für Vermögensabrechnungen zwischen Lebenspartnern), Przegląd Sądowy 2003.

Brunon, Paul: Problemy rozliczeń majątkowych między konkubentami (Vermögenskonflikte zwischen Lebenspartnern), MoP 2002.

Bruns, Manfred: LPartG: Gesetz zur Beendigung der Diskriminierung gleichgeschlechtlicher Gemeinschaften: Lebenspartnerschaften; Handkommentar, 2. Auflage, Baden-Baden 2005.

Bruns, Manfred (Hrsg.); Kemper, Rainer (Hrsg.): Lebenspartnerschaftsrecht: Handkommentar, 2. Auflage, Baden Baden 2005 (zitiert: Hk-LPartG-Bearbeiter).

Brzeziński, Bogumił; Jezierski, Jerzy: Konkubinat a polskie prawo podatkowe (Die nichteheliche Lebensgemeinschaft im polnischen Steuerrecht), NP 1990.

Bub, Wolf-Rüdiger (Hrsg.); Treier, Gerhard (Hrsg.): Handbuch der Geschäfts- und Wohnraummiete, 4. Auflage, München 2005.

Buchda, Gerhard: Kinder und Jugendliche im deutschen Recht (Mittelalter und neuere Zeit) - Ihre Fähigkeiten zu Rechtsgeschäften und der Einfluss unehelicher Geburt auf ihre Rechtsstellung, in: L'Enfant, 2e partie: Europe médiévale et moderne. Recueils de la Société Jean Bodin pour l'Histoire comparative des Institutions, Bd. XXXVI, Brüssel 1976, S. 381-415.

Bückling, Gerhard: Die Rechtsstellung der unehelichen Kinder im Mittelalter und in der heutigen Reformbewegung, in: Untersuchungen zur Deutschen Staats- und Rechtsgeschichte, Heft 129, S. 7 ff., 1920.

Bültmann, Herbert: in: Hausmann, Rainer/ Hohloch, Gerhard (Hrsg.), Das Recht der nichtehelichen Lebensgemeinschaft, 2. Auflage, Berlin 2004.

Burbach-Schmidt, Boris: Die nichteheliche Lebensgemeinschaft und ihre erbrechtlichen Verfügungsmöglichkeiten, Frankfurt am Main 2004.

Bürchel, Alexandra: Das "Gesellschaftsrechtliche daran" und die Bedeutung eines konkludenten Vertragsschlusses, Hamburg 2008.

Burhoff, Detlef: Anwendbarkeit von Normen des Deliktsrecht, Verfahrens- und Prozessrechts auf nichteheliche Lebensgemeinschaften, FPR 2001, 21ff.

Burhoff, Detlef: Handbuch der nichtehelichen Lebensgemeinschaft, 3. Auflage, Münster 2008.

Büttner, Helmut: Unterhalt für die nichteheliche Mutter, FamRZ 2000, 781ff.

Coester-Waltjen, Dagmar: Die Lebensgemeinschaft - Strapazierung des Parteiwillens oder staatliche Bevormundung?, NJW 1088, 2085.

Coing, Helmut: Die Auseinandersetzung um kirchliches und staatliches Eherecht im Deutschland des 19. Jahrhunderts in: Dilcher, Gerhard/ Staff, Ilse (Hrsg.), Christentum und modernes Recht, Frankfurt am Main 1984, S.360 ff.

Conrad, Hermann: Die Stellung der unehelichen Kinder in der neuzeitlichen Privatrechtsentwicklung Deutschlands, Frankreichs, Österreichs und der Schweiz, FamRZ 9 (1962), S. 322ff.

Conrad, Hermann: Deutsche Rechtsgeschichte, Band I, 2. Auflage, Karlsruhe 1962.

Conrad, Hermann: Deutsche Rechtsgeschichte, Band II, 2. Auflage, Karlsruhe 1966.

Cwiek, Witold: Konkubinat, Warschau 2002.

Däubler-Gmelin, Herta: Festvortrag zur Eröffnung des 13. Deutschen Familiengerichtstages in Brühl/Köln am 22. 9. 1999, abgedruckt in „ recht“ 2000, 4ff.

de Witt, Siegfried; Huffmann, Johann-Friedrich; Grziwotz, Herbert: Nichteheliche Lebensgemeinschaft, 3. Auflage, München 2006.

Derleder, Peter: Vermögenskonflikte zwischen Lebensgefährten bei der Auflösung ihrer Gemeinschaft, NJW 1980, 545ff.

Diederichsen, Uwe: Die nichteheliche Lebensgemeinschaft im Zivilrecht, NJW 1983, 1017ff.

Diederichsen, Uwe: Rechtsprobleme der nichtehelichen Lebensgemeinschaft, FamRZ 1988, 895ff.

Duderstadt, Jochen: Die nichteheliche Lebensgemeinschaft, Neuwied 2000.

Ebel, Else: Der Konkubinat nach altwestnordischen Quellen, Berlin 1993.

Eckhardt, Karl August: MGH, Fontes iuris Germanici antiqui, Nova series, Tomus 1: Sachsenspiegel, Teil 1: Landrecht, 1955 (verbesserter Nachdruck (1973), 1995, Teil 2: Lehnrecht, 1956 (verbesserter Nachdruck (Leipzig 1973), Leipzig 1989).

Ehinger, Uta: Unterhaltsansprüche in der nichtehelichen Lebensgemeinschaft, FPR 2001, 25ff.

Elakad, Abas: Die Ehe im islamischen Recht, Kairo 2000.

Erman, Walter (Begr.): Handkommentar zum Bürgerlichen Gesetzbuch Band II, 11. Auflage, Köln 2008 (zitiert: Ermann/Bearbeiter).

Everts, Arne: Vermögenstrennungen nach dem Gesetz zur Überarbeitung des Lebenspartnerschaftsrechts, FamRZ 2005, 1888ff.

von Feuerbach, Paul Johann Anselm: Anmerkungen zum Strafgesetzbuch für das Königreich Baiern, Bd. 1, München 1813.

Fichte, Johann Gottlieb: Grundlagen des Naturrechts nach Prinzipien der Wissenschaftslehre, 1796.

Finger, Peter: Wohngemeinschaft, Partnerschaft, Lebensgemeinschaft – Alternative Formen des Zusammenlebens, JZ 1981, 497ff.

Frank, Rainer: Die Neuregelung des Adoptivrechts, FamRZ 1998, S. 393ff.

Freisen, Joseph: Geschichte des Canonischen Eherechts bis zum Verfall der Glossenliteratur, 2. Auflage Aalen 1883, unveränderter Nachdruck Köln1963.

Friedberg, Emil: Das Recht der Eheschließung in seiner geschichtlichen Entwicklung, Leipzig 1865, S.153 ff.

Friedl, Raimund: Der Konkubinat im kaiserzeitlichen Rom: Von Augustus bis Septimus Sevrus, Stuttgart 1966.

Gajek, Józef: O pojęciu „faktycznego wspólnego pożycia" w prawie karnym (Der Begriff „faktisches Zusammenleben" im Strafrecht), Palestra 1972.

Glück, Christian Friedrich: Ausführliche Erläuterungen der Pandecten, Band 28 (Erlangen 1827), S. 359ff.

Gniewek, Edward: Kodeks cywilny. Księga druga. Własność i inne prawa rzeczowe (Zivilgesetzbuch, Eigentum und andere Sachenrechte), Band II, Warschau 2001.

Grasnick, Maria: Zur Reform des Unehelichenrechts, Hückeswagen 1968.

Grimm, Jacob: Weisthümer, Teil I, 1840 (unveränderter Nachdruck 1957), S.503ff.

Gromek, Krystyna: Kodeks rodzinny i opiekuńczy. Komentarz (Das Familien- und Vormundschaftsgesetzbuch. Kommentar), Warschau 2004.

Grosse, Martin Christian: Freie römische Ehe und nichteheliche Lebensgemeinschaft, Pfafferweiler 1991.

Grziwotz, Herbert: Nichteheliche Lebensgemeinschaft, 3. Auflage, München 1998.

Grziwotz, Herbert: Beratungshandbuch Lebenspartnerschaft, München 2003.
Grziwotz, Herbert: Rechtsfragen zu Ehe und Lebenspartnerschaft. Rechte und Pflichten, Unterhalt, Vermögensrechte und Verträge, München 2010.

Grziwotz, Herbert: Partnerschaftsvertrag für die nichteheliche und nicht eingetragene Lebensgemeinschaft, 4. Auflage, München 2002.

Gwiazdomorski, Jan: Prawo spadkowe (Erbschaftsrecht), Wydawnictwo Naukowe Państwowe, 1990.

Hausmann, Rainer (Hrsg.); Hohloch, Gerhard (Hrsg.): Das Recht der nichtehelichen Lebensgemeinschaft, Berlin 2004.

Hausmann, Rainer: Nichteheliche Lebensgemeinschaft und Vermögensausgleich, München 1989.

Hausmanninger, Walter, Selb, Herbert: Römisches Privatrecht; 9. Auflage; Wien, Köln, Weimar, Böhlau 2001.

Heinrich, Jürgen A.: Unterhaltsansprüche nach Aufhebung der nichtehelichen Lebensgemeinschaft, Diss., Hamburg 1995.

Herrmann, Horst: Die Stellung unehelicher Kinder nach kanonischem Recht, Kanonistische Studien und Texte, Band 26 (1971).

Hoffmann, Klaus: Eigentumsvermutung und Gewahrsamsfiktion in der Ehe ohne Trauschein, ZRP 1990, 409ff.

Hohnerlein, Eva Maria: Sozialversicherungsrechtliche und versicherungsvertragliche Probleme der nichtehelichen Lebensgemeinschaft, FuR 2001, S. 49ff.

Höppler, Gerhard: Nichteheliche Lebensgemeinschaft als Problem für das staatliche und kirchliche Recht, Frankfurt am Main 1999.

Hoyer, Ernst: Die Ehen minderen Rechts in der fränkischen Zeit, Berlin 1926.

Hussein, Mohammed: Die Rechtmäßigkeit der Polygamie im Islam, Riad 2004.

Ivone, Maria Gabriella: Riflessioni in tema di unioni di fatto: le esperienze italiana e francese a confronto, Neapel 2007.

Jabłoński, Daniel; Ostasz, Lech: Zarys wiedzy o rodzinie, małżeństwie, kohabitacji i konkubinacie. Perspektywa antropologii kulturowej i ogólnej (Überblick zur Ehe, Kohabitation und nichtehelichen Lebensgemeinschaft. Die anthropologische, kulturelle und allgemeine Sicht)), Olsztyn (Allenstein) 2001.

Janicka, Paulina: Konkubinat – Zagadnienia prawne (Die nichteheliche Lebensgemeinschaft – Die Rechtsfrage), Opracowanie studentki Uniwersytetu Mikołaja Kopernika w Toruniu, opubl: http:// www.kancelaria.home.pl/images/artykuły/konkubinat.html

Jawad, Ali: In der Geschichte der Araber vor dem Islam, 2. Auflage, Beirut 2007.

Jeder, Klaus: Eheähnliche Verhältnisse und die Stellung der „Geliebten" im Spiegel der deutschen Rechtsprechung, Diss., Kiel 1971.

Jędrzejewska, Anna: Typy spółki cywilnej (Die Arte des Gesellschaftsvertrag), Lublin 1999.

Kaiser, Dagmar: Das Lebenspartnerschaftsgesetz, JZ 2001, 617ff.

Kaser, Max: Römisches Privatrecht, 13. Auflage, Köln 1983.

Keutgen, Friedrich: Urkunden zur städtischen Verfassungsgeschichte (Ausgewählte Urkunde zur deutschen Verfassungs- und Wirtschaftsgeschichte, Bd. I), 1901 (unveränderter Nachdruck 1965), S.457f.

Kingreen, Thorsten: Das Grundrecht von Ehe und Familie, Art. 6 I GG, Jura 1997, 401ff.

Kinne, Harald: Mietrecht in der nichtehelichen Lebensgemeinschaft, FPR 2001, 36ff.

Kogler, Ferdinand: Beiträge zur Geschichte der Rezeption und der Symbolik der legitimatio per subsequens matrimonium, ZRG GA 25 (1904), S. 94ff.

Kosik, Jan: System prawa cywilnego (Sytem das Zivilrecht) Band IV in: J.S. Piontowski (Red.), Erbschaftsrecht, Wrocław 1986.

Kossendey, Wolfgang: Eheähnliche Verhältnisse im Arbeitsrecht, Diss. Jur., Köln 1973.

Krause, Thomas: Die Novelle des Lebenspartnerschaftsgesetzes, NotBZ 2005, 85ff.

Kübler, Bernhard: Geschichte des römischen Rechts – ein Lehrbuch, Aalen 1979.

Kunkel, Wolfgang: Quellen zur neueren Privatrechtsgeschichte, Bd. I/1, Weimar 1936.

Landau, Peter: Das Weihehindernis der Illegitimität in der Geschichte des kanonischen Rechts, in: Schmugge, Ludwig (Hrsg.)/Wiggenhauser, Beatrice, Illegitimität im Spätmittelalter, München 1994, S. 41ff.

Landwehr, Götz: Die nichteheliche Lebensgemeinschaft, Göttingen1978.

Langenfeld, Gerrit: Münchener Vertragshandbuch, Band 6, Bürgerliches Recht II, München 2010.

Leineweber, Anke: Die rechtlichen Beziehungen des nichtehelichen Kindes zu seinem Erzeuger in der Geschichte des Privatrechts, Beiträge zur neueren Privatrechtsgeschichte Band 7, Königstein 1978.

Levy, Ernst: Der Hergang der römischen Scheidung, Weimar 1925.

Löhning, Martin: Veränderungen im Recht der Wohnraummiete durch das Lebenspartnerschaftsgesetz, FamRZ 2001, 891ff.

Löwenstein, Eduard Max: Die Bekämpfung des Konkubinates in der Rechtsentwicklung, 1919 (Strafrechtliche Abhandlungen, Heft 201),S. 18ff.

Lück, Heiner: „Recht“, RGA, 2. Auflage, (Band 24), 2003, S. 209ff.

Luckey, Andreas: Eheähnliche und sonstige Wohn- und Wirtschaftsgemeinschaften im Recht der Sozial- und Arbeitslosenhilfe, FuR 1991, S. 36ff.

Lüderitz, Alexander; Dethloff, Nina: Familienrecht, 28. Auflage, München 2006.

Ludwiczak, Witalis: Umowa zlecenia (Beauftragsvertarg), Poznań 2001.

Ludwiczak, Witalis: Prowadzenie cudzych spraw bez zlecenia (Geschäftsführung ohne Auftrag), Warschau 1960.

Luthin, Horst; Koch, Elisabeth: Handbuch des Unterhaltsrechts, 11. Auflage, München 2009.

Maunz, Theodor (Begr.); Dürig, Günther (Begr.): Grundgesetz Kommentar, Lieferung 58, August 2010, (zit. als Maunz/Dürig-Bearbeiter).

Mazur, Marcin: Konkubinat w orzecznictwie Sądu Najwyższego (Die nichteheliche Lebensgemeinschaft in der Rechtsprechung des Obersten Gerichts), Palestra 1997, S. 1ff.

Meier-Scherling, Anne-Gudrun: Die eheähnliche Lebensgemeinschaft, DRiZ 1979, S. 296ff.

Messerle, Alexandra: Zivilrechtliche Probleme der nichtehelichen Lebensgemeinschaft, JuS 2001, 28ff.

Meyer, Herbert: Ehe und Eheauffassung der Germanen, in FS Ernst Heymann, Bd.1, Weimar 1940, S.1-51.

Meyer, Paul Martin: Der römische Konkubinat nach den Rechtsquellen und den Inschriften, Aalen 1966.

Meyer-Lenz, Johanna: Die Ordnung des Paares ist unbehaglich: Irritationen am und im Geschlechterdiskurs nach 1945, Münster 2000.

Michael, Lothar: Lebenspartnerschaften unter dem besonderen Schutze einer (über-) staatlichen Ordnung. Legitimation und Grenzen eines Grundrechtswandels kraft europäischer Integration, NJW 2010, 3537 ff.

Milliot, Louis: Introduction étude du droit musulman (Einführung in das Studium des islamischen Rechts), Paris 1953, S. 282ff.

Mitteis, Heinrich; Lieberich, Heinz: Deutsches Privatrecht, 9. Auflage, 1981.

Mitteis, Ludwig: Römisches Privatrecht bis auf die Zeit Diokletians, Band 1, 1908.

Müller-Freienfels, Wolfram: Economic Success and Legal System, Frankfurt 1986.

Münchener Kommentar zum Bürgerlichen Gesetzbuch: Familienrecht I §§ 1297-1588 Gewaltschutzgesetz, 5. Auflage, München 2010; Erbrecht, 4. Aufl., München 2004; Schuldrecht Besonderer Teil, 4. Auflage, München 2003 (zitiert: MünchKomm-Bearbeiter).

Munis, Hussein: Die Geschichte von Qureish, Riad 2002.

Muscheler, Karlheinz: Das Recht der Eingetragenen Lebenspartnerschaft, 2. Auflage, Berlin 2004.

Mutke, Barbara, Tammen, Britta: Das neue Kindschaftsrecht – Entwicklungen, Meinungen, Tendenzen, Berlin 2004.

Namgalies, Friedemann: Die eheähnliche Gemeinschaft im deutschen, französischen, österreichischem, schweizerischen, englischen, dänischen und transatlantischen Recht, Diss. Kiel 1978.

Nave-Herz, Rosemarie: Die Hochzeit, Würzburg 1997.

Nazar, Mirosław: Cywilnoprawne zagadnienia konkubinatu (Die Zivilrechtlichen Voraussetzungen der nichtehelichen Lebensgemeinschaft), Lublin 1990.

Nazar, Mirosław: Rozliczenia majątkowe konkubentów (Vermögensabrechnungen zwischen Lebenspartnern), Lublin 1993.

Nazar, Mirosław: Cywilnoprawne zagadnienia prawne (Zivilrechtliche Partnerschaftsfragen), Palestra 1988.

Nestrorowicz, Mirosław: Komentarz (Der Kommentar), Band II, Toruń 1989.

Niezbecka, Elżbieta: Prawo spadkowe w zarysie (Erbrecht im Grundriss), Lublin 1998.

Odersky, Felix: Kommentar zum nichtehelichen Gesetz, 4. Auflage, Bielefeld 1978.

Oelkers, Harald: Das neue Sorgerecht in der familienrechtlichen Praxis, FuR 1999, S.349ff.

Oppermann, Birgit: Das Zusammenleben mit einem neuen Partner im Unterhalts- und Sozialrecht, Dissertation, Köln 1997.

Ott, Sieghart: Die Begriffe Ehe und Familie in Art. 6 I GG, NJW 1998, 117ff.

Paczkowska, Aleksandra: Wymogi istnienia konkubinatu w prawie rzymskim (Bestimmungen zu nichtehelichen Lebensgemeinschaften im römischen Recht), Gdańsk 2006.

Palandt, Otto (Begr.): Bürgerliches Gesetzbuch, 71. Auflage, München 2012 (zitiert: Palandt/Bearbeiter).

Paust, Sebastian: Vermögensrechtliche Beziehungen zwischen den Partnern einer nichtehelichen Lebensgemeinschaft – Eine rechtsvergleichende Betrachtung unter Einbeziehung des deutschen, spanischen, portugiesischen und lateinamerikanischen Rechts, Baden-Baden 1992.

Pfaff, Volker: Das kirchliche Eherecht am Ende des zwölften Jahrhunderts, ZRG KA 63 (1977), S. 113 ff.

Pfeiffer, Robert: Eigentumsverhältnisse an beweglichen Sachen in der nichtehelichen Lebensgemeinschaft, Osnabrück 2001.

Pietrzykowski, Krzysztof: Kodeks cywilny. Komentarz (Das Zivilgesetzbuch. Der Kommentar) Band II, Warschau 2005.

Pillebout, Jean- François: Le PACS: Pacte civil de solidarité, Paris 2007.

Plate, Nicole: Neue Rechtsprechung zum nichtehelichen Zusammenleben, FuR 1995, 212ff.

Pluttner, Peter: Eheähnliche Lebensgemeinschaften in Panama und anderen Ländern Lateinamerikas, Köln 1994.

Podgórska, Joanna: Związki pozamałżeńskie (Die Ehe ohne Trauschein), Polityka von 03.07.2004.

Pogonowski, Piotr: Problematyka rozliczeń majątkowych konkubentów (Die Problematik der Vermögensabrechnung für die nichteheliche Lebensgemeinschaft), Prawo 2004.

Policiński, Alojzy: Roszczenia konkubiny z tytułu pracy świadczonej w gospodarstwie rolnym konkubenta (Die Anspruche der Lebenspartnerin für die Arbeit in der Landwirtschaft gegenüber dem Lebenspartner), NP 1970.

Policzkiewicz, Zbigniew: Zapis własnościowego prawa do lokalu mieszkalnego (Legat des Eigentumsrechtes an die Wohnung), Lublin 1985.

Pro, Tawfiq: Die alte Geschichte der Araber, Riad 1988.

Rabel, Ernst: Gesammelte Aufsätze, Band II, Tübingen 1967.

Radau, Udo: Die Gesetzgebung zur nichtehelichen Lebensgemeinschaft in Schweden, MDR 1989, S.703ff.

Raiser, Günther H.: Risiken einer Kommerzialisierung der Haushaltsführung in nichtehelichen Lebensgemeinschaften, NJW 1994, 2672ff.

Rauch, Isabel: Lebensformenneutralität in der niederländischen Familienbesteuerung – Modell für Deutschland, Aachen 2006.

Rauscher, Thomas: Familienrecht, Heidelberg 2002.

Rawson, Beryl: Concubinage, 1974.

RGRK: Kommentar zum Bürgerlichen Gesetzbuch; herausgegeben von Mitgliedern des Bundesgerichtshofes, früher Kommentar der Reichsgerichtsräte, Berlin / New York, 12. Auflage 1974 (zitiert: RGRK-Bearbeiter).

Rheinstein, Max: Einführung in die Rechtsvergleichung, 2. Auflage, München 1987.

Rieger, Günther: Das Vermögensrecht der eingetragenen Lebenspartnerschaft, FamRZ 2001, 1497ff.

Rijavec, Vesca; Kraljic, Suzana: Die Rechtsstellung nichtehelicher Lebensgemeinschaften in Slowenien, in: Jens H. Scherpe/Nadjma Yassari (Hrsg.), Die Rechtsstellung nichtehelicher Lebensgemeinschaften. The legal status of cohabitants, Tübingen 2005, S. 375ff.

Robaczyński, Wojciech: Z problematyki rozliczeń majątkowych między byłymi konkubentami (Vermögensabrechnungen zwischen Lebenspartnern bei Auflösung ihrer Gemeinschaft), Acta Universitatis, Folia Iuridica 1993.

Robbers, Gerhard: Eingetragene Lebenspartnerschaften, JZ 2001, 779 ff.

Rogalski, Klaus: Rechtsfragen der nichtehelichen Lebensgemeinschaft, AnwBl. 1983, 358ff.

Roth, Andreas: Die aktuelle Bedeutung des Art. 6 V GG für das Recht des nichtehelichen Kindes, FamRZ 1991, 139ff.

Röthel, Anne: Registrierte Partnerschaften und österreichisches Kollisionsrecht, ZfRV 1999, 209ff.

Röthel, Anne: Das Recht der nichtehelichen Lebensgemeinschaft, 2. Auflage, Berlin 2004.

Röthel, Anne: Nichteheliche Lebensgemeinschaften - Neue Rechtsfragen und Regelungsaufgaben im In- und Ausland, in: ZRP 1999, 511ff.

Rüthers, Bernd: Ehe und Familie im Wandel des Zeitgeistes: Die Gestaltungsfreiheit des Gesetzgebers hat verfassungsrechtliche Grenzen, in: Frankfurter Allgemeine Zeitung (FAZ) Nr. 115 (18.05.2000), S.15.

Rusch, Arnold F.: Methoden und Ziele der Rechtsvergleichung, Jusletter vom 13. Februar 2006.

Sacco, Rodolfo: Einführung in die Rechtsvergleichung, Baden-Baden 2001.

Schacht, Bettina: Zuwendungen Dritter an die Partner einer nichtehelichen Lebensgemeinschaft, Köln 2003.

Schatte, Gisela: Die Rechtslage der nichtehelichen Lebensgemeinschaft im kanadischen Familien- und Sozialrecht, Berlin 1991.

Schellhammer, Kurt: Familienrecht nach Anspruchsgrundlagen, 4. Auflage, Heidelberg 2006.

Schellhorn, Walter; Schellhorn, Helmut: Das Bundessozialhilfegesetz (BSHG) – Kommentar –, 16. Auflage, Tübingen 2002.

Schellhorn, Walter (Hrsg.); Schellhorn, Helmut (Hrsg.); Hohm, Karl-Heinz (Hrsg.): Kommentar zum SGB XII, 18. Auflage, München 2010.

Scherpe, Jens M.: Die Rechtsstellung der nichtehelichen Lebensgemeinschaft, 2005.

Schlüter, Wilfried: Die nichteheliche Lebensgemeinschaft (Vortrag), Berlin 1981.

Schlüter, Wilfried: BGB-Familienrecht, 13. Auflage, Heidelberg 2009.

Schmelzeisen, Gustaf Klemens: Polizeiordnungen und Privatrecht, Münster/Köln 1955 (Forschungen zur Neueren Privatrechtsgeschichte, Bd. 3), S.22f.

Schmid, Marty: La situation, Genewa 1986.

Schmidt-Futterer, Wolfgang; Eisenschmid, Norbert: Mietrecht – Kommentar, 10. Auflage, München 2010.

Schmugge, Ludwig (Hrsg.); Wiggenhauser, Béatrice: Illegitimität im Spätmittelalter, in: Schriften des Historischen Kollegs, Kolloquien 29, 1994.

Schneider, Norbert; Rosenkranz, Doris; Limmer; Ruth: Nichtkonventionelle Lebensformen, 1998, in: Bernhard Nauck (Hrsg.); Ulrich Mueller (Hrsg.): Handbuch der Demographie, Berlin 2000.

Scholten, Marianne: Der verfassungsrechtliche Schutz von Ehe und Familie in den Niederlanden, Hamburg 2007.

Scholz, Rainer: Die nichteheliche Lebensgemeinschaft in der Rechtspraxis, Bonn 1982. S. 37ff.

Schott, Clausdieter: Lebensgemeinschaften zwischen Ehe und Unzucht – ein historischer Überblick, in: Albin Eser (Hrsg.), Die nichteheliche Lebensgemeinschaft 1985, S. 13-32.

Schrama, Wendy Maria: De niet-huwelijkse samenleving in het Nederlandse en Duitse recht, Amsterdam 2004.

Schreiber, Christiane: Die nichteheliche Lebensgemeinschaft : Bestandsaufnahme, Rechtsvergleich, Gestaltungsvorschläge, 2. Aufl. Köln 2000.

Schröder, Rudolf; Bergschneider, Ludwig: Familien- und Vermögensrecht, Bielefeld 2003.

Schröter, Michael: „Wo zwei zusammenkommen in rechter Ehe" – Studien über Eheschließungsvorgänge vom 12.-15. Jahrhundert, Frankfurt am Main 1985.

Schumacher, Klaus: Zum gesetzlichen Regelungsbedarf für nichteheliche Lebensgemeinschaften, FamRZ 1994, 857ff.

Schumacher, Klaus: Zum Regelungsbedarf für nichteheliche Lebensgemeinschaften, FamRZ 1994, 857ff.

Schumann, Elisabeth: Ehescheidungen in den Komödien des Plautus, ZRG RA 93 (1976), S. 19 ff.

Schumann, Eva: Die nichteheliche Familie. Reformvorschläge für das Familienrecht mit einer Darstellung der geschichtlichen Entwicklung und unter Berücksichtigung des Völker- und Verfassungsrechts, München 1998.

Schwab, Dieter: Familienrecht, 18. Auflage, München 2010.

Schwab, Dieter: Eheschließungsrecht und nichteheliche Lebensgemeinschaft-Eine rechtsgeschichtliche Skizze, FamRZ 1981, 1151ff.

Schwab, Dieter: Die eingetragene Lebenspartnerschaft. Text, amtliche Materialien, Abhandlungen, Bielefeld 2002.

Schwab, Dieter: Die eingetragene Lebenspartnerschaft – ein Überblick, FamRZ 2001, 385ff.

Schwab, Dieter; Henrich, Dieter: Eheliche Gemeinschaft, Partnerschaft und Vermögen im europäischen Vergleich, Bielefeld 1999.

v. Schwerin, Claudius: Germanische Rechtsgeschichte, 2. Auflage, Berlin 1944.

Schwind, Fritz: MGH, Legum Sectio I: Leges national Germanicarum, Tomus 5/2: Lex Baiwariorum (1926), S.428 f.

Seidl, Helmut: Familienrecht – Einschließlich Verfahrensrecht in Familiensachen, 7. Auflage, München 2010.

Seseke, Christoph: Der Einfluss der nichtehelichen Lebensgemeinschaft auf den Ehegattenunterhalt – ein Vergleich zwischen Frankreich und Deutschland, München 1996.

Skowrońska-Bocian, Elżbieta: Komentarz do kodeksu cywilnego, Spadki (Kommentar vom Bürgerlichen Gesetzbuch, Erbschaften), Band IV, Warschau 2002.

Soergel, Hans Theodor (Begr.): Bürgerliches Gesetzbuch mit Einführungsgesetz und Nebengesetzen, 12. Auflage, Stuttgart 2002.

Söllner, Alfred: Einführung in die römische Rechtsgeschichte, 2. Auflage, München 1980.

Sprandel, Rolf: Die Diskriminierung der unehelichen Kinder im Mittelalter, in: Jochen Martin/August Nitschke (Hrsg.), Zur Sozialgeschichte der Kindheit, 1986 (Veröffentlichungen des Instituts für Historische Anthropologie, Bd. 4), S.487ff.

von Staudinger, Julius (Begr.): Kommentar zum Bürgerlichen Gesetzbuch, 13. Bearbeitung, München 2011 (zitiert: Staudinger/Bearbeiter).

Steeg, Stefan: Analogie und nichteheliche Lebensgemeinschaft am Beispiel des § 1362 Abs. 1 BGB – zugleich ein Beitrag zu vertraglichen und gesetzlichen Regelungen von nichtehelichen Lebensgemeinschaften, Diss., Mannheim 2008.

Steffen, Thomas: Nichteheliche Lebensgemeinschaften in England und Deutschland – Rechtsprobleme während ihres Bestehens, Diss., Mainz 1991.

Steffen, Thomas: Nichteheliche Lebensgemeinschaften in England und Deutschland, Mainz 1991.

Sternel, Friedemann: Mietrecht aktuell, 4. Auflage, München 2009.

Stickel, Wilhelm: Das Thronfolgerecht der unehelichen Karolinger, ZRG GA 24 (1903), S.110ff.

Strätz, Hans-Wolfgang: Rechtsfragen des Konkubinats im Überblick, FamRZ 1980, S.301ff, S.434ff.

Strobbe, Otto; Lehmann, Heinrich O.: Handbuch des Deutschen Privatrechts, Familienrecht, Band IV, 3. Auflage, 1900 (Nachdruck, Neuwied 2005).

Strzebińczyk, Jerzy: Prawo rodzinne (Das Familienrecht), Krakau 2003.

Stüber, Stephan: Gesetz zur Überarbeitung des Lebenspartnerschaftsgesetzes, FamRZ 2005, 574ff.

Szczerski, Jan: Komentarz (Der Kommentar), Band II, Warschau 1975.

Szlęzak, Andrzej: Cohabitation without marriage in Poland, in: International Journal of Law, Policy and the Family 1991, S. 1ff.

Szlęzak, Andrzej: Stosunki majątkowe między konkubentami (Vermögensverhältnisse zwischen Lebenspartnern), Poznań 1992.

Szlęzak, Andrzej: Konkubinat a bezpodstawne wzbogacenie (Die nichteheliche Lebensgemeinschaft und die Grundlosigkeitsbereicherung), RPEiS 1989.

Theimer, Clemens: Die finanziellen Folgen der nichtehelichen Lebensgemeinschaft: Anspruchsgrundlagen ausländischer Rechtsordnungen als Grundlage eines einheitlichen Leitbildes für eine Reform des deutschen Rechts?, Frankfurt am Main 1993.

Thomas, Philip J.: Concubinatus in Roman Law, in: Huldigingsbundel Paul van Warmelo, 1984, S.230- 236.

Thran, Martin: Die analoge Anwendung der §§ 1362BGB, 739 ZPO auf nichteheliche Lebensgemeinschaften, NJW 1995, 1458ff.

Träger, Dirk: Die Behandlung gemeinschaftsbezogener Zuwendungen nach Auflösung nichtehelicher Lebensgemeinschaft, Aachen 2003.

Unaida, Abu: Tage vor dem Islam, die Araber, Riad 1981.

Vaskovics, Laszlo; Rost, Detlef H.; Rupp, Marina: Lebenslang nichteheliche Kinder, Köln 1999.

Voß, Sabine: Ein Gesetzesvorschlag für die vermögens- und unterhaltsrechtliche Auseinandersetzung nichtehelicher Lebensgemeinschaften in Deutschland, Berlin 1993.

Wagenitz, Thomas; Bornhofen, Heinrich: Wahl und Qual im Namensrecht - zum Gesetz zur Änderung des Lebenspartnerschaftsnamensrechts, FamRZ 2005, 1425ff.

Wahab, Lotfi Yahya Abdul: Geschichte der Araber in der Antike, Beirut 1979.

Waldner, Wolfram: Eheverträge, Scheidungs- und Partnerschafts- Vereinbarungen, 2. Aufl., Berlin 2004.

Weinreich, Gerd: Vermögensrecht in der nichtehelichen Lebensgemeinschaft, FPR 2001, 29ff.

Weinreich, Gerd: Die vermögensrechtliche Auseinandersetzung der nichtehelichen Lebensgemeinschaft, FuR 1999, 356ff.

Wellenhöfer-Klein, Marina: Die eingetragene Lebenspartnerschaft, München 2003.

Wilk, Urszula: Gdy śmierć rozłączy wolny związek. Dotyczy uprawnienia konkubentów w świetle prawa spadkowego (Wenn die Tod trennt freie Ehe ohne Trauschein. Das Betrefft die nichteheliche Lebensgemeinschaft in Erbrecht), Rzeczpospolita 2006.

Will, Annegret: Macht und Gleichheit – Die Reform des nichtehelichen Kindschaftsrecht aus der Perspektive der nichtehelichen Mütter, Frankfurt am Main 1997.

Willoweit, Dietmar: Von der natürlichen Kindschaft zur Illegitimität – Die nichtehelichen Kinder in den mittelalterlichen Rechtsordnungen, in: Schmugge, Ludwig/ Wiggenhauser, Beatrice, Illegitimität im Spätmittelalter, Schriften des Historischen Kollegs, Kolloquien 29, München 1994, S. 55-66.

Winiarz, Jan: Kodeks cywilny z komentarzem (Das Zivilgesetzbuch mit dem Kommentar), Band II, Warschau 2002.

Winterer, Hermann: Die Sellung des unehelichen Kindes in der langobardischen Gesetzgebung, ZRG GA 87 (1970), S. 40 ff.

Wiśniewski, Cezary: Wybrane zagadnienia rozliczeń majątkowych między konkubentami (Ausgewählte vermögensabrechtliche Fragen zwischen Lebenspartnern), NP 1989.

Wiśniewski, Władysław: Prawo o spółkach (Das Gesellschaftsrecht), Warschau 2006.

Wojtowicz, Władysław: Prawo podatkowe część ogólna i szczególna (Steuerrecht Allgemein und besonder Teil), Lublin 2005.

Wolf, Armin: Die Gesetze der Stadt Frankfurt am Main im Mittelalter, 1969 (Veröffentlichungen der Frankfurter Historischen Kommission 13), Nr. 274, S. 357ff.

Wołoszko, Agnieszka: Cywilnoprawne zagadnienia konkubinatu (Die zivilrechtlichen Voraussetzungen für die nichteheliche Lebensgemeinschaft), Przegląd Policyjny 1999.

Wrede, Adolf: Deutsche Reichstagsakten, Jüngere Reihe, Bd. 3, 1901 (unveränderter Nachdruck 1963), Nr. 110, S.645ff.

Zabłocka, Maria; Wołodkiewicz, Witold: Prawo rzymskie - instytucje (Römisches Recht- Institution), Warschau 2000.

Zajtay, Imre: Ziele und Methoden der Rechtsvergleichung, in: Beiträge zur Rechtsvergleichung, S. 53 ff., Tübingen 1976.

Zevkliler, Aydin: Nichteheliche Lebensgemeinschaften nach deutschem und türkischem Recht, Würzburg 1988.

Zieger, Eberhard; Mäuerle, Karl-Heinz: Familienrecht, 2. Auflage, Heidelberg 2000.

Zieliński, Andrzej: Zarys intytucji konkubinatu (Überblick von Partnerschaftsinstitution), Palestra 1983.

Zweigert, Konrad; Kötz, Hein: Einführung in die Rechtsvergleichung auf dem Gebiete des Privatrechts, Band I: Grundlagen, 3. Auflage, Tübingen 1996.

Zweigert, Konrad, Puttfarken, Hans-Jürgen: Zur Vergleichbarkeit analoger Rechtsinstitute in verschiedenen Gesellschaftsordnungen, in: Zweigert, Konrad/Puttfarken, Hans-Jürgen, Rechtsvergleichung, Darmstadt 1978.

Zwißler, Finn: Die nichteheliche Lebensgemeinschaft, Grundlagen und Muster für die anwaltliche Praxis, Köln 1999.

www.ingramcontent.com/pod-product-compliance
Ingram Content Group UK Ltd.
Pitfield, Milton Keynes, MK11 3LW, UK
UKHW021128041026
8980IPUK00033B/1092

9 783631 640845